Der Fall Zita S.
Eine Fürther Criminal=Historie

Elmar Vogt

Bibliographische Information d. Deutschen Nationalbibliothek:
Die Deutsche Nationalbibliothek verzeichnet diese Publikation in der Deutschen Nationalbiografie; detaillierte bibliographische Daten sind im Internet über http://dnb.d-nb.de abrufbar.

Impressum:
»Der Fall Zita S. – Eine Fürther Criminal=Historie«
von Elmar Vogt
http://iahelnimoy.wordpress.com

© für diese Ausgabe
bei der Edition Knurrhahn
im Thomas Rüger Verlag, Am Graben 38, 90475 Nürnberg
http://www.thomasruegerverlag.de.vu
und beim Autor

Printed in Germany.
Druck: optimum.druckdienstleistungen, 90419 Nürnberg
Umschlagbild und -gestaltung: Johanna Lawrence, Fürth
http://evajohannastudios.carbonmade.com/

1. Auflage Mai 2013
Alle Rechte vorbehalten.
ISBN 978-3-932717-44-4

Inhaltsverzeichnis

Ankunft	9
I. Teil	15
1. Die Erzählung der Gouvernante	17
2. Mehr von einem Hut, und Auftritt Minna von Barnhelm	39
3. Gespielte Rollen	59
4. Schneidige Burschen und wackere Apotheker	69
5. Untergang am Valzner Weiher	81
II. Teil	95
6. Ein Backfisch auf der Kirchweih	97
7. Entführte und Angeführte	111
8. Unruh an der Kapellenruh	129
9. Aufstieg an der Alten Veste	145
10. Maskenspiele (Minna von Barnhelm *encore*)	169

III. Teil   183

11. Winkelzüge und Ränkeschmiede   185

12. In der dunkelsten Stunde   203

13. Im Felsenkeller   221

14. Ein Haschen nach dem Wind, und ein Abschied   253

Danke!

Zuerst und zuvorderst Danke an Sina, die mich bei diesem Projekt auf so viele Arten und Weisen praktisch und moralisch unterstützt hat, und die während dieses Buch entstand von meiner Freundin zur Gefährtin zur Ehefrau wurde. Nicht nur die riesige Excel-Tabelle, mit der ich versucht habe, die Fäden der Handlung unter Kontrolle zu behalten, geht auf sie zurück.

Außerdem gilt Astrid besonderer Dank, da sie meinen Ehrgeiz anstachelte und ihn zu lenken wusste. Markus und Adam seien erwähnt für das T-Shirt, das ein Jahr lang jeden Tag über der Lehne meines Schreibtischstuhls hing, und ebenso Hanna G. und Giano für den »Horaz«. Vergelt's Gott an den Proto-Franken Christian Hack für die Übersetzungen, und an meine anderen Freunde, die mich ab und zu in das 21. Jahrhundert zurückholen mussten.

Den Teams des Stadtarchivs Fürth sowie des *Historischen Straßenbahndepots St. Peter* in Nürnberg bin ich verbunden für die freundliche und kompetente Unterstützung bei meiner Recherche.

Schließlich seien *Last-fm* gepriesen für ihr dauerhaft gutes, werbefreies und kostenloses Musikprogramm, das mich durch die langen Stunden des Korrekturlesens und Ausbesserns bei Laune gehalten hat.

Danke für alles, Mom!

Fürth um 1896. *(Mit freundlicher Genehmigung des Stadtarchivs Fürth)*

Ankunft

»Im Allgemeinen wird ein Fremder die Stadt Fürth mit nicht zu großen Erwartungen betreten.«
Holzer, Otto, in: Vogel, Friedrich et al.: Die Stadt Fürth in Bayern, *1908*

Der Dienstmann war dabei, sein Geschäft zu verrichten, als ein durchdringendes Pfeifen die Ankunft des Zehn-Uhr-Personenzugs aus Würzburg ankündigte. Ein wenig ungehalten über die Störung, doch gottergeben bruddelte er etwas unverständlich Fränkisches, stand auf, schneuzte sich noch einmal in den Abort und machte sauber. Er versah seinen Dienst hier schon etliche Jahre, so dass er sich wusch, kämmte und seine Uniform mit den Knöpfen der königlich-bayrischen Staatsbahn in aller Ruhe richtete, ehe er seine Schirmmütze auf den Kopf setzte, sie geraderückte, und dann eben rechtzeitig auf den Personensteig des kleinen Bahnhofes hinaustrat, als die Scheinwerfer der Dampflok im Herbstnebel sichtbar wurden, wie sie schnaubend und seufzend ihre Waggons um die letzte Biegung zog.

Lokführer und Dienstmann grüßten einander mit Handzeichen, als sie einander sahen, und der stampfende Rhythmus wurde vom Knirschen und Kreischen der Bremsen abgelöst, als der Zug in den Bahnhof einfuhr, sich verlangsamte und in angemessenem Abstand vor den Haltesignalen zum Stehen kam. Der Zugführer öffnete die Ventile, und dichte Dampf- und Rauchschwaden, die der Lokomotive aus allen Poren zu dringen schienen, vermischten sich für einige Momente zischend und rasselnd mit dem Nebel und der rußigen Luft der »Stadt der tausend Schlote«, als die Eisenbahn schließlich stillstand. Der Bahnhofsvorstand, der ebenfalls in den kühlen und feuchten Herbstmorgen des Jahres 1896 herausgetreten war, rief mit seiner weit tragenden Stimme: »Fürth Hauptbahnhof, Fürth Hauptbahnhof!«

Der Mittwochmorgen brachte nie viel Verkehr, und so öffneten sich auch diesmal nur wenige Verschläge an den Coupés, die nur eine Handvoll Reisender entließen. Der Dienstmann hatte sich neben einem Kollegen, der eine Sackkarre bereithielt, in Positur gestellt, und beide ließen ihre Blicke über die neu angekommenen Passagiere schweifen, ob jemand ihre Dienste benötigte.

Eine Dame war neben der Tür ihres Abteils stehen geblieben und nickte dem Dienstmann zu, der sich daraufhin in Bewegung setzte, während sein Kollege mit der Sackkarre einer kleinen Familie zur Hilfe eilte. Das Frauenzimmer reiste allein, was ein wenig ungewöhnlich war, aber das verhieß, dass wenigstens ihr Gepäck begrenzt sein würde.

Als der Dienstmann sie erreicht hatte, stellte er fest, dass die Dame nicht älter als Mitte zwanzig sein konnte. Sie war groß gewachsen, fast so groß wie er selber, und schlank, aber ihre steingraue Redingote ließ ihre Schultern breiter erscheinen, als sie tatsächlich waren. Sie trug ein Hütchen in der gleichen Farbe, das sie keck oder nachlässig – der Dienstmann vermochte das nicht zu unterscheiden – ein wenig schräg auf ihre dunklen, frei fallenden Locken aufgesetzt hatte. Da auch ihr Gesicht eine eigenartige Blässe besaß und die Augen dunkelbraun, fast schwarz waren, bildeten das Kirschrot ihrer Lippen und ein karminrotes Tuch, das sie sich um den Hals geschlungen hatte, die einzigen farbigen Kontraste.

Der Gepäckträger deutete einen Diener an, wie es sich gehörte, worauf die Dame mit einem weiteren Nicken reagierte. Sie wies mit einer behandschuhten Hand in das Wageninnere, wo ein Seesack auf dem Boden stand – offensichtlich das gesamte Gepäck der Dame, sah man von einem kleinen Büchlein ab, das sie in der Armbeuge trug, und von dem Täschchen über ihrer Schulter, das, wie der Dienstmann bemerkte, aus schwarzen Lederschnüren geflochten war.

Eine Dame allein, mit Soldaten-Seesack und Ledertäschchen?, schüttelte er im Geiste den Kopf, doch er arbeitete schon zu lange hier, als dass ihm nicht schon die wunderlichsten Gesellen begegnet wären. Als er die Dame ansah, erwiderte sie seinen Blick unbewegt, fast wie mit den Augen einer Statue.

»Guten Tag. Bitte!«, war alles, was sie dazu in einem volltönenden Alt sprach, und da nun alles gesagt war, nahm der Dienstmann sich ihres wenig eleganten Gepäckstücks an und lud es sich auf die Schulter.

»Wou geh mer denn nou?«, erkundigte er sich, als er seine Last geschultert hatte, doch die Erwiderung war nur ein kurzes:

»Ich möchte ins *Hotel National*[1].«

Oha. Die Dame is was besseres, dachte sich der Dienstmann, aber er behielt seine Einschätzung für sich, und so machten sie sich durch das Bahnhofsgebäude auf den kurzen Weg zum »ersten Haus am Platz«.

Die Dame erweckte nicht den Eindruck, als wünsche sie Konversation, so schritten die beiden stumm durch die kleine Grünanlage mit dem ewig plätschernden Centaurenbrunnen, und der Dienstmann behielt die Geschichten für sich, mit denen er üblicherweise seine Kundschaft unterhielt: Dass der gefesselte Centaur als Symbol für die Dampfgewalt stünde, die in Form der Eisenbahn durch den Menschen gebändigt worden war, oder woher es kam, dass Fürth kaum einen Steinwurf neben dem Hauptbahnhof auch noch einen zweiten, den Ludwigs-Bahnhof hatte, der die Stadt über die älteste Gleisstrecke auf deutschem Boden ebenfalls mit ihrem großen Bruder Nürnberg verband.

Solcherart schweigend erreichten sie innerhalb einiger weniger Minuten die Rezeption des Hotels, wo der Dienstmann den Seesack an den diensthabenden Träger übergab. Seine Klientin kramte aus ihrem Ridikül einige Groschen und reichte diese nacheinander dem Dienstmann, bis dieser zu erkennen gab, dass er die Bezahlung für die kurze Strecke angemessen fand. Er wollte eben seine Mütze ein weiteres Mal lüften, um sich dem Trinkgeld angemessen zu verabschieden, als die Dame ihn fixierte und die Hand ein wenig hob. Er wartete, während sie tief einatmete, als müsse sie ihren Mut zusammennehmen, als liege ihr etwas schwer auf der Seele. Offensichtlich war die seltsame Dame doch nicht in gleichgültigem, sondern in

---

[1] Das heutige Parkhotel

gespanntem Schweigen verharrt, urteilte der Dienstmann, ehe sie ihm das Büchlein, das sie die ganze Zeit in der Armbeuge mit sich geführt hatte, unter die Nase hielt.

»Diese Geschichte ist schlecht«, belehrte sie ihn dazu mit einer Ernsthaftigkeit, die diesem geradezu kindlich vorkam. »Es ist eine Kriminalgeschichte, und der Detektiv versucht, einen Mord in einem verschlossenen Haus aufzuklären. Hierhin und dorthin wendet er sich, und ersinnt eine perfide List nach der anderen, um den Täter zu finden. – Angeblich ist er der scharfsinnigste Denker unter der Sonne, aber glauben Sie, er hätte den *Besitzer* des Hauses einmal nach dem Verbleib des *Schlüssels* gefragt?«

Der Dienstmann war ein wenig perplex ob der Entwicklung der Dinge.

»Hôd a ned?«, riet er.

»Nein, hat er nicht«, bestätigte die Dame triumphierend, und ihre nur nachlässig gebändigten Locken wirbelten, als sie den Kopf schüttelte. »Wenn er das getan hätte, wäre das Büchlein nämlich nur fünfzehn Seiten lang, keine quälenden hundertfünfzig! Finden Sie das nicht auch ein überaus dümmliches Versäumnis des Autors?«

»Ja ... îch wâs a ned... «

»Egal, behalten Sie das Buch, es ist eh unerträglich«, schloss die Reisende und drückte dem verdutzten Dienstmann das Bändchen in die Hand, während sie ihre Aufmerksamkeit schon wieder dem Portier zuwandte, der der Unterhaltung hinter seinem Tresen mit professioneller Nichtanteilnahme gefolgt war:

»Für mich ist ein Zimmer reserviert«, meinte die Dame zu ihm mit Bestimmtheit. »Mein Name ist Iahel Nimoy.«

Der Dienstmann trat unterdessen, da hier für ihn nichts mehr zu tun war, aus dem Hotel auf die Straße, und als er gewiss war, dass ihn die Dame nicht mehr sehen konnte, warf er das Büchlein kopfschüttelnd in einen Mülleimer.

Der Umschlag trug den Titel *Späte Rache*, und es war der erste Sherlock Holmes-Roman von Arthur Conan Doyle.

Teil I.

»Dem Fürther ist eine gewisse nüchterne Umsicht und schnelle Fassungskraft nicht abzusprechen. Die Sache aber, der er sich widmen soll, muss eine praktische Seite haben. Das Abstrakte liebt er nicht, und seine erste Frage ist: ›Wozu nützt es, was ist dabei zu verdienen?‹ ... Arbeitslust und Geschick zur Arbeit ist ihm zu eigen ... Begründeten Anordnungen fügt er sich willig, trotzt aber leicht und gerne aller nur scheinbaren Willkür.«
Dr. Adolf Mair: Physikatsbericht, 1860 von den bairischen Ärzten für König Maximilian II. angefertigt

1. Die Erzählung der Gouvernante

Mittwoch, 9. Oktober 1896

Das Tick-Tack des Regulator-Uhrwerks schien mit quälender Langsamkeit Scheiben aus der Zeit zu schneiden. Ich ertappte mich dabei, wie ich zum wievielten Male im Spiegel den Sitz meiner Kleider prüfte; unnötigerweise, denn wie hätte das tatenlose Warten sie in Unordnung bringen sollen? Doch mir fiel nichts anderes ein, um meine Anspannung zu überdecken. »Tick-Tack«

Meine Gäste, Herr und Frau Späth sowie die Gouvernante, zeigten wenig Neigung zur Unterhaltung, und wer konnte es ihnen übel nehmen? Die Damen saßen auf kleinen Hockern und starrten in ihre leeren Teetassen, während Herr Späth am Fenster stand, wo er verfolgte, wie die Fürther auf ihrer Vorzeigeallee, der Promenadenstraße[1], ihren Geschäften nachgingen. Der einsetzende Regen färbte das Pflaster schwarz und ließ die herabgefallenen Blätter der Platanen auf den Kopfsteinen kleben. Schwarz und festgehalten, so mochte Späths Inneres gerade aussehen. Ich zupfte meine Fliege in eine imaginäre Symmetrie.

»Ich hoffe«, meinte Späth unvermittelt mit schwerer Stimme, ohne den Kopf vom Fenster zu wenden, »dieser Herr Nimoy wird uns so eine große Hilfe sein, wie Sie sich versprechen.«

Als er spürte, dass ich um eine Antwort verlegen war, drehte er sich doch noch zu mir um.

»Versprechen kann und will ich nichts, Herr Späth – nicht in einer Situation, in der nicht einmal die Polizei etwas auszurichten weiß.

---
[1] Heute die Hornschuchpromenade

Aber ich bin zuversichtlich, dass mein Freund uns eine wertvolle Hilfe sein kann.« Späths Blick begegnete dem meinen, und ich beeilte mich, zu korrigeren: »Sein *wird*.«

»Ihr Wort in Gottes Ohr, Herr von Cramm.«

Er wollte sich wieder der Betrachtung der Promenade zuwenden, als ein scharfer mechanischer Pfiff uns alle vier zusammenzucken ließ.

»Grundgütiger, was war *das*?«, wollte Späths Gattin wissen, durch den plötzlichen Lärm regelrecht aufgeschreckt. Späths Augenbrauen zogen sich ärgerlich zusammen, und ich konnte nachvollziehen, dass ihn jede unnötige Erregung seiner Frau irritierte.

»Das ist nur das Sprachrohr«, erklärte ich darum und versuchte, meiner Stimme einen ruhigen Ton zu geben, »eine kleine Marotte von mir!«

Und mit diesen Worten hielt ich einen Schlauch hoch, der in der Wand verschwand und der von meinen Wohnräumen im obersten Geschoss zu den Bureaus eine Etage tiefer führte. Der Sprechapparat von der Art, wie sie in Schiffen benutzt wird, erlaubte es mir, meine Zeit nach Belieben in der Wohnung zu verbringen und trotzdem jederzeit für berufliche Angelegenheiten verfügbar zu sein – auch wenn der schrille Pfiff, mit dem die Kommis sich meldeten, vermutlich für die Brücke eines Zerstörers angemessener war als für meinen Salon. Dessenungeachtet, das Signal bedeutete, dass entweder ein Telegramm angekommen war oder der von uns erwartete weitere Besucher in Person. Ich nahm den Stöpsel von dem Sprachrohr.

»Ja, was gibt es?«, rief ich in das Messingmundstück und hielt dann das Schlauchende an mein Ohr.

»Hier ist Geißelbrecht, Herr von Cramm«, meldete sich der jüngste meiner Kommis. »Da ist Besuch für Sie – er ist offensichtlich bei Ihnen angemeldet.«

»Fein. Bringen Sie die Dame herauf, bitte!«

Ich hängte wieder ein, und ich ahnte, was mich erwarten würde, als ich mich zu Späth umdrehte.

»*Dame?*«, wollte er gereizt wissen, ohne seinen Platz am Fenster zu verlassen.

»Nun, Herr von Cramm«, mischte sich seine Frau ein, die den Augenschein der Situation falsch interpretierte und bereits im Aufstehen begriffen war, »wenn berufliche Angelegenheiten Sie in Anspruch nehmen, dann warten wir gern im *Hotel National*, bis Sie wieder zur Verfügung stehen. Es ist ja nur ein Steinwurf dorthin.« Sie betonte das Wort »berufliche« etwas mehr, als angemessen gewesen wäre.

»Das wird nicht nötig sein«, beeilte ich mich richtigzustellen, ehe Späth sich einmischen konnte. »Es handelt sich um den Freund, dessen Hilfe ich Ihnen versprochen hatte.« Ich blickte erst Frau Späth und dann ihren Mann an, und dieser schnaubte zwar, sagte aber sonst nichts.

Dann klopfte es, und der junge Geißelbrecht, dessen Gesicht noch ein wenig roter als sonst glühte und dessen Ohren noch ein wenig weiter als sonst abstanden, führte unseren Besuch herein, ihren Mantel über dem Arm: »Frau Iahel Nimoy für Sie, Herr von Cramm!«

»Frau Nimoy, ich bin entzückt, Sie wiederzusehen! Wie ist es Ihnen seit dem letzten Winter ergangen?«, wollte ich wissen, und meine Freude über diesen Lichtblick in einer schwierigen Situation war echt: Auch wenn ich es mir nicht recht eingestehen wollte, so war mir diese außergewöhnliche Frau doch nicht mehr aus dem Kopf gegangen, seit ich sie vor einem dreiviertel Jahr bei dem merkwürdigen »Fall des misslungenen Selbstmordes« kennengelernt hatte. »Ich hätte gewünscht, es gebe einen weniger tristen Vorwand, mich wieder einmal mit Ihnen zu treffen«, schloss ich an.

Nimoy blickte mich mit ihren dunklen Augen an, sagte nichts, zupfte sich dann mit einer ruckartigen Bewegung eine Locke aus der Stirn und ließ schließlich ein Lächeln auf ihren Lippen erscheinen.

»Herr von Cramm, die Freude ist ganz meinerseits. Allerdings weiß ich noch nicht so recht, was denn genau der Vorwand ist … Ihr Telegramm war nicht gerade detailliert.«

»Wenn Sie uns vielleicht miteinander bekannt machen möchten?«, unterbrach Späth das sich anbahnende Geplauder. Der dringliche Ton seiner Stimme war zugegebenermaßen nicht ganz unberechtigt.

»Natürlich; wenn ich Ihnen vorstellen darf, das ist Frau Späth, Gattin von Herrn Späth, und das ist Frau Marquardsen, die Gouvernante der beiden.« Ich wies auf die beiden Damen, die sich erhoben hatten und nickten, aber keine Anstalten machten, zu sprechen.

»Das ist Herr Späth«, fuhr ich fort, »Inhaber und Geschäftsführer der Späth'schen Spiegelfabriken – Falls Sie sich nach Ihrer Ankunft in Fürth etwas frischgemacht haben, gibt es eine gute Chance, dass Sie dabei in einen seiner Spiegel geblickt haben.«

Der etwas untersetzte Mann in den Fünfzigern reichte ihr kühl, aber höflich die Hand und murmelte eine passende Floskel dazu.

»Herr Späth und ich trafen uns gestern geschäftlich, und bei dieser Gelegenheit vertraute er mir als einem seiner Anwälte ein Problem an, für dessen Lösung ich Sie vorschlug: Der Grund, warum wir Sie zu uns gebeten haben, Frau Nimoy, ist, dass Herrn Späths Tochter Zita entführt wurde. Und die Polizei tappt momentan komplett im Dunkeln.«

»Das kann man wohl sagen«, polterte der auch als »Spiegelbaron« bekannte Späth dazwischen, dessen Geduld nunmehr erschöpft schien. »Zwei Tage ist das Kind jetzt schon verschwunden, *aus einem fahrenden Zug*, und die feinen Herren von der Gendarmerie des Prinz-Regenten sitzen in ihren feinen Bureaus und rühren keinen Finger!«

»Mmh, Herr Späth, ich gehe davon aus, dass die Behörden durchaus fleißig am Arbeiten sind.« Aus irgendwelchen Gründen hatte ich das Gefühl, ich müsse die Staatsgewalt vor Späths Groll in

Schutz nehmen.«Zugegebenermaßen lassen die Ergebnisse bislang aber noch zu wünschen übrig.«

»Zu wünschen?« Er schnaubte erneut, diesmal mit deutlicher Verachtung. »Kein Fitzelchen haben sie, kein Haar, kein Wort, kein gar nichts. Als sei Zita von der Oberfläche der Erde verschluckt. – Und jetzt ... kommen Sie daher!«

Nimoy zog eine Augenbraue hoch, sagte aber nichts.

»Entschuldigen Sie meine Skepsis, Fräulein, Sie sind sicher ein hochanständiges Frauenzimmer; Herr von Cramm berät mich seit Jahren, und ich verlasse mich auf sein Urteil, aber ich sehe nicht so recht, wie Sie uns helfen könnten«, redete sich der Industrielle in Fahrt.

»Ein ›hochanständiges Frauenzimmer‹? Ich danke sehr, Herr von Späth«, versetzte sie trocken, ehe sie sich an mich wandte: »Weiß er denn nicht, wer ich bin?«

»Ich habe versucht, es ihm zu erklären ... Herr Späth, Frau Nimoy ist offiziell beauftragte Sonderkommissarin der Polizei; sie ist nur dem Prinz-Regenten persönlich gegenüber verantwortlich. Sie hat bereits einige überaus knifflige Kriminalfälle gelöst, die die scharfsinnigsten Inspektoren vor Rätsel gestellt haben. Ich habe selbst Zeuge einer ihrer Untersuchungen sein dürfen.«

Ich brach ab, als mir bewusst wurde, dass ich Nimoy zu verkaufen suchte wie saures Bier. Sie selbst hatte aus ihrem Ridikül ein kleines Guttapercha-Etui hervorgezogen und entnahm ihm das Dokument, das sie ständig mit sich führte, um es Späth zu präsentieren.

»Hier, wenn Sie meine Beglaubigung sehen wollen!«

»Nein, das will ich nicht. Fräulein, ich habe selbst eine Urkunde zuhause, die mich als nicht weniger als den Ehrenvorsitzenden des Arbeiter-Radfahrerklubs ›Vorwärts Fürth‹ ausweist, verschonen Sie mich also mit Ihrem Papier. Wie gesagt, ich habe nichts gegen Sie und lade Sie gerne zu mir nach Zirndorf ein, wenn diese ganze

Geschichte Vergangenheit ist, aber ich halte Sie, verzeihen Sie die Direktheit, nicht für geeignet, Zita zu helfen.«

»Aber ... warum? Sie kennen mich doch gar nicht?«, erwiderte Nimoy verwirrt und gereizt.

»Ich glaube«, mischte ich mich hüstelnd ein, »es liegt daran, dass Sie eine Frau sind. Ich habe wohl versäumt, Herrn Späth dahingehend aufzuklären.«

Nimoy begriff, dann wurde ihr bewusst, dass sie immer noch den Arm mit Ihrer Beglaubigung ausgestreckt hielt, und packte das Papier wieder weg.

Der Fabrikant ergriff erneut das Wort. Sein Ton war bestimmt und verriet gleichzeitig bemühte Höflichkeit:

»Frau Nimoy, ich danke Ihnen vielmals für Ihr freundliches Angebot, mich bei der Freisetzung meiner Tochter zu unterstützen, aber ich fürchte, ich muss ablehnen. Ich, äh, nicht, dass ich an Ihren Fähigkeiten zweifeln wollte, aber ich glaub nicht ...«

»Sie glauben nicht, dass meine ›hochanständigen‹ Fähigkeiten ›geeignet‹ für ein Problem wie das Ihre sind?« erwiderte Nimoy, und ich stellte fasziniert fest, dass ihre Stimme im Verlauf des einen Satzes um etliche Grade kühler geworden zu sein schien. Sie sah mich an, als hätte ich ihr ein Messer in den Rücken gestoßen, und ihre tiefbraunen Augen verengten sich um eine Spur. Ich selbst stand da und zögerte zu lange mit einer Antwort, da ich nicht wusste, inwiefern ich eingreifen sollte: Ich hatte nicht erwartet, dass die Tatsache, dass Nimoy eine Frau war, Späth so sehr widerstreben würde. Plötzlich entspannte sich Nimoys Miene wieder, die Kiefer lösten sich und sie setzte erneut ihr Lächeln auf, diesmal eine Spur weniger maskenhaft als zuvor. Ehe sie zu Späth sprach hatte ich den Eindruck, sie zwinkere mir für einen Wimpernschlag zu.

»Nun, Herr Späth, kann ich Sie von der ›Eignung‹ meiner Fähigkeiten überzeugen, indem ich Ihnen sagen, dass Ihre Tochter siebzehn oder achtzehn Jahre alt ist, dass Frau Marquardsen seit circa sechs Jahren bei Ihnen in Dienst steht, und dass sie es vorgezogen haben, statt mit dem Zug mit Ihrem eigenen Wagen hierherzukommen, obwohl eines der beiden Pferde den Rotz hat?«

Es herrschte eine erstaunte Stille, in der sogar das Regulator-Pendel ins Stolpern zu kommen schien.

»Das ... das ist unheimlich!«, meldete sich Frau Späth zu Wort.

»Woher wissen Sie das? Wurden Sie von Herrn von Cramm instruiert?«

Sie schüttelte den Kopf über Späths Verdacht.

»Nein, bis ich hier eingetreten bin, hatte ich keine Ahnung, wer mich erwarten würde und – ich hoffe, das kränkt sie nicht – ich konnte auch mit dem Namen ›Späth‹ nichts anfangen, ehe wir einander vorgestellt wurden. Hier ist übrigens das Telegramm, das Herr von Cramm mir sandte.«

Sie zog ein kleines Formular aus ihrer Handtasche, das meine Nachricht enthielt.

»›Benötige Ihre Hilfe umgehend. Stop. Kriminialfall. Stop. Treffen Mittwoch vormittag oder baldmöglichst. Stop. Von Cramm. Stop. RSVP.‹«, las sie vor, ehe sie mich fragte: »Was bedeutet eigentlich ›RSVP‹? Ist das ein Code oder sowas?«

»›Répondez, s'il vous plaît‹, soviel wie ›Um Antwort wird gebeten‹«, raunte ich ihr zu.

»Ich fasse es nicht«, stieß der verblüffte Spiegelfabrikant unterdessen hervor. »Von Cramm, Sie haben gewonnen: Sie präsentieren mir eine Kommissarin, die kein Wort Französisch spricht und gleichwohl scheinbar meine Gedanken lesen kann. Ich weiß nicht, wo das hinführen wird, aber Sie haben mich in der Vergangenheit gut beraten: Ich vertraue auf Sie.«

»Sie sollten auf *mich* vertrauen«, warf Nimoy spitz ein. Ich genoss tatsächlich Späths Gesicht, als er für einen Moment sprachlos dastand, aber ich hatte große Zweifel, dass Nimoy ihrer Sache mit dieser Bemerkung einen Gefallen getan hatte. Späth war andererseits ein Mann der Tat, und wenn er sich einmal für etwas entschieden hatte, blieb er auch dabei – so kannte ich ihn.

»Wie auch immer«, erklärte er also, »wir haben genug Zeit mit tête-à-tête vertrödelt.« Mit einer gewissen Genugtuung stellte ich fest, dass auch Späths Französisch nicht über jeden Zweifel erhaben war. »Meine Tochter ist seit 48 Stunden entführt, und ich bitte Sie, Frau Nimoy, und Sie, Herr von Cramm, um Ihre Hilfe, sie wieder zu finden.«

Mir war nicht so ganz klar, wie ich hier als Detektiv ins Spiel gekommen war, aber immerhin waren die Fronten nun soweit geklärt. Wir versammelten uns um ein Kaffeetischchen, wo ich mit den Damen Platz nahm. Späth war zu unruhig dafür und nahm wieder seine Wache am Fenster auf, ließ sich aber von mir ein Glas Wein reichen. Frau Nimoy verzichtete auf alles außer Wasser.

»Vorgestern, am Montag in der Frühe«, begann der Spiegelbaron die Geschichte vom Fenster aus in einer Stimme, als sollten auch Geißelbrecht und die anderen unten im Bureau davon erfahren, »machten sich Frau Marquardsen und Zita mit dem Zug auf, von unserem Haus in Zirndorf nach Koburg zu fahren. Wir wollten dort Verwandte besuchen; meine Frau und ich sollten heute nachkommen, da ich noch Geschäfte zu besorgen hatte. Unterwegs kam Zita dann wohl ... abhanden.«

»›Abhanden‹? Das müssen Sie mir erklären«, unterbrach Nimoy. »Ich habe gehört, dass Leuten im Zug ihr Portefeuille abhanden kommt oder ein Paar Handschuhe, aber eine *Tochter*?«

»Ich denke, das kann Frau Marquardsen bestimmt am besten erklären«, mischte ich mich ein. Ich hatte das vage Gefühl, der Bericht einer Augenzeugin sei hier wichtig. Abgesehen davon, dass Nimoy Späth mit ihren Bemerkungen mehr reizte, als der Sache dienlich war.

Sie nickte: »Da haben Sie Recht. Ich habe zuvor nur noch eine Frage: Ist Fräulein Späth lediglich *verschwunden*, wie Sie zuerst sagten, oder wurde sie definitiv *entführt*?«

»Entführt«, bestimmte Späth in gepresstem Ton. »Wir haben inzwischen eine Lösegeldforderung.«

»Oh, das ist hervorragend!«, rief Nimoy aus und drohte, in ihre schmalen behandschuhten Hände zu klatschen, bis sie meinen warnenden Blick bemerkte. »Ich meine, dann ist die Situation wenigstens eindeutig. Und wir haben Spuren, denen wir folgen können. Aber der Reihe nach; Frau Marquardsen, wollen Sie mir erzählen, was sich im Zug zugetragen hat?«

Die Gouvernante erhob sich, ein bisschen wie ein Schüler, der ein Gedicht vortragen soll. Sie musste ungefähr im gleichen Alter wie Späth sein und wirkte neben seiner ebenfalls nicht mehr jungen, aber schlank gebliebenen Frau recht plump. Sie hatte bis jetzt kein Wort gesprochen, und auch nun redete sie nur sehr widerwillig. Ich mochte es ihr nicht verdenken. – Selbst wenn Zita gesund und munter wieder auftauchte, mochte Marquardsen sich ihre Existenz vernichtet haben, falls Zita durch ihren Fehler »abhanden« gekommen war.

»Wir – Fräulein Zita und ich – bestiegen am Montag morgen den Zug nach Fürth und wechselten dann in den Personenzug nach Koburg, wie wir es mit Herrn Späth besprochen hatten.

Schon kurz nachdem wir losfuhren, beklagte sich das Fräulein, dass sie ein wenig unpässlich sei. Die Reise wollte sie nicht abbrechen, schließlich habe sich ihr Vater ja darauf gefreut, die Familie in Koburg einmal wieder vereinigt zu sehen! Aber sie wollte sich auf eine andere Bank setzen, wissen Sie – es waren in diesem Zug Waggons nicht wie in einem Coupé mit einzelnen Abteilen, sondern die modernen Waggons, jene mit einem Mittelgang.«

»Durchgangswagen«, erläuterte ich, ehe Marquardsens umständliche Beschreibung den Rahmen sprengte, aber ich sah, dass Nimoy bereits verstanden hatte, was die Gouvernante ausdrücken wollte.

»An dem Platz, den wir zuerst hatten, schien ihr wohl zu sehr die Sonne, oder es schaukelte zu sehr; ich weiß nicht recht. Auf jeden Fall setzte sie sich weg von mir.

Gelegentlich sah ich dann noch nach ihr, aber ich sprach nicht mehr mit ihr: Sie trug an jenem Tag einen großen, recht auffälligen Strohhut, den ich vorher noch nicht an ihr gesehen hatte.« Sie begann, den Hut erneut recht umständlich zu beschreiben, bis Späth eine Geste machte, sie möge den Faden nicht verlieren.»Wie auch immer, Zita hatte ihn tief ins Gesicht gezogen, so dass ich annahm, dass sie schlief: Da wollte ich sie nicht weiter stören.

Ungefähr anderthalb Stunden, nachdem sie sich umsetzte, hatten wir Bamberg passiert. Ich wollte noch einmal nach ihr sehen – und da fand ich, dass sie verschwunden war.

Sie können sicher verstehen, dass mir das Herz im Leib stehenblieb! Ich machte mich auf die Suche nach ihr, von vorne bis hinten, und fragte auch die anderen Fahrgäste, aber niemand mochte sich recht an sie erinnern – trotz ihres Hutes! Also alarmierte ich den Kondukteur, doch der wollte den Zug nicht auf offener Strecke zum Stehen bringen, es sei denn, wir hätten einen konkreten Hinweis auf ein Unglück, aber dem war ja nicht so.

So musste ich weiterfahren bis zum nächsten Bahnhof. Dort stieg ich aus. Sie können mir glauben, wie elend mir dabei war! Hatte ich das Fräulein doch in dem Zug zurückgelassen? Hielt sie sich aus welchem Grund auch immer vor mir verborgen und fuhr alleine weiter? All das konnte ich ja nicht wissen! Ich bat den Kondukteur, in Koburg für ihr Gepäck zu sorgen – nur für den Fall –, und er versprach, das zu tun. Dann bin ich auf das Postamt und telegraphierte Herrn Späth unverzüglich.«

Über Nimoys Züge hatte sich eine tiefe Konzentration gelegt. Sie nippte an ihrem Wasser und fragte dann: »Damit ich Sie richtig verstehe; Sie haben Zita nicht permanent im Blick gehabt?«

»Nein; sie saß am anderen Ende des Waggons auf der gleichen Seite des Durchgangs wie ich; zwischen uns befanden sich ein paar Fahrgäste und natürlich mehrere Bänke. Ich musste aufstehen und zu ihr gehen, um nach ihr zu sehen.«

»Und die Waggontüren hatten Sie ebensowenig im Blick?«

»Richtig.«

»Hm.« Nimoy wandte sich zu mir um, lächelte für einen Sekundenbruchteil, und raunte mir ein kryptisches »Da müssen wir auf der Hut sein!« zu, ehe sie sich wieder ernst an die Gouvernante wandte: »Und, wie ging es dann weiter?«

»Ich wartete in Lichtenfels, wo ich ausgestiegen war, auf Antwort von Herrn Späth, und der hieß mich, unverzüglich mit dem nächsten Zug zurückzukehren.«

»Ich hatte inzwischen Verbindung mit unseren Verwandten in Koburg aufgenommen. Als der Zug bei ihnen ankam, fand sich auch da keine Spur von Zita. – Wir müssen also davon ausgehen, dass sie bereits ab Bamberg nicht mehr im Waggon war, als Frau Marquardsen ihr Fehlen bemerkte!«, übernahm dieser die Erzählung.

Er erntete dafür für einen Sekundenbruchteil einen Blick von Nimoy, den ich ohne weiteres zu deuten wusste: »Das einzige, wovon *Sie* ausgehen *können* ist, dass *ich* mich um diesen Fall kümmere«, aber Gottseidank war sie beherrscht genug, nichts zu sagen.

»Unsere Hoffnung war, dass Zita vielleicht eingeschlafen, aufgewacht und erschrocken sei, dass sie viel zu weit gefahren sein könne. Dass sie vielleicht übereilt ausgestiegen sei, in irgendeiner Stadt an der Strecke, und dann hoffentlich so klug wäre, sich irgendwo einzuquartieren, und dann würde sie noch Kontakt mit uns aufnehmen«, mischte sich Späths Frau ein.

»Aussteigen ohne ihr Gepäck mitzunehmen? Oder sich nach ihrer Gouvernante umzusehen?«, warf ich ein. Das kam mir nicht sehr stichhaltig vor.

»Nun ja. Dass sie aus einem fahrenden Zug verschwinden würde, ist ja auch nicht gerade üblich«, erwiderte Späth mit einer gewissen Schärfe und holte mit dem Arm aus, dass ich fürchtete, der Wein aus seinem Glas würde durch das Zimmer spritzen. Dabei hatte er durchaus Recht. Seine Stimme wurde wieder sanfter: »Nun, und sie ist ja auch ein erwachsenes Mädchen. Ich meine, sie kann auf sich aufpassen, und ich bin davon ausgegangen, sie würde sich in irgendeiner Form bei uns melden.« Als er endete, schien er an den ersten Worten seines Satzes bereits wieder zu zweifeln.

Auch Nimoys Stimme klang auf merkwürdige Art gleichzeitig entspannt und konzentriert: »Entschuldigen Sie, wenn ich Sie unterbreche, Herr Späth, aber würden Sie Zita als selbständig beschreiben?« Mir fiel auf, dass die Sonderkommissarin dabei nicht den Spiegelbaron anblickte, sondern irgendein Ornament an einem Schrank zu betrachten schien.

»Für eine Frau ihres Alters – auf jeden Fall! Sie ist ein aufgewecktes, intelligentes Ding. Sehr patent«, erläuterte Zitas Vater.

Nachdem ich die Familie bereits früher kennengelernt hatte, hielt ich es an dieser Stelle für nötig, Späths vielleicht etwas voreingenommenes Bild seines Kindes geradezurücken:

»Wir wollen aber auch nicht vergessen, dass sie durchaus eine romantische, wenn nicht gar schwärmerische Ader hat, Herr Späth? Sie war durchaus leicht zu begeistern, wenn es Gelegenheit dazu gab ...«

»Ich sehe nicht, was das damit zu tun hat, dass sie korrekt aus einem Zug aussteigt?!«

Nach Späths harscher Replik trat für eine Sekunde eine peinliche Stille ein, ehe Nimoy wieder das Wort ergriff:

»Herr Späth, die Erziehung Ihrer Tochter ist Ihnen sehr wichtig, nicht wahr?«

»Natürlich. Frau Marquardsen ist eine gebildete Frau, eine der besten ihres Fachs – nicht eine jener dahergelaufenen Französinnen, die eben Französisch können und nichts anderes, wenn Sie verstehen, was ich meine?«

»Ich verstehe sehr wohl. *Répondez, s'il vous plaît*. Fahren Sie fort!«

»Zita ist mein einziges Kind, und eines Tages wird sie wohl einmal mein Unternehmen zu führen haben. Da möchte ich, dass sie eine umfassende Ausbildung genießt. Frau Marquardsen unterrichtet sie in Sprachen, Kunst, Geschichte und Etikette. Daneben gibt es noch einen Ingenieur, Herrn Steinhoff, der für mich arbeitet. Gelegentlich gibt er Zita ein paar Stunden Unterricht und führt sie in die Grundlagen der Physik und des Ingenieurswesens ein.« Späths Stimme klang jetzt wieder fast gelassen. »Sie werden verstehen, mein Erfolg beruht auf Technik und Wissenschaft. Ich bin mir der Bedeutung beider bewusst, für uns alle, wie auch für meine Tochter.«

»Natürlich«, erwiderte Nimoy. »Und würden Sie sagen, dass Zitas schulische Leistungen in der letzten Zeit nachgelassen haben?«

»Ich verstehe nicht ganz?« Späth runzelte die Stirn. »Nein, nicht dass ich wüsste – Lesen, Französisch, Rechnen; wie eine eins! Worauf wollen Sie hinaus?«

»Nun, wenn ihre Leistungen nachließen, gäbe ihr das eventuell ein Motiv, von zuhause davonzulaufen.«

Späths Adern wurden wieder ein wenig dicker und seine Wangen röter. Ich beschloss, ihm das nächste Glas Wein mit etwas Wasser zu verdünnen.

»Humbug. Stellen Sie mich nicht als einen Haustyrannen hin, dessen Tochter bei Nacht und Nebel den Hof verlassen muss! Abgesehen davon, wenn sie aus freien Stücken gegangen wäre, wie erklären Sie *das* hier?«

Mit diesen Worten zog er das Telegramm aus der Tasche, das zu meinem Vorschlag geführt hatte, Nimoy in den Fall einzuschalten. Ich erinnerte mich an die kurze Nachricht:

>»Zita in unserer Gewalt. Verhalten Sie sich ruhig. Weitere Instruktionen folgen. Gez. Q«

Ich hatte einen Scherz gemacht, mit »Q« sei wohl mein Vorname »Quentin« gemeint, doch Späth hatte das nicht goutiert.

Nun fuhr Nimoy das Formular mit den Fingern nach. »Das ist freilich merkwürdig ...« murmelte sie dazu. »Wann haben Sie das bekommen?«

»Dienstag früh, gegen sechs Uhr oder so wurde es ausgehändigt.«

»Und aufgegeben wurde es am Montag abend nach zweiundzwanzig Uhr ... in Hamburg«, führte Nimoy fort. »Nun, das ist wohl eine vernünftige Laufzeit für so eine *Nachricht*.« Ich verstand nicht, warum sie das letzte Wort so betonte. »Dann, als Sie das Telegramm hatten und jetzt davon ausgehen mussten, dass Zita tatsächlich entführt wurde, was taten Sie?«

»Ich bin bereits am Montag nachmittag zur Polizei gegangen und habe Zita als vermisst gemeldet, als sie auch in Koburg nicht aufgetaucht war, aber die Wachtmeister meinten, bis auf Weiteres könnten sie nicht viel ausrichten. Wie nun das Telegramm Klarheit schaffte, beschloss ich, mich ganz und gar nicht mehr ›ruhig zu verhalten‹, wie diese Leute das wollten: Man kann so einem Gesindel nur mit starker Hand begegnen!«

Ich war ein wenig erschrocken: »Ihnen ist klar, dass Sie das Leben Zitas gefährden, indem Sie den Fall publik machen?«

»So ist das eben. Halten Sie mich nicht für herzlos, aber wenn ich den Entführern nachgebe, dann lade ich hundert andere ein, die Töchter hundert anderer ebenso feige zu entführen! – Also zeigte ich der Wache das Telegramm.«

»Und was haben die getan?«

»Natürlich Entwarnung für Koburg gegeben und ihren Kollegen in Hamburg gesagt, die sollen die Augen aufhalten.«

Nimoy stieß empört die Luft aus. Ich hörte sie halb ärgerlich und halb belustigt flüstern, »Was für eine Truppe von Hanswursten!«

Laut meinte sie dann: »Dann dürfte der nächste Schritt wohl sein, dass ich mich auf die Hauptwache begebe und dort ein Gespräch mit der Polizei führe. – Eine Frage noch vorab, Herr Späth, der Form halber: Haben Sie eine Idee, wer hinter der Entführung stecken könnte?«

»Natürlich nicht«, entrüstete der Fabrikant sich. »Oder, genauer gesagt: Alle und niemand. Ich erzähle Ihnen nichts Neues, wenn ich

Ihnen sage, dass ich wohlhabend bin. Natürlich sind eine Menge Leute gerne hinter meinem Geld her! Und ich bin Ökonom in einem Geschäft, in dem schon mal mit harten Bandagen gekämpft wird. Ich habe es nie darauf angelegt, mir Feinde zu machen, aber ich gehe auch keinem Strauß aus dem Weg, falls Sie verstehen, das eine oder andere mag man mir schon mal krumm genommen haben. Wobei ich nicht glaube, dass jemand dann soweit ginge, meine Tochter zu entführen!«

»Nun.« Nimoy ging zu ihrem Tischchen zurück und nahm ihr Wasserglas in die Hand. »Das wäre wohl für den Moment alles.« Sie trank den letzten Schluck aus dem Glas. »Ich würde vorschlagen, Sie kehren nach Zirndorf zurück und warten dort die weiteren Dinge ab – viel mehr werden Sie ohnedies nicht tun können.«

Späth nickte und akzeptierte die Lage, auch wenn sie ihm offensichtlich nicht gefiel. Die beiden Damen erhoben sich, und machten sich alle drei zum Gehen fertig. Dann meldete sich Nimoy jedoch nochmal:

»Ich möchte Sie allerdings um eines bitten: Bewahren Sie Freunden und auch Ihrem Personal gegenüber soviel Stillschweigen wie möglich. Ich bin überzeugt, dass Zita nicht von Fremden entführt wurde.«

Späth erstarrte in der Bewegung: »Sie wollen sagen ... sie *kannte* die Entführer?«

Nimoy antwortete mit einem Schulterzucken: »Wie anders wäre es zu erklären, dass sie offensichtlich ohne Widerstand aus dem Zug verschwunden ist?«

»Andererseits«, wagte ich mich einzumischen, »Ihre Habseligkeiten hat sie ja auch im Zug gelassen – wenn sie freiwillig ausgestiegen wäre, hätte sie die doch wohl mitgenommen, oder?«

»Und wir haben zuhause ihre Sachen durchgesehen, auch von denen fehlt nichts!«, ergänzte Frau Späth.

»Vielleicht haben Sie Recht«, erwiderte Nimoy gedehnt und blickte aus dem Fenster über die Dächer Fürths, »zum Teil zumindest;

vielleicht habe ich mich geirrt. Trotzdem würde ich die *Möglichkeit* nicht ausschließen.«

Späth, der es als Affront aufzufassen schien, jemand aus seinem Bekanntenkreis könne mit dem Verbrechen zu tun haben, schnaubte noch einmal.

»Wie dem auch sei, ich begebe mich derweils ins Rathaus zur Hauptwache«, fuhr Nimoy fort und lächelte mich mit plötzlicher Freundlichkeit an. »Ob Sie mich vielleicht dorthin begleiten wollen, Herr von Cramm?«

Wenige Minuten später standen wir auf der Königswarter Straße vor meinem Bureau und blickten dem nur von einem Pferd gezogenen Phaeton nach, mit dem Späth sich und die Damen nach Hause brachte.

»Nun, Herr von Cramm, ich will nicht ohne Ihre Zustimmung über Gebühr über Ihre Zeit verfügen: Wollen Sie mir bei diesem Abenteuer zur Seite stehen, wie Sie es letzten Winter bereits einmal getan haben?«, erkundigte sich Nimoy dann, und ich konnte mir ein Schmunzeln nicht verkneifen:

»Ich dachte schon, Sie würden nie fragen! Nichts lieber als das.«

»Aber – können Sie das bestimmt mit Ihrer Praxis vereinbaren?«

»Es ist ohnedies wenig los, und die Fälle, die kommen, können warten. Ich werde Geißelbrecht anweisen, dass er meine Klienten an vertrauenswürdige Kollegen schickt, sollte sich doch etwas Dringliches ereignen«, erläuterte ich, und sie strahlte – einer der wenigen Momente, in denen ihr Lächeln auch die dunklen Augen erreichte.

Nimoy hakte sich bei mir unter, und wir spazierten los. Zu meiner Überraschung schlug die Sonderkommissarin des Prinz-Regenten aber nicht den Weg zum Rathaus ein, sondern ging mit mir in die entgegengesetzte Richtung, zurück zum Bahnhof. Ich ließ mich von ihr führen.

»Wollen Sie mir nicht endlich erzählen, wie Sie das gemacht haben?«, hakte ich nach einigen Schritten nach, als mich die Neugier übermannte.

»Wie ich *was* gemacht habe?«

»Die Geschichte mit Zita, ihr Alter, die Gouvernante, und das Pferd natürlich!«, rief ich. Sie runzelte die Stirn.

»Ist das nicht offensichtlich? Ich hielt selbst nicht allzuviel von meiner kleinen Demonstration, aber auf die Schnelle fiel mir nichts besseres ein.

Sehen Sie, ›Zita‹ ist ein recht ausgefallener Name. Die einzige Person mit diesem Vornamen, die mir noch einfallen würde, ist Fürstin Zita Eleonora – sehen wir ab von Zita von Bourbon-Parma[2], aber die kam erst vor zwei Jahren zur Welt, und spielt darum für uns keine Rolle. Zita Eleonora hingegen wurde 1876 geboren. Es gab um sie damals einen ziemlichen Rummel, und so hielt ich es für durchaus wahrscheinlich, dass durch sie der Name ›Zita‹ in Mode gebracht wurde. Wenn also ein Mädchen ›Zita‹ getauft wurde, wurde sie wohl kurz nach der Fürstin, also nach 1876 geboren«, erklärte Nimoy, als sei es das Selbstverständlichste auf der Welt.

»Mit Frau Marquardsen stehen die Späths offensichtlich auf sehr vertrautem Fuß – unvorstellbar, dass sie sie mitgebracht hätten, wenn sie nicht sehr gut mit ihr bekannt wären. Darum ging ich davon aus, dass die Marquardsen ihre Stellung innehat, seit Zita eine Gouvernante bekam. Das typische Alter dafür wäre zwölf, ergo ...«

»Bravo! Und die Kutsche und das Pferd? Wie konnten sie das wissen?«, hakte ich nach.

»Natürlich habe ich mich bei Herrn Geißelbrecht erkundigt, als ich in Ihrem Bureau ankam. Ich gehe doch nicht komplett unvorbereitet in so eine Séance!«

---

[2] die später die letzte Kaiserin von Österreich-Ungarn werden sollte

Ich lachte laut auf und klatschte Beifall, und in diesem Moment war es mir egal, dass die Passanten mich anschauten: »À la bonne heure, Frau Nimoy! Warum haben Sie ihm nicht gleich noch gesagt, in welcher Straße er wohnt?«

Sie blickte mich überrascht und anerkennend an:

»Ach, Sie haben den roten Staub an den Schuhen auch bemerkt? Leider kenne ich mich in Zirndorf nicht gut genug aus, als dass ich die Straßen wüsste, an denen man ihn findet ... – Wenn Sie einen Augenblick auf mich warten wollen?«

Mit diesen Worten ließ sie mich schmunzelnd stehen und ging in den Hauptbahnhof hinein, an dessen Stufen wir inzwischen angelangt waren. Ich versteckte mich tiefer in meinem Mantel, denn plötzlich wurde mir die Kühle des Herbsttages bewusst. Und ich begann mich zu fragen, auf was ich mich da eingelassen hatte. Es war eine Sache, durch Zufall in einen geschehenen Mord verwickelt zu werden, wie mir das im letzten Winter der Fall unterlaufen war. Es war etwas anderes, sich sehenden Auges in die Aufklärung eines laufenden Verbrechens einzumischen. Wenn Zita noch lebte – und davon schienen alle, insbesondere Nimoy, auszugehen –, dann hatten wir die Verantwortung, sie wieder sicher zu ihren Eltern zu bringen. Verglichen damit hatten wir im vorigen Winter nur die Verantwortung für einen erschossenen Kadaver gehabt.

Ich verschränkte die Arme vor der Brust und blickte über den Bahnhofsplatz auf den gefesselten Centauren an seinem Brunnen, der mir einen mitfühlenden Blick zu schenken schien.

Und das mir, einem integren Handelsanwalt, der normalerweise mit Haftungsausschlussklauseln beim Blattgoldverkauf und dem Übergang des Transportrisikos auf den Empfänger bei der Lieferung von Bierfässern zu tun hatte ... Einen Mord hatte ich sozusagen schon, und jetzt auch noch eine Entführung. Wenn ich mir noch eine dritte solche Feder an den Hut steckte, dann würde vermutlich die Anwaltskammer einschreiten ...

Nimoy trat aus dem Bahnhof heraus und fand mich schmunzelnd an dessen Wand gelehnt.

»So guter Dinge?«, wollte sie wissen, nahm wieder meinen Arm und führte uns auf den Weg zum Rathaus durch die kleine Parkanlage vor dem Bahnhof. Ich erklärte ihr, was mir durch den Kopf gegangen war, und sie wurde selbst etwas stiller.

»Ich kann Sie sehr gut verstehen. Um ehrlich zu sein, mir ist auch nicht völlig wohl bei der Sache. Mein Metier sind die Toten, das sind vollendete Tatsachen, die bereits geschaffen wurden – die Lebenden regen sich, manchmal unberechenbar, und da habe ich Angst, etwas zu verpfuschen.«

Ich machte mich wieder zum Zentrum der Aufmerksamkeit, indem ich schallend auflachte.

»Was? Herr von Cramm, was, was war so lustig?«, rief Nimoy und zwang mich, mit ihr stehenzubleiben. Sie blickte verwirrt drein.

»Nichts. Es ist nur ... ich verstehe, was Sie meinen, aber wie Sie einem erklären, der Umgang mit den Lebenden sei etwas anderes als mit einer Leiche, das ist einzigartig.«

Ihr Gesicht wurde maskenhaft, und die Augen wurden noch ein wenig dunkler.

»Sie machen sich nicht etwa lustig über mich, Herrn von Cramm, oder?«, forschte sie tonlos.

»Nein«, beeilte ich mich – ehrlich gesagt, noch ehe ich mir selber klar war, ob das stimmte. »Nein, ich fand Ihre Formulierung nur ... charmant.« Es war höchste Zeit, das Thema zu wechseln: »Und, was haben Sie im Bahnhof nun herausgefunden?«

Sie beschloss, die empfundene Kränkung zu vergessen und schritt wieder neben mir her.

»Raten Sie!«

»Dass das Telegramm nicht aus Hamburg kommen konnte?«, riet ich, »Es war zu offensichtlich, dass Sie der Geschichte von Anfang an nicht geglaubt haben.«

»Hallo Herr von Cramm, Sie sind auf Draht! – Also, natürlich kommt das Telegramm schon aus Hamburg, aber ich habe mir die Kursbücher angesehen: Wenn Zita mit dem Zehn-Uhr-Zug Fürth verlassen hat, dann gibt es keine Möglichkeit, dass sie vor dem nächsten Morgen Hamburg erreicht hätte. Mit anderen Worten, wer auch immer ›Q‹ ist, der das Telegramm abgeschickt hat, Zita war nicht bei ihm.«

»Was denken Sie, wo sie dann ist?«, wollte ich wissen, als wir auf die Schwabacher Straße, praktisch die Hauptstraße von Fürth, einbogen. An ihrem unteren Ende war bereits der markante Rathausturm zu sehen – bei dem es sich um eine dermaßen dreiste Kopie des florentinischen Palazzo Vecchio handelte, dass ich mich immer ein wenig dafür schämte.

»Nun, wenn wir davon ausgehen, dass die Geschichte mit Hamburg erfunden wurde, um uns wegzulocken, dann wäre das Naheliegendste natürlich, dass Zita in Wirklichkeit ganz in der Nähe ist«, erläuterte sie.

»Es sei denn, die Entführer denken, dass wir das denken sollen«, gab ich zu bedenken, doch Nimoy schüttelte nur den Kopf:

»Das würde ja auch gar keinen Sinn für eine Lösegeldübergabe ergeben. Wie sollte das funktionieren, wenn die Geisel fünfhundert Kilometer weit weg ist? Der Plan der Entführer ist wohl eher, dass wir uns überlegen, ob Zita vielleicht gar nicht entführt wurde, sondern durchgebrannt ist. Mit einem geheimen Liebhaber nach Hamburg, von dort nach Südamerika oder Australien ...« Sie machte mit ihren Händen flatternde Bewegungen.

»Und wir sollen denken, die ›Entführung‹ wurde fingiert, um dem verliebten Pärchen mit dem Lösegeld einen Neuanfang zu ermöglichen?« Hatte Nimoy nicht gemutmaßt, es gebe ein Einverständnis zwischen dem Opfer und seinen Entführern? Ich begann zu zweifeln, ob ich Nimoy tatsächlich eher eine Hilfe als eine Last sein würde, denn ich begann jetzt schon, mich im Gestrick von Mutmaßungen und Erwägungen zu verheddern: »Aber das würde doch gar nicht klappen, wenn es zu keiner Lösegeldübergabe kommen kann?!«

»Natürlich nicht. Es sagt ja auch keiner, dass unsere Täter besonders gescheit sind«, erwiderte Nimoy. Ich hatte bemerkt, dass ein finsterer Schleier über ihren Gesichtausdruck gefallen war, und jetzt verstand ich auch, warum: »Herr von Cramm, nehmen Sie mir die Frage nicht übel – ich komme nicht oft nach Fürth herein. Aber ist es üblich, dass hier am helllichten Tag so viele Bassermannsche Gestalten herumirren?«

Es war mir gar nicht aufgefallen, aber natürlich hatte sie recht. Obwohl es erst früh am Nachmittag war, begegneten uns im Strom der Passanten bereits auffallend viele bierselige Arbeiter und Tagelöhner.

»Kirchweih«, sagte ich nur, »wir haben seit Samstag Kirchweih.«

»Und die Herrschaften verlieren keine Zeit«, konstatierte Nimoy knapp, ehe sie einen Einfall hatte: »Aber natürlich ist es eine famose Idee!«

»Was, sich zu betrinken?« Ich wusste, dass Nimoy bei der richtigen Gelegenheit einem Likör oder auch einem Absinth nicht abgeneigt war, aber im Augenblick hätte mich eine derartige Laune überrascht.

»Nein! Herr von Cramm, Sie nehmen mich auf den Arm!«, entrüstete sie sich, und ich war mir nicht so ganz klar, ob das nur spielerisch war. »Die famose Idee ist, die Entführung zu einem Zeitpunkt durchzuführen, wo an jeder Ecke Trubel herrscht und die Stadt voll fremder Leute ist.«

Sie wich einer kleinen Pfütze aus Erbrochenem aus und ihr Blick verriet Zweifel daran, wie ›famos‹ die Idee wirklich war.

»Übrigens, was haben Sie eigentlich gemeint, als sie bei mir im Salon davon sprachen, wir sollten ›auf der Hut‹ sein?«, wollte ich dann wissen, als wir praktisch schon vor der Tür des Rathauses standen.

»Das? Oh, ich wollte Sie nur auf eines hinweisen: Da taucht dieses neue, auffallende Kleidungsstück auf, Zitas Strohhut, den vorher noch nie jemand zu sehen bekommen hat – just zu dem Zeitpunkt dieser dramatischen Entführung. In solchen Fällen klingeln bei mir immer die Glocken. Ich weiß nicht genau, *was*, aber ich bin mir sicher, *dass* es etwas zu bedeuten hat.«

Mit diesen Worten betrat sie das Innere des Rathauses, und ich folgte ihr.

2. Mehr von einem Hut, und Auftritt Minna von Barnhelm

Donnerstag, 10. Oktober 1896

Am nächsten Morgen hielt der Herbst den Atem an. Es war kühl, und die Luft stand still, während die Wolkendecke nur knapp über den obersten Schornsteinen Fürths zu schweben schien.

Die »Stadt der tausend Schlote« wurde Nürnbergs kleine Schwester genannt, seit sie begann, sich zu einem bedeutenden Zentrum für Industrie und Handel zu entwickeln. Allerlei kuriose Handwerkszweige hatten sich hier angesiedelt, wie Spiegelproduzenten vom Schlage eines Späths, außerdem Brauer, Blattmetall- und Farbenhersteller und Spielzeugmacher; für diese Branchen war Fürth geradezu ein Mekka. Typisch war, dass das Stadtbild nicht von wenigen großen Fabriken dominiert wurde, sondern dass aus jedem Wohnhaus und jedem Hinterhaus ein kleiner Schornstein zu ragen schien, der auf eine Manufaktur oder einen Heimbetrieb dahinter schließen ließ. Der Nachteil dessen war, dass an Tagen wie diesen die Luft mit dem beißenden Rauch der Kamine geschwängert war, und sich überall ein feuchter, schmieriger Film aus Ruß und Asche niederschlug.

Ich erwartete Nimoy vor dem Bahnhof, wie wir es am vorigen Abend verabredet hatten, und auf die Minute pünktlich erschien sie – diesmal in einem taubenblauen Kleid mit einer rosafarbenen Nelke. Für ihre Verhältnisse war das eine gewagte, geradezu knallbunte Mischung.

»Nun, Herr von Cramm, bereit zu neuen Expeditionen?«, wollte sie gut gelaunt von mir wissen.

»Jederzeit«, erwiderte ich schmunzelnd.

»Und das, wo Sie nicht einmal wissen, wo ich mit Ihnen hin möchte?«, fragte sie mit gespielter Verwunderung. In der Tat hatte sie mir am vorigen Abend das Ziel unseres heutigen Ausflugs nicht verraten wollen. Nichtsdestoweniger ...

»Wer sagt, dass ich das nicht weiß? Ich gehe davon aus, dass Sie mit mir zusammen die Familie Späth besuchen möchten.« Ich versuchte, meine scharfsinnige Folgerung möglichst nonchalant klingen zu lassen.

»Sollte ich mich gestern verplappert haben?«, wunderte sich Nimoy, doch ich konnte sie beruhigen:

»Nicht im mindesten. Aber ein Blick auf den Fahrplan hat mir genügt: Entweder Sie wollen mit mir in die verspätete Sommerfrische nach Oberstdorf, oder wir werden den Zug nach Cadolzburg nehmen. Auf dieser Strecke liegen mit der Alten Veste und Cadolzburg selber architektonisch reizvolle Punkte, die Sie aber, glaube ich, erst zu einem geeigneteren Zeitpunkt besuchen werden. Und außerdem hält dieser Zug in Zirndorf mit seinem Späthschen Anwesen.«

»*Chapeau*, Herr von Cramm!«, lachte sie entzückt. »Wenn Sie so weitermachen, dann kann ich mich bald entspannt zurücklehnen und Ihnen den ganzen Fall überlassen.«

Wir betraten das Bahnhofsgebäude, wozu sie mir ihren Arm anbot. Aber kaum hatten wir die kleine Halle betreten, versteifte sich die Frau plötzlich. Ich konnte nicht ganz verstehen, was die Veränderung bewirkte, doch Nimoy wirkte plötzlich in sich gekehrt, und es schien in der Halle einige Grade kühler geworden zu sein.

»Herr von Cramm, wenn Sie sich um die Billets kümmern wollen?«, fragte sie abwesend, ohne mich dabei anzusehen. Sie entzog ihren Arm dem meinen.

Ich war verwirrt, aber ich tat, was sie sagte und trat an den Schalter und kaufte zwei Fahrkarten. Gleichzeitig ließ ich den Blick möglichst unverfänglich durch die Halle schweifen und versuchte, herauszufinden, was Nimoy so beunruhigt hatte, aber mir bot sich alles ruhig und friedlich dar.

Wenige Minuten später traten wir auf den Bahnsteig hinaus, als sich unser kleiner Zug eben unter seinem typischen Schnauben und Zischen näherte. Zu meiner Überraschung zog die Sonderkommissarin mich vom dem Waggon weg, der direkt vor unserer Nase zu halten kam, und bugsierte mich stattdessen zu einem Abteil nahe dem Zugende. Ich wusste immer noch nicht so recht, was ich davon halten sollte, aber ich vertraute darauf, dass sie schon ihre Gründe haben werde.

Als wir uns in Bewegung gesetzt hatten, setzte sich ihr eigenartiges Verhalten fort. Sie bat mich darum, ihr etwas über die Geschichte Zirndorfs zu erzählen, dabei hatte ich das Gefühl, dass sie eigentlich auf etwas ganz anderes konzentriert war. Ich resümierte also, soviel ich wusste – dass der mittelalterliche Marktflecken in den letzten Jahrzehnten parallel mit Fürth selbst aufgestiegen war, und dass er jetzt als Villenvorstadt mit den schönsten Grundstücken in der Umgebung gehandelt wurde – aber natürlich war *ich* jetzt auch abgelenkt, weil ich mir Gedanken über Nimoys Ablenkung machte. Es entwickelte sich eine sehr merkwürdige Konversation zwischen uns beiden, bei der ich mir vorkam wie ein Schauspieler, der seinen auswendig gelernten Text herunterspult. Nach wenigen Minuten legte sich denn auch eine Stille über uns, die nur durch das rhythmische Rattern der Eisenbahnschienen unterbrochen wurde.

»Haben Sie schon einen konkreten Verdacht?«, hörte ich mich mit einem Male sagen, und war selber überrascht – überraschter, als Nimoy es war, denn sie verzog keine Miene, als sie mich anblickte, um mir zu antworten.

»Nein, natürlich nicht: Ich denke, dafür ist es noch viel zu früh. Wen hätten wir denn schon als Kandidaten?«, erwiderte sie. »Das Fräulein Zita selber, das sein Verschwinden aus irgendwelchen Gründen eigenhändig organisiert? Nicht auszuschließen, aber im

Moment hätten wir noch keinen Anhaltspunkt, *warum* sie so etwas tun sollte.

Ihre Eltern? Was sollten die sich davon versprechen? Die Gouvernante, oder was es noch an Charakteren gibt, wie diesen Ingenieur Steinhoff; was wüssten wir von denen, dass wir ernsthaft eine Theorie aufbauen könnten? Mal abgesehen von all den anderen, die hinter ›Q‹ stecken können, von denen wir bis jetzt noch gar keine Kenntnis haben.«

»Aber Sie haben eine Theorie, dass das alles nicht die gewöhnliche Entführung ist, nach der es aussieht?«, hakte ich nach, als wir unter dem Turm der Alten Veste, dessen Spitze sich in den tiefen Wolken verlor, abbremsten.

Sie lächelte, als der Zug mit einem Ruck zum Stehen kam.

»Ich weiß nicht, ob es so etwas wie eine ›gewöhnliche‹ Entführung gibt. Aber Sie haben insofern recht, als ich das Gefühl habe, dass Fräulein Zita ihre Entführer deckt. Aber das wissen Sie ja bereits.«

Damit öffnete sie das Fenster, beugte sich hinaus, und den Rest der Fahrt konnte ich ihr kein Wort mehr entlocken.

Zweifellos gibt es vielerlei, für das man an Frau Nimoy Kritik üben könnte, aber ich lege die Hand dafür ins Feuer, dass es einem mit ihr niemals langweilig wird.

Nachdem wir die restliche Fahrt schweigend verbracht hatten, stiegen wir in Zirndorf aus dem Zug, und sie begann wieder mit ihren Marotten. So bat sie mich zuerst, ihr von dem kleinen Kiosk am Bahnhof eine Limonade zu besorgen. Ich verstand nicht so recht, warum sie uns damit aufhielt, wo Späth ihr doch sicher eine Erfrischung gönnen würde, aber ich tat, wie sie mir geheißen hatte – und als sie das Glas aus meiner Hand nahm, stellte sie es achtlos irgendwo ab und verließ mit mir den Bahnhof, ohne einen Schluck genommen zu haben. Wenige Meter später blieb sie mit mir vor dem Schaufenster eines Herrenschusters stehen und betrachtete mit scheinbar höchster Konzentration Stiefel und Galoschen.

»Denken Sie, Sie finden hier etwas in Ihrer Größe?«, erkundigte ich mich, aber sie ignorierte meinen Kommentar und zog mich statt dessen sanft weiter. Ich beschloss, das als Test meines Vertrauens in sie zu sehen, und folgte ihr.

Wir erreichten das Späth'sche Anwesen einige Minuten später, und eine große, hagere Gestalt in dunklen Kleidern öffnete uns. Ich erkannte den Mann mit den professionell-regungslosen Gesichtszügen als Späths Kammerdiener wieder. Er war tadellos herausgeputzt und schien sich seiner zurückweichenden Haarlinie nicht zu schämen.

»Guten Tag, Joseph«, begrüßte ich ihn, während durch die halbgeöffnete Tür vor uns ein undeutlicher Lärm aus den dahinterliegenden Räumen zu hören war. Nimoy lauschte aufmerksam, wie ich aus dem Augenwinkel wahrnahm. »Das ist Frau Iahel Nimoy«, stellte ich sie vor. »Wir sind den Herrschaften angemeldet.«

»Wenn Sie sich einen Moment gedulden wollen«, parierte der Diener Floskel mit Floskel und führte uns in die Diele, wo er sich mit umständlichem Getue daran machte, sich unserer Mäntel und Hüte anzunehmen. Nun war zu hören, dass der Lärm, den wir gehört hatten, aus dem Salon kam – und dass seine Quelle offensichtlich ein Streit war. Nimoy lief das alles zu langsam:

»Sie entschuldigen, dass ich schon einmal vorgehe?«, fragte sie, und es war mir nicht ganz klar, ob sie mich oder den Diener meinte. So oder so machte sie ein paar schnelle Schritte an ihm vorbei, öffnete die großen farbigen Glastüren und trat in den Salon.

»Wie Sie meinen«, murmelte ein sichtlich überrumpelter Joseph, und ich nahm das als Aufforderung, Nimoy zu folgen.

Neben den beiden Späths fanden wir drei weitere Personen in dem Empfangsraum:

Ein junger Mann, Ende zwanzig oder Anfang dreißig, zwar schlicht, aber doch geschmackvoll gekleidet und frisiert, stand zwischen den Eheleuten Späth und einem jüngeren Pärchen. Es wirkte, als habe er versucht, bei einem Streit zwischen den beiden Paaren zu schlichten, als er durch das Eindringen Nimoys unterbrochen wurde. Soweit ich das auf einen Blick erfassen konnte, machte der junge Herr einen überlegten und etwas in sich gekehrten Eindruck.

Das Paar gegenüber den Späths war noch jünger als der Schlichter *in spe*, sie nicht mehr als siebzehn oder achtzehn, er nur ein paar Jahre darüber. Er machte auf mich einen recht schneidigen Eindruck, und ich hätte ihn mir als Unteroffizier der Garnison vorstellen können, doch waren sein Anzug und seine Frisur eindeutig zivil.

Das Mädchen hatte ebenso wie der Bursche Wangen, die dem Anschein nach nicht von dem Streit, sondern von der Herbstkühle draußen gerötet waren – was bedeuten würde, dass sie erst in den letzten Minuten angekommen sein konnten. Im Übrigen trug das Mädchen das glatte, dunkle Haar ordentlich zu einem Knoten zusammengesteckt; ihre dunklen Augen verrieten eine Reife jenseits ihrer Jahre und eine lebhafte Intelligenz, die im Moment allerdings in eine lebhafte Wut umzuschlagen drohte. Ihre Kleidung war wie die ihres Begleiters elegant, wenn auch nicht übertrieben. Schlecht zum Rest passend schien mir der Hut, den das Mädchen in den Händen knetete – ein Strohhut mit sehr ausgefallener Krempe ... und plötzlich wurde mir einiges klar.

Ich hatte das Pärchen schon am Bahnhof in Fürth gesehen, vielmehr – Nimoy und ich hatten es beide gesehen, aber nur sie hatte es *wahrgenommen*. Natürlich wollte die Sonderkommissarin der Frau mit dem auffälligen Strohhut unauffällig folgen, als diese mit uns in denselben Zug ein- und an derselben Station wie wir ausstieg. Dass sie dasselbe Ziel wie wir gehabt hatten, war eine glückliche Fügung gewesen.

»Frau Nimoy, Herr von Cramm!«, polterte Späth, der nicht so recht zu wissen schien, ob er über unser Eindringen froh oder erbost sein sollte. Wie es seine Art zu sein schien, verhüllte er seinen Zorn mit Konvention, und er rang sich dazu durch, uns höflich die Hand zu reichen; dann stellte er uns seine drei anderen Gäste vor.

Der Mann, den ich beinahe für einen Soldaten gehalten hätte, war jener Jost Steinhoff, dessen Name schon einmal gefallen war – der Ingenieur, der Zita gelegentlich Naturkundeunterricht erteilte. Späth, der uns um ein Treffen gebeten hatte, um das weitere Vorgehen zu beratschlagen, hatte auch ihn um Rat ersucht.

Das Mädchen war eine enge Freundin von Zita mit Namen Marie-Theres Limpert. Sie hatte angegeben, so erzählte Späth, mit ihrem Verlobten Simon Schaller – dem zweiten jungen Herrn – zusammen Zita besuchen zu wollen, und hatte angeblich keine Ahnung, dass Zita auf ihrer Zugfahrt verschwunden war. Aber beide Späths waren sich sicher, dass ihr Hut der gleiche war, wie ihn auch Zita auf der verhängnisvollen Reise nach Koburg getragen hatte. Jeden solchen Zusammenhang hatte das Fräulein entrüstet von sich gewiesen, und ihr Verlobter hatte sich, wie es sich gehörte, ebenfalls für sie in die Bresche geworfen – just, als Nimoy und ich uns Eintritt verschafft hatten.

»Mit allem Respekt, Herr Späth«, eiferte sich Schaller immer noch, nicht ganz zu unrecht, wie ich glaubte. »Meiner Verlobten zu unterstellen, sie sei an diesem Verbrechen beteiligt, ist ... «

Er ließ das letzte Wort unausgeprochen, nicht zuletzt, weil der Ingenieur Steinhoff ihm die Hand auf den Arm legte.

»Simon, bleib vernünftig. Versetz dich in den Standpunkt von Herrn Späth; seine Tochter ist verschwunden, vielleicht in Lebensgefahr. Ist es da verwunderlich, wenn er um sich herum Gespenster und Verschwörungen sieht?«, meinte er in einem eindringlichen Ton, doch Späth schnaubte nur ein »Pah!« bei dem Wort »Gespenster«.

»Wenn Sie gestatten?«, mischte sich Nimoy ein und nahm dem Mädchen, das nun kurz vor den Tränen zu sein schien, den Hut aus der Hand und inspizierte ihn.

»Herr Späth, können Sie beschwören, dass das derselbe Hut ist, wie ihn Zita am Morgen ihrer Abreise trug?«, wollte sie dann wissen. Späth nickte nur.

»Und wenn ich fragen darf, was für Haare hat Zita?«

»Lange, brünette, glatte Haare«, warf Frau Späth ein, die sichtlich froh war, auch etwas beitragen zu können, und die sich durch Nimoys Eingreifen eine Entspannung der Lage zu erhoffen schien. »Sehr ähnlich denen von Marie-Theres.«

»Hm«, brummte Nimoy und warf mir einen kurzen Blick zu. Ich ahnte worauf sie hinaus gewollt hatte: Andersfarbige Haare, die am Hut steckten, hätten ein Indiz sein können, dass dies nicht Marie-Theres' Hut war. Aber so? Sie reichte den Hut zurück und ihr Blick begann wieder, dem unseren auszuweichen.

»Nun, wenn es möglich wäre, dann würde ich nun gerne unter vier Augen mit Fräulein Limpert sprechen, beziehungsweise, Herr von Cramm, wenn Sie so nett sein möchten, unter sechs?«, meinte sie dann.

Späth war wieder etwas überrascht, dass er von der Befragung ausgeschlossen sein sollte, aber er wies uns den Weg in ein Studierzimmer und schloss die Tür hinter uns. Gedämpftes Gemurmel drang aus dem danebenliegenden Salon; vermutlich die Friedensverhandlungen zwischen Späth und Schaller. Während die Damen Platz auf zwei kleinen Stühlen nahmen, lehnte ich mich an die Tür zum Salon. Ich hielt es für angemessen, mich ein wenig im Hintergrund zu halten und gleichzeitig sicherzustellen, dass wir keine Mithörer hatten.

Limpert begann unaufgefordert zu sprechen:

»Frau Nimoy, ich hoffe, Sie glauben mir, dass ich bis gerade eben keine Ahnung vom Verschwinden von Zita hatte...«

»Ich *glaube* sehr wenig, und ich *weiß* im Moment noch weniger«, unterbrach die Sonderkommissarin. »Aber die Späths sind überzeugt, dass Ihr Hut derselbe ist, den Zita getragen hat.«

Der Blick des Mädchens irrte für einen Moment zwischen Nimoy und mir hin und her. Dann hatte sie sich wieder unter Kontrolle.

»Es ist nicht *derselbe*, es ist vermutlich der *gleiche*«, entgegnete sie spitz.

»Pardon?«, brach ich meinen Vorsatz und mischte mich doch ein.

»Zita und ich, wir bummelten vor zwei oder drei Wochen durch die Schwabacher Straße. Bei einem Hutmacher fanden wir diesen Hut, und wir waren beide entzückt davon. Ich kaufte ihn mir auf der Stelle. Ich vermute, Zita ging später noch einmal hin und kaufte das gleiche Modell«, erläuterte Marie-Theres.

Nimoy war die Enttäuschung anzumerken: »Und wo genau war das?«

Limpert nannte das Geschäft ohne zu zögern, und auf Nimoys prüfenden Blick an mich nickte ich: Ich kannte den Hutmacher, zumindest dem Namen nach. Die Geschichte klang plausibel. Nimoy biss sich auf die Unterlippe. Es war zu schade; der Hut wäre ein wichtiges Indiz gewesen. Aber so ...

»Können Sie mir nun ein wenig erzählen, was überhaupt mit Zita ist?«, meldete sich das Mädchen dann zu Wort. »Herr Späth hat nur etwas von einer Entführung erwähnt, ehe er auf mich losgegangen ist. – Verstehen Sie mich, ich will Zita helfen, wenn ich kann, wenn ihr etwas fehlt?!«

Ich fasste die Details der Geschichte zusammen: Zita, die auf der Fahrt nach Koburg aus dem Zug verschwand, und eine Meldung der Entführer. *Falls* Limpert etwas mit der Entführung zu tun hatte, wusste sie das auch schon, und sie würde wissen, dass wir es wussten. Es konnte also nichts schaden, ihr davon zu erzählen.

»Und, Fräulein Limpert, hätten Sie eine Idee, die das Verschwinden Zitas erklären könnte?«, wollte Nimoy dann wissen.

Die junge Frau schüttelte den Kopf, während sie kurz nachdachte, ehe sie wieder uns anblickte:

»Alle und niemand.« Ich verzog wohl das Gesicht. Hatte Späth uns nicht dasselbe gesagt? »Ich meine, Zita ist ein wohlhabendes

Kind. Das würde nahelegen, dass man sie um Lösegeld entführt, nicht wahr?«

»Es gibt noch zwei andere Möglichkeiten«, gab Nimoy zu bedenken, und sie nahm wieder einen lehrerhaften Ton an. »Man könnte sie entführt haben aus Hass auf sie selbst oder auf ihre Eltern, oder sie steckt mit den Entführern unter einer Decke.«

»Warum sollte sie das tun?«, fragte Limpert verwundert.

»Das wollen wir ja gerade herausfinden.« Nimoys Antwort klang ungeduldig. »Wissen Sie, warum sie möglicherweise von zuhause verschwinden wollte?« Sie gab einen Schuss ins Blaue ab: »Wir haben Hinweise auf eine Verbindung nach Hamburg.«

»Hamburg?«, wiederholte Limpert, »Nein, tut mir Leid, davon weiß ich nichts. Und ich denke, sie hätte es mir gesagt, wenn es da etwas gäbe.«

Damit schlossen wir die Befragung fürs Erste ab und kehrten in den Salon zurück.

Limpert und ihr Verlobter Schaller verabschiedeten sich recht bald, nachdem die Hutaffäre aufgekärt war: Man musste sie nicht hinauskomplimentieren, sondern sie verstanden von selbst, dass ihre Anwesenheit im Moment nicht hilfreich war. Der Ingenieur Steinhoff erklärte, im Moment ebenfalls nichts für Späth tun zu können, und verabschiedete sich mit ihnen.

Zu unserer großen Überraschung erschien er bereits wenige Momente, nachdem sich die Tür hinter ihm geschlossen hatte, wieder in dem Salon.

»Ich ... Ich habe wohl mein Portefeuille vergessen«, meinte er dazu schief und griff nach der Ledertasche, die tatsächlich noch auf einem Beistelltischchen stand. Seine Bewegungen kamen mir seltsam zögerlich vor. »Wir müssen sehen, dass wir den Zug zurück nach Nürnberg bekommen. Und, Frau Nimoy und Herr von Cramm, ich wollte Ihnen nur noch sagen ...« Er machte wieder eine zögerliche Pause, ehe er uns eröffnete: »Ich weiß nichts Genaues darüber, aber man munkelt, dass Simon Spielschulden hat.«

Die Nachricht hätte nicht effektvoller präsentiert werden können, wäre Steinhoff auf einer Bühne gestanden. Nimoy zog eine Augenbraue hoch, ich hörte mich einen verwunderten Pfiff ausstoßen, und hinter mir echote Späth »Spielschulden?«

Steinhoff lächelte weiterhin verlegen: »Ich muss jetzt wirklich los; die anderen warten auf mich.«

Mit einer angedeuteten Verbeugung in Richtung der Damen klemmte er sein Portefeuille unter den Arm und verschwand, während wir uns alle ein wenig verdutzt anblickten.

»Das ist wohl etwas«, setzte Nimoy an, und musste sich räuspern, ehe sie sich mit klarer Stimme äußern konnte: »Das ist wohl etwas, das eine tiefergehende Untersuchung verdient.«

»Das meine ich auch«, brummte Späth und blickte auf die Zimmertür, als könne er durch das Holz das sich entfernende Trio noch erkennen.

Frau Späth, die ihrerseits den Blick niedergeschlagen hatte, meldete sich daraufhin mit ihrer stillen, aber klaren Stimme zu Wort: »Ich weiß nicht, ob Herr Steinhoff hier nicht ein bisschen überreagiert mit seinem Verdacht. Er sieht gern Gespenster. Und manchmal denke ich, ist seine Sorge um Zita ein wenig ... « Sie zögerte, als sie die rechten Worte suchte. »Seine Sorge ist ein wenig unangebracht. Er spielt gern den großen Bruder für sie.«

Ich glaube, Nimoy hätte ebenso gerne wie ich noch ein wenig nachgeforscht, was Frau Späth mit »unangebracht« meinte, doch auch die Aufmerksamkeit Ihres Gatten war wieder zu uns zurückgekehrt, und er machte sich an seinem Schreibtisch zu schaffen.

»Da ist noch etwas, Frau Nimoy, von dem Sie bisher noch nichts wissen!«

Mit diesen Worten zog Späth einen Brief aus der entriegelten Schublade hervor.

»Bitte lesen Sie das«, meinte er, als er das Papier an Nimoy weiterreichte. »Das habe ich erhalten, wenige Minuten, bevor Marie-

Theres und Simon aufgetaucht sind. Ich wollte es Ihnen nicht geben, solange die anderen noch hier waren.«

Es war eine Lösegeldforderung der Entführer.

Ich guckte Nimoy über die Schulter, als sie den Brief aus seinem Umschlag zog. Er besaß keinen Poststempel, sondern war offensichtlich per Boten überbracht worden. Nimoy kam zu der gleichen Schlussfolgerung wie ich und erkundigte sich:

»Haben Sie eine Ahnung, wer den Brief aufgegeben hat?«

Späth schüttelte den Kopf.

»Joseph, mein Kammerdiener, hat ihn entgegengenommen. Es war ein junger Kerl, der ihn überbracht hat, und der sagte wiederum, ein Herr mit Bart habe ihn bei ihm aufgegeben.«

Ich nickte innerlich: Das ergab Sinn. Wenn jemand sich in seinem Haushalt keine eigenen Boten leisten konnte oder wollte, konnte er seinen Nachrichten in eigenen kleinen Geschäften oder bei Gasthäusern aufgeben, die die Mitteilungen dann durch ihren Boten überbringen ließen.

»Wann?«

»Heute morgen. Aufgegeben gegen sechs Uhr«, gab Späth Auskunft.

»Hm. Unsere Entführer sind Frühaufsteher also. Und Ihr Kammerdiener ist ein sehr aufmerksamer Mann, dass er sich gleich darum gekümmert hat!«

Späth zuckte die Schultern andeutungsweise mit ausdruckslosem Gesicht, als wolle er sagen, schließlich sei Joseph ja auch teuer genug.

Nimoys Aufmerksamkeit kehrte zu dem Brief zurück. Der Text umfasste wenig mehr als vier Zeilen:

Zita ist in unserer Hand. Am Freitag, dem 11. um 6 Uhr abends werden Sie uns – alleine und ohne Polizei – Ihre Münzsammlung am Valzner Weiher übergeben.

Treffen am Westufer, Bootsverleih Schinkel. Alles Weitere dort.

Irgendwie war ich beruhigt, dass die merkwürdige Signatur ›Q‹ weggefallen war ... wie vage ihre Verbindung zu meinem Vornamen auch gewesen sein mochte.
»Nun, Herr von Cramm, was fällt Ihnen an diesem Schreiben zuerst auf?«, wollte Nimoy von mir wissen und warf mir einen kurzen, fast schelmischen Blick zu.
Ich überflog das Blatt noch einmal kurz.
»Die Handschrift ist sehr ungelenk, wie von einem Kind oder von jemandem, der das Schreiben nicht gewohnt ist. Demgegenüber ist die Sprache geradezu gewählt: ›... werden Sie uns Ihre Münzsammlung übergeben ...‹; nicht gerade der Stil des Proletariats.«
»Und was schließen Sie daraus?«, beharrte sie.
»Nun, entweder ist es von jemand Gebildetem geschrieben, der sich dumm stellt, oder von einem Dummen, der klug erscheinen will.« Es gab eine kurze Pause, in der die Sonderkommissarin offensichtlich noch einen weiteren Schluss von mir erwartete. »Und die Erfahrung lehrt uns, dass es leichter für einen klugen Kopf ist, sich dumm zu stellen als andersherum – daher haben wir es vermutlich mit einem gescheiten Entführer zu tun?«
»Herr von Cramm«, fuhr Späth dazwischen, »haben Sie und Ihre Freundin wirklich keine besseren Einfälle, als meine Tochter zu retten, indem Sie hier alberne Rätsel aufführen?«
Nimoy versteifte sich, und ich bemerkte, dass sie die Fingerspitzen aneinander rieb – wie ich gelernt hatte, ein Zeichen, dass sie nervös war.
»Herr Späth, das ist kein *Spiel*. Meinen Sie nicht auch, dass es uns helfen würde, Zita lebend wieder zurückzubekommen, wenn wir eine Ahnung hätten, wer ihre Entführer sind?«, versetzte sie gepresst.

»Diese Münzsammlung, von der hier die Rede ist«, mischte ich mich ein, um das Gespräch etwas zu entschärfen, »worum handelt es sich dabei?«

»Eine Sammlung moderner und historischer Münzen und Medaillen, die ich in den letzten Jahrzehnten aufgebaut habe. Ein Hobby von mir«, gab der Fabrikant Auskunft. Nimoy fragte ihn nach dem Wert der Sammlung, und Späth nannte eine Summe, dass ich durch die Zähne pfiff, ehe sie erwiderte:

»Natürlich ist das eine hervorragende Idee.« Halb dozierte Nimoy, halb schien sie zu sich selber zu sprechen. »Diese Sammlung ist leicht überallhin zu transportieren, und wenn man sie auch nicht als Ganzes an den Mann bringen kann, ohne sich verdächtig zu machen, so ist es doch sicher möglich, jede Münze einzeln zu verkaufen, nicht wahr?«

Späth zuckte mit den Schultern: »Sicher. Unter Preis, weniger, als eine ganze Serie wert wäre, aber machbar ist es.«

»Nun, wir können davon ausgehen, dass es unseren Entführern nicht auf Heller und Pfennig ankommen wird.« Nimoys leichthin gegebener Kommentar schien es Späth nicht einfacher zu machen, sich mit dem Abschied von seiner mühsam aufgebauten Kollektion anzufreunden.

»Wer würde alles wissen, dass Sie eine so wertvolle Sammlung besitzen?«, erkundigte ich mich dann.

Späth dachte kurz nach. »Ich gehe damit nicht hausieren. Aber jemand, der sich entweder in Numismatikerkreisen auskennt oder der sich auch nur oberflächlich über mich informiert, kann das wissen.«

Nimoy schürzte die Lippen. Das half uns nicht viel weiter.

»Und dieser ›Valzner Weiher‹, was ist das?«, wollte sie dann wissen.

»Ein kleiner See am anderen Ende von Nürnberg, vielleicht hundert Meter im Durchmesser. Mit Wald umsäumt. Im Sommer fahren die Leute gern dorthin, um aus der Stadt heraus zu kommen.

Es gibt eine kleine Insel mit einem Ausflugslokal darauf, aber jetzt, um diese Jahreszeit, ist dort nicht mehr viel los«, fasste ich zusammen, was ich über den Teich wusste.

»Also ein diskreter Platz für eine Lösegeldübergabe?«, mutmaßte Nimoy.

Ehe ich antworten konnte, mischte sich Späth wieder ein: »Was denken Sie? Sollen wir die Polizei über diesen Brief informieren? Ich habe bisher noch nichts unternommen.«

Nimoy nickte langsam in ihrer gedankenversunkenen, abwesenden Art.

»Ja, ich denke, es schadet nichts, wenn die Polizei Bescheid weiß – da sie ja nun ohnedies schon eingeweiht ist. Ich würde empfehlen, die Lösegeldübergabe durchzuführen, wie von den Entführern gewünscht, möglicherweise mit der Polizei im Hintergrund.«

»Und ... denken Sie ... « Es schien Späth schwerzufallen, weiterzusprechen. Seine Frau trat neben ihn und ergriff seine Hand. »Denken Sie, dass Zita dann frei kommt?«

Natürlich verlangte Späth hier ein Versprechen, das kein Mensch guten Gewissens geben konnte, und er hatte sicher in erster Linie auf eine Aufmunterung und nicht auf eine unverbrüchliche Zusage gehofft. Nimoy nickte langsam.

»Ich denke schon. Ich habe schon erwähnt, dass ich nicht überzeugt bin, dass Ihre Tochter tatsächlich in Gefahr ist – was immer geschehen ist, ich kann mir bei den Umständen nicht vorstellen, dass sie nicht in irgendeiner Form mit ihren ›Entführern‹ zusammengearbeitet hat – wenn ich auch nicht weiß, wie genau. *Vermutlich* würden Sie sie sogar zurückbekommen, wenn Sie gar nicht zahlten, aber natürlich« – Sie lächelte schief, was bei ihrem im Moment recht starren Ausdruck ziemlich merkwürdig aussah – »ist das etwas, das ich Ihnen keinesfalls mit gutem Gewissen empfehlen kann.«

»Ich verstehe«, erwiderte Späth, der offensichtlich ein ehrliches Wort zu schätzen wusste. »Nun, dann werden wir es so machen, wie Sie es vorgeschlagen haben. – Ich meine natürlich, wir werden das Lösegeld zahlen! Und wenn ich Zita wiederhabe, und wenn sich wirklich herausstellt, dass sie damit etwas zu tun hatte ...« Er fing sich und schaffte es tatsächlich, sich ein Lächeln abzuringen: »In diesem Fall, dann ist das etwas, das nicht mehr in Ihren Bereich fällt, Frau Nimoy.«

Ich war mir nicht ganz sicher, ob der Fabrikant wirklich gerade so etwas wie einen Scherz versucht hatte. Nichtsdestoweniger war es für uns das Zeichen zum Aufbruch. Vor dem morgigen Abend – dem für die Übergabe geforderten Termin – hatten wir alle noch einiges zu tun: Späth musste Abschied von seiner Münzsammlung nehmen und sich mit der Polizei besprechen, während wir Schaller und Limpert noch ein wenig nachforschen wollten. Abgesehen von dem merkwürdigen Hut war der Hinweis des Ingenieurs auf Schallers Schulden die erste brauchbare Spur, die wir überhaupt hatten.

Die Späths verabschiedeten Nimoy und mich und kehrten in den Salon zurück, während der Diener Joseph uns im Vestibül Stock und Hut brachte. Dabei war ihm anzusehen, dass auch er etwas auf dem Herzen zu haben schien. – Nach Steinhoffs Auftritt einige Minuten zuvor hatte ich geradezu ein *Déjà vu*. Verstohlen wechselte ich einen Blick mit Nimoy, die offenbar dasselbe Gefühl empfand, und so entschloss ich mich, den Diener einfach darauf anzusprechen.

Meine direkte Frage hatte Joseph wohl nicht erwartet; sie ließ ihn einen Moment in der Bewegung innehalten, ehe er mir in die Augen sah.

»Die Herrschaft würde es vermutlich nicht billigen, und wenn ich nicht die Hoffnung hätte, dass es dem Fräulein Zita hilft, würde ich auch nie den Mund aufmachen, aber ich will es Ihnen nicht verhehlen: Vor einer Woche, am letzten Freitag, erhielt der gnädige Herr« – er bezog sich wohl auf Späth – »überraschenden Besuch von einer Dame. Das war sehr ungewöhnlich. Es war ... Minna von Barnhelm.«

Natürlich zog ich die Augenbrauen in die Höhe. Ebenso natürlich war ich genau wie Nimoy für einen Moment verblüfft und nicht in der Lage, die richtige Frage zu stellen. Aber leider genügte dieser Moment bereits, dass wir eine Gelegenheit vertan hatten.

Die Tür zum Salon war nicht verschlossen, sondern nur angelehnt, was Joseph wohl entgangen war – oder vielleicht war es ihm auch bewusst, und er hatte gehofft, durch eine gezielte Indiskretion Tatsachen zu schaffen. So oder so, Späth hatte wohl zumindest die entscheidenden Worte mitgehört, und Sekunden nach »Minna von Barnhelm« stapfte er mit einem Gesicht, das bereits zornesrot angelaufen war, aus dem Salon wie eine leibhaftige Dampflokomotive.

»Joseph!«, fauchte er gepresst. »Ich glaube, ich habe Ihnen bereits erklärt, dass dieser Besuch nicht stattgefunden hat.«

»Sehr wohl«, nickte Joseph, dem sein innerer Zwiespalt anzusehen war, der aber trotzdem gehorchte.

»Mitnichten«, mischte sich Nimoy mit spitzer Stimme ein, »nichts ist hier ›wohl‹. Wer auch immer ›Minna von Barnhelm‹ sein mag, ich möchte alles über sie wissen!«

Joseph sah seinen Herrn und dann Nimoy mit einer unbeweglichen Miene an: »Entschuldigen Sie vielmals, Frau Nimoy, aber mir ist offensichtlich ein Irrtum unterlaufen, als ich Sie falsch informiert habe. Keine solche Person hat Herrn Späth besucht.«

Ich musste die Lippen aufeinanderpressen, um nicht durch eine vorschnelle Bemerkung noch mehr Porzellan zu zerschlagen. Nimoy redete nunmehr auf den Fabrikanten ein:

»Herr Späth, halten Sie mich für schwachsinnig? Was soll denn das, es habe keinen Besuch gegeben? Ich glaube nicht, dass Ihr Diener sich das aus den Fingern gesogen hat. Arbeiten Sie mit mir zusammen, vertrauen Sie mir, oder meine Anwesenheit macht keinen Sinn!«

Späth wandte sich schmallippig an mich, statt auf die Sonderkommissarin einzugehen:

»Herr von Cramm, wenn Sie die Güte hätten, Frau Nimoy nach Hause zu begleiten. Vor uns allen steht heute und morgen noch viel Arbeit.«

»Sie haben uns bereits mehr als genug Ihrer Zeit gewidmet«, beantwortete ich seine Floskel mit einer meiner eigenen und nahm Nimoy sanft am Arm – vielmehr, ich versuchte, sie sanft am Arm zu nehmen, doch sie stand wie angewurzelt in dem Vestibül. Erst, als ich mehr Kraft aufwand, als der gute Ton eigentlich verantworten konnte, gab sie nach, warf mir einen trotzigen Blick zu und folgte mir durch die Haustür, die Joseph bereits für uns geöffnet hatte. Ich zog sie noch ein paar Meter weiter, bis wir außer Sicht- und Hörweite des Späthschen Anwesens waren.

»Herrje, von Cramm, warum fallen Sie mir so in den Rücken?«, beschwerte sie sich dann, und ihre dunklen Augen schienen tatsächlich durch einen Tränenschleier der Wut zu glänzen. Ich öffnete den Mund zu einer Antwort, da schimpfte sie bereits weiter: »Muss ich Ihnen – Ihnen! Ich hätte Sie für gewiefter gehalten! – Muss ich Ihnen denn erklären, wie wichtig dieser Hinweis des Dieners sein kann? Es ist doch vollkommen gleichgültig, ob Späth es gut findet oder nicht, wenn wir darüber Bescheid wissen, ob es nun ein Freudenmädchen oder eine illegitime Tochter war, und wenn er sich auf Ihre Verschwiegenheit verlassen kann, dann ebensogut auf die meine.«

Sie holte Luft, stieß noch ein »Das war sehr ungezogen!« hervor, und schien dann fertig mit ihrer Strafpredigt.

Ich musste mich zusammennehmen, um sie nicht unanständig anzugrinsen – mit ihren geröteten Wangen, dem verkniffenen Mund und den leicht zerzausten Locken fehlten nur noch kleine Rauchwölkchen aus den Ohren, um den Eindruck einer Harpyie im Reformkleid zu vervollständigen. Aber ich war mir ziemlich sicher, dass ich mir persönlich und unserem Fall damit keinen Dienst erwiesen hätte. So entschied ich mich für ein Zitat:

»›Das Herz redet uns gewaltig gern nach dem Maule. Wenn das Maul eben so geneigt wäre, nach dem Herzen zu reden, so wäre die Mode längst aufgekommen, die Mäuler unter'm Schlosse zu tragen.‹«

Nimoy blinzelte und ihre Wut geriet darüber ins Stocken.

»Pardon?«, meinte sie nur.

»Erstens, Frau Nimoy, hätten wir natürlich weiter in den guten Joseph dringen können und versuchen, ihm seine Geschichte zu entreißen, doch ich fürchte, es wäre nicht viel Gutes herausgekommen, wenn dem alten Mann klar ist, dass er mit einem weiteren ehrlichen und mutigen, aber falschen Wort seine Stellung verliert – von Späth, der sein Vertrauen in ihn sowie in uns missbraucht sehen dürfte, mal ganz zu schweigen. Für den Moment sollten wir einfach so tun, als glaubten wir ihm, und als sei dieser Besuch *primo* nie geschehen und *secundo* irrelevant.«

Sie runzelte die Stirn: »Wollen Sie es wirklich damit auf sich bewenden lassen?«

»Ich sagte, wir sollten so *tun*. Denn, um ehrlich zu sein, und damit kommen wir zu meinem ›zweitens‹, habe ich bereits eine relativ konkrete Vorstellung, wer sich hinter ›Minna von Barnhelm‹ verbirgt – aus der ich übrigens gerade eben zitiert habe – und darüberhinaus habe ich einen Plan, wie wir mit ihr ins Gespräch kommen können«, erwiderte ich.

Nun war es an mir, wie vor einigen Minuten Steinhoff einen bühnenreifen Auftritt hinzulegen, indem ich aus einer meiner Manteltaschen einen Prospekt zauberte, den ich mir beiläufig vor einigen Tagen eingesteckt hatte. Er stammte von der *Schweinfurter Theater- und Varieté-Compagnie*, die dieser Tage ein Gastspiel in Fürth gab. Als Zugnummer ihres Programms stand da »Minna von Barnhelm«.

Nimoy sah erst den Zettel und dann mich an, und ihre Wut war von einem entzückenden Lächeln weggeblasen.
»Herr von Cramm, Sie sind ein Schatz!«

3. Gespielte Rollen

Donnerstag, 10. Oktober 1896, Nachmittag
Die Garderobe von Stella Artois war geradezu winzig; nicht viel mehr als eine Besenkammer. Alle drei waren wir nicht von sehr ausgreifender Physis – Frau Artois vielleicht ein wenig mehr als Nimoy und ich –, doch wir hatten gerade genug Platz, auf ihren kleinen Hockern zu sitzen, ohne einander zu berühren. Durch das Fensterchen, das eigentlich mehr eine Luke war, konnte ich die Bäume draußen sehen, die im aufkommenden stürmischen Wetter ihre Blätter verloren. Hier drinnen bullerte sehr kommod der Tee auf einem kleinen Rechaud. Auf Frau Artois' Schoß lag ein zerfleddertes und mittels Bleistiftmarginalien redigiertes Manuskript.

»Nun, Herr ... Wie war doch der Name?«, wollte sie wissen.

»Cramm.«

Ich tauschte mit Nimoy, die auf ihrem Hocker saß und mit großem Interesse die Wände betrachtete, einen Blick aus. Es waren mechanische Puppen und Spielzeuge, die den Raum noch enger machten, als er ohnehin schon war, was nicht zu Nimoys Wohlbehagen beitrug. Aber dieses war bereits ohne die Spielzeuge kompromittiert: Sie schmollte.

»Und Sie kommen von der Zeitung?«, fragte die erste Heldentenorin der Schweinfurter *Compagnie*. Ich nickte. »Verstehen Sie mich nicht falsch, aber einer Ihrer Kollegen *war* doch schon da und wollte ein Gespräch mit mir.«

Artois' Einwände verursachten mir kein Kopfzerbrechen:

»Das war wohl der Kollege der Nürnberger *Zeitung*. Ich bin vom Nürnberger *Boten*.« Da es diese Zeitschrift nicht gab, konnte auch noch keiner ihrer Feuilletonisten bei der Schauspielerin aufgetaucht sein.

»Nun, ich will nicht kleinlich sein, Zeitung oder Bote. Womit kann ich Ihnen dienen, junger Mann?«, setzte sich die Dame über nachrangige Details hinweg.

Ich erzählte ihr die Geschichte, die ich mir zurechtgelegt hatte, und mit der ich Nimoy ziemlich überrumpelt hatte – was sie mir jetzt noch übel zu nehmen schien. Ich hatte mich als *Interviewer* des »Nürberger Boten« ausgegeben, der anlässlich des Besuchs der *Compagnie* das Gespräch mit den wichtigsten Persönlichkeiten der Truppe suchte. Das erschien mir die einfachste und unverfänglichste Methode, um Kontakt mit ihr aufzunehmen.

Artois legte das von den Korrekturen pockennarbige Manuskript, mit dem sie sich wohl auf ihre nächste Rolle vorbereitet hatte, beiseite und faltete die Hände im Schoß.

»Ich möchte Sie nicht unnötig lange aufhalten, Frau Artois. Sie haben sicher ein anstrengendes Probenprogramm, wenn nächsten Mittwoch schon die Premiere der ›Minna von Barnhelm‹ ansteht?«, erkundigte ich mich.

»Ach, das ist eigentlich nicht so wild.« Artois gab sich ebenfalls leutselig. »Tee?« Ich nickte, aber Nimoy lehnte wortlos ab. »Wir haben das Stück ja im Rahmen unserer Tournee bereits etliche Male aufgeführt. In Wirklichkeit proben wir jetzt die meiste Zeit schon für unser nächstes Gastspiel.«

»Und das wird sein . . . ?«

Sie seufzte kurz und reichte mir die dampfende Tasse.

»›Viel Lärm um nichts‹. Da werde ich dann leider die Hauptrolle an eine jüngere Kollegin abtreten müssen«, meinte sie dazu. »Rollen wie die Minna sind in meinem Alter eine rare Gelegenheit.«

»Natürlich.«

Ich schätzte Artois auf Mitte vierzig, vielleicht sogar noch etwas älter. Natürlich wurden die Angebote für große Rollen seltener, je mehr das Alter sich bemerkbar machte, zumal für Frauen. Den rechten Zeitpunkt für den Übergang zu einer »bürgerlichen« Karriere hatte Artois wohl bereits verstreichen lassen.

Wir unterhielten uns eine Weile über dies und jenes – wie zum Beispiel die Merkwürdigkeit, dass Fürth trotz des bedeutenden Wachstums der letzten Jahre immer noch über kein regelrechtes öffentliches Theater verfügte. Zwar waren die Stadtoberen buchstäblich seit einem Jahrzehnt damit befasst, Kommitees und Ausschüsse zu bilden, die diesem peinlichen Missstand ein Ende setzen sollten, doch bis auf weiteres war das Fürther Publikum darauf angewiesen, Aufführungen zu besuchen, die von einem privaten Theaterverein organisiert und in einem inzwischen fast hundert Jahre alten Behelfsbau aufgeführt wurden. Spötter behaupteten, die lateinische Überschrift über seinem Türsturz bedeute in Wirklichkeit »Nichts hält länger als das Provisorium«.

»Immerhin«, so meinte Artois, »ich verbinde mit diesem Haus sehr angenehme Erinnerungen: Eine der ersten Hauptrollen, die ich spielen durfte, war die ›Maria Stuart‹ – das muss 1874 oder so gewesen sein. Und das war hier in Fürth.«

»Na, das wird unsere Leser aber besonders freuen!«, erwiderte ich und sah aus den Augenwinkeln, wie Nimoy spöttisch die Mundwinkel so verzog, dass Artois es nicht sehen konnte. Natürlich waren es abgedroschene Phrasen, die ich zum besten gab – was würde man von einem Fürther Feuilletonisten erwarten?

Mir fiel auf, dass spätestens jetzt der richtige Zeitpunkt gewesen wäre, mir Notizen zu machen – aber ich hatte partout nichts zum Schreiben dabei. Damit war mir natürlich ein flagranter Fehler unterlaufen. Ich beschloss, das Gespräch möglichst nicht in die Länge zu ziehen, sondern gleich auf den Punkt zu kommen, zumal mir Artois so eine gute Vorlage gegeben hatte.

»Nun, da werden Sie sich sicher auch noch an den einen oder anderen Fürther Honoratioren erinnern, der sie damals schon beklatscht hat, und der hoffentlich auch nächste Woche wieder auf den Rängen sitzt?«, schlug ich vor.

Für den Bruchteil einer Sekunde schienen Artois Augen aufzublitzen und etwas zu verraten, und ich hatte das Gefühl, auch Nimoy hatte die Reaktion bemerkt. Artois Stimme verriet jedoch nichts, als sie leichthin erwiderte: »Ach, um ehrlich zu sein, im Laufe der Jahre haben wir an vielen Stationen Halt gemacht.« Sie nippte an ihrem Tee. »Tatsächlich kann ich mich an nicht mehr viele Gesichter aus Fürth erinnern, leider.«

Ich wollte Artois auf Späth hinführen, aber mir fiel ein, dass ich da möglicherweise einem Denkfehler unterlag: Wenn Artois damals kaum zwanzig gewesen war, war Späth auch nicht wesentlich älter gewesen. 1876 war auch vor *meiner* Zeit, und ich hatte keine Ahnung, ob Späth damals schon eine Rolle in der Fürther Gesellschaft gespielt hatte. Aber nun blieb mir wohl keine Wahl, als mit großem Knüppel auf den Busch zu klopfen:

»Nun, fällt Ihnen vielleicht zu dem Namen Späth etwas ein? Er ist in den letzten Jahren zu einem der eifrigsten Förderer des Fürther Theatervereins geworden.«

»Nicht nur des Radfahrersportvereins«, warf Nimoy halblaut ein, und das waren die ersten Worte, die sie seit unserer Begrüßung sprach. Wie pflegte eine Tante von mir zu sagen? – *Ich bin nicht nachtragend, aber ich habe ein gutes Gedächtnis.* So oder so, beinahe hätte Nimoy mich den Faden verlieren lassen:

»Und ich denke, er hat sich auch damals bereits um die Bühne verdient gemacht, meinen Sie nicht auch?«

Artois, die den aufgehängten Photographien nach in den letzten Jahren in dem Maß an Gewicht zugelegt hatte, wie ihre Rollen an Gewicht abnahmen, bewegte sich auf ihrem Stuhl hin und her, als sei sie unschlüssig, was sie darauf antworten solle.

»Um der Wahrheit die Ehre zu geben, es wäre mir unangenehm, aus der Vielzahl kunstsinniger Köpfe Fürths einen besonders hervorzuheben«, gurrte sie dann. Das sollte wohl heißen, dass sie sich an überhaupt niemanden erinnerte.

»Also sollten sich unsere Informanten geirrt haben?« lächelte ich und fragte mich gleichzeitig, ob diese Art der Finte einer Schauspielerin gegenüber erfolgversprechend sei. »Die glauben, Sie seit Ihrer Ankunft in Fürth zusammen mit Herrn Späth im einvernehmlichen tête-à-tête gesehen zu haben.«

»Ist das so?«, kam die Antwort gelassen zurück. Artois hatte zwar einen Sekundenbruchteil gezögert, aber ganz offensichtlich hatte sie meinen Schwindel durchschaut: »Dann haben sich Ihre ›Informanten‹ offensichtlich geirrt. Nein, ich habe mich mit keinem Herrn Späth persönlich getroffen, *tête-à-tête* oder anderswie, seit wir hier angekommen sind.«

Ich entschloss mich, noch einen letzten Schuss ins Blaue zu wagen: »Das ist sehr bedauerlich. Zumal der Herr Späth sich in seiner momentanen schwierigen Lage sicher über den Besuch einer alten Freundin freuen würde?«

Wie eigentlich nicht anders zu erwarten, erntete ich nichts als einen Gesichtsausdruck, der Artois' Unverständnis ausdrückte.

Nimoy öffnete den Mund, um etwas zu sagen, schloss ihn dann aber wieder. Immerhin genügte das, Artois' Aufmerksamkeit auf sie zu lenken, und offensichtlich begann die Schauspielerin sich zu wundern, was die stille Frau eigentlich in der Begleitung dieses merkwürdigen *Interviewers* zu suchen hatte. Welcher unangemeldet und offensichtlich schlecht vorbereitet auftauchte und nichts zu schreiben bei sich hatte. Es war höchste Zeit, dass wir uns verabschiedeten. Also zog ich meine Uhr aus der Tasche und gab mich bestürzt über die verstrichene Zeit:

»Oh, Frau Artois, wir haben Sie schon viel zu lange aufgehalten!«, entschuldigte ich mich und erhob mich. Höflichkeitshalber nippte ich wenigstens ein Mal an dem Tee, um den ich noch wenige Minuten zuvor gebeten hatte.

»Ich hatte das Gefühl, wir hätten gerade erst begonnen?«, erwiderte sie etwas verwirrt.

»Nun, um der Wahrheit die Ehre zu geben, ich habe noch einen anderen Termin wahrzunehmen ... mit Herrn Alt ...« Ich wartete auf eine Reaktion, aber es kam wieder einmal keine. Also ergänzte ich: »Dem Oberbürgermeister. Ich will ihn keinesfalls warten lassen, verstehen Sie?«

»Natürlich verstehe ich«, versetzte Artois. »Offensichtlich hat Ihr Personal zumindest bei der Terminplanung noch etwas hinzuzulernen.« Auch den letzten Satz hätte Nimoy wohl still verwunden, hätte die Schauspielerin sie bei ihrer Anspielung nicht herausfordernd angesehen.

Die Kommissarin erhob sich nun aber ebenso und war schon drauf und dran, Artois sowohl die Wahrheit als auch die Meinung zu sagen, als ich sie zum zweiten Mal am heutigen Tage am Arm zu fassen begann.

»Nun, Frau Artois, wie gesagt, haben Sie vielen Dank für die Zeit, die Sie uns geopfert haben. Seien Sie versichert, Sie werden kein schlechtes Wort über sich im *Boten* zu lesen bekommen!«

»Zweifellos«, war der ganze Kommentar, den ich dazu erhielt.

Ich bugsierte zuerst Nimoy, dann mich rückwärts aus dem kleinen Gelass, schloss die Tür hinter uns und sah sofort zu, dass wir Land gewannen.

Vor dem Bau, der als Theater genutzt wurde, atmete ich erst einmal tief durch, nahm meinen Hut ab und strich mir durch die Haare.

»Na, das hat ja wunderbar funktioniert«, brummte ich dann.

»Meinen Sie wirklich?«, erwiderte Nimoy grimmig. Ich sah sie ein wenig irritiert an, bis sie erklärte: »Sie hätten Ihren merkwürdigen Vorstoß tatsächlich mit mir absprechen können. Ich kann nicht erkennen, dass wir jetzt in irgendeiner Form weitergekommen wären als vor einer Stunde. – Was?«

Sie blickte mich kampflustig an, aber ich schüttelte nur den Kopf. Dieser Frau mit Ironie zu kommen war, als versuche man einen Pudding an eine Wand zu nageln.

»Vermutlich haben Sie Recht«, gab ich also klein bei. »Immerhin, *ganz* umsonst war unser Besuch nicht. Bevor Sie gekommen sind, habe ich mich beim Pförtner erkundigt. Der Montag war Probentag, bei dem Frau Artois durchgehend anwesend war. Sie kann also nicht am Verschwinden Zitas beteiligt gewesen sein.«

»Zumindest nicht direkt«, schränkte Nimoy ein, und das musste ich zugeben. Dass wir mit unseren Gedanken zu unserer Aufgabe zurückkehrten, schien sie ihren Trotz etwas vergessen zu lassen. Sie begann, vom Gänsbergviertel, in dem das Theater stand, in Richtung der Gustavstraße zu laufen, wobei mir nicht klar wurde, was sie dort wollte. Die Gustavstraße befand sich im historischen Kern Fürths und war voll mit Kneipen und Wirtschaften unterschiedlichen Rufs. Außerdem würden wir auf diesem Weg die Königstraße kreuzen und mitten in die Kirchweih geraten, von der Nimoy nach dem, was ich verstanden hatte, nicht sehr viel hielt.

»Ich mag Frau Artois nicht«, meinte Nimoy nach einigen Augenblicken ziemlich unvermittelt, wie es ihre Art war. »Ich wäre nicht überrascht, wenn ›Artois‹ gar nicht ihr wirklicher Name wäre.«

»Ist es auch nicht«, bemühte ich mich, meine vorige Scharte wieder auszuwetzen. »Das ist nur ihr Bühnenname, in Wirklichkeit heißt sie ›Rosa Waxstift‹. Bei dem Namen könnte ich verstehen, wenn sie ihre Eltern ermordet hätte, aber im Fall Zitas bringt uns das wohl nicht weiter.«

Nimoy blieb stehen und wandte sich mit dem Ausdruck einer Gouvernante, die ihrem Zögling etwas beibringt, mir zu: »Herr von Cramm, es ist nicht nötig, dass Sie Witzchen machen, um mich zu versöhnen; es ist gut. Ich bin im Moment lediglich sehr konzentriert, weil ich mir nicht sicher bin, was wir für das Fräulein Späth tun können.« Sie blickte um sich. »Wo sind wir überhaupt?«

Ich erklärte es ihr, und sie bat mich, sie zu ihrem Hotel zurückzuführen. Wir bogen also scharf nach rechts ab.

»So gesehen, wir haben herausgefunden, dass nicht nur Herr Späth, sondern auch Frau Waxstift nicht daran interessiert ist, dass ihr Treffen bekannt wird.«

Nimoy nickte: »Ich habe das Gefühl, dass es das Treffen, von dem Joseph berichtet hat, sehr wohl gegeben haben muss, ganz gleich, ob Späth *und* Artois das leugnen. Ich meine, wie sehr kann man jemandem trauen, dessen Beruf es ist, erfundene Geschichten für wahr zu verkaufen?«

Ich schmunzelte, wurde dann aber wieder ernst: »Immerhin, wenn man *ganz* wild spekulieren möchte ... Zitas Geburt würde etwa mit dem ersten Auftauchen von Artois in Fürth zusammenfallen.«

»Herr von Cramm, reißen Sie Ihre Fantasie am Riemen«, empfahl Nimoy mit nicht ganz stilsicherer Rhetorik. »Dafür haben wir nicht nur keine vernünftigen Anhaltspunkte, sondern man würde auch annehmen, so etwas wäre *Frau* Späth aufgefallen.«

Dieser Logik hatte ich wenig entgegenzusetzen.

»Also, was wollen wir weiter tun?«

Ein auf dem Kopfsteinpflaster vorüberratterndes Fuhrwerk unterbrach unsere Konversation für einen Moment.

»Im Großen und Ganzen denke ich, dass wir uns bis morgen Abend in Geduld fassen müssen. Bei oder nach dieser Lösegeldübergabe wird sich viel klären, hoffe ich.«

»Sie wollen nicht ernsthaft einen kompletten Tag verstreichen und danach die Entführer in Frieden ziehen lassen?«, wunderte ich mich.

»Natürlich nicht, Herr von Cramm – für was halten Sie mich? Aber ich bin überzeugt, die Lösegeldübergabe wird uns wertvolle Hinweise geben, wer hinter diesem Fall steckt, und genau das wird uns helfen, wenn wir Zita erst einmal wieder sicher bei uns haben und handeln können, ohne Rücksicht auf sie nehmen zu müssen.

Im übrigen, natürlich werde ich morgen nicht den ganzen Tag im Hotel herumsitzen. Mich interessiert dieser Herr Schaller sehr.«
»Der junge Kerl, der das Techtelmechtel mit Zitas Freundin hat?«
»Exakt.« Nimoy nickte mit Bestimmtheit, während sie einem Haufen Pferdeäpfel auswich. »Diese Marie-Theres ist nicht so unschuldig, wie sie scheinen will. Dem Pedigree ihres Strohhuts traue ich nicht. Und diese Geschichte mit Schallers Spielschulden steht ja auch noch im Raum.«
»Und was haben Sie vor?«, wollte ich wissen.
»Ich werde den Frühzug nach Bamberg nehmen und mich mit ein paar seiner Kommilitonen unterhalten. Warum, was würden Sie mir raten?« Offensichtlich hatte sie den skeptischen Ton in meiner Stimme bemerkt.
»Ich weiß, ich habe mich eben im Theater nicht gerade mit Ruhm bekleckert, dennoch möchte ich Sie darauf hinweisen, dass Schaller Burschenschaftler ist. Das ist eine ziemlich verschworene Männertruppe; ich weiß nicht, ob Sie als Frau und Außenstehende unbedingt viel aus seinen Herren Chargierten herausbrächten.«
Nimoy erwog meinen Einwand einen Moment, ehe sie antwortete:
»Da mögen Sie Recht haben. Ich muss gestehen, dass ich mich im Umfeld jener Kanonenträger weder zuhause noch richtig wohl fühle. Ich empfand diese Rituale um Bier und Komment immer etwas ... degoutant.« Sie lächelte ihr feines Lächeln. »Abgesehen davon würde mir das erlauben, mich morgen um andere Dinge zu kümmern. Haben Sie wohl jemanden im Kopf, der diese Erhebung für mich erledigen könnte?«
Ich lächelte zurück.
»Frau Nimoy, Sie sprechen mit einem Alten Herren der Cadolzburger Burschenschaft *Insolentia* ... Und nichts wäre mir lieber, als mich für Sie zu degoutieren!«

4. Schneidige Burschen und wackere Apotheker

Freitag, 11. Oktober 1896, Mittag

Als ich am nächsten Tag aus dem Zug stieg, der mich von Bamberg nach Hause brachte, fühlte sich meine rechte Wange immer noch gleichzeitig taub und heiß an. Darum, und weil ich noch in Gedanken war, was ich von den Mitgliedern der Burschenschaft »Alemannia« erfahren hatte, achtete ich nicht gleich darauf, als auf dem Bahnsteig mein Name gerufen wurde – in der Tat musste mich der junge Mann buchstäblich am Ärmel zupfen, um meine Aufmerksamkeit zu erhalten.

»Oh, hallo, Herr Steinhoff – Vergeben Sie mir, ich war im Geiste woanders!«

Der junge Ingenieur schüttelte mir freudig die Hand.

»Die arme Zita, nehme ich an?«, mutmaßte er gleich wieder ernst werdend, und ich nickte. Auf seine Frage, ob wir schon eine heiße Spur hätten, musste ich allerdings mit Nein antworten:

»Wir machen Fortschritte, aber es wäre noch zu früh, zu sagen, wir hätten bereits jemandem im Visier.«

»Und selbst wenn, dann würden Sie sich vermutlich hüten, es mir zu erzählen, wie?«, schätzte Steinhoff dann. Er machte einen recht aufgekratzten Eindruck, aber vielleicht war das auch Nervosität.

»Lassen Sie es mich so sagen; wenn wir einen hinreichenden Verdacht hätten, und wenn es einen Haftbefehl gäbe, welcher gegen Sie ausgestellt wäre, dann würden Sie es als erster erfahren«, erwiderte ich, und der kleine Scherz rief ein herzhaftes Lachen hervor. Dann wurde Steinhoff jedoch wieder ernst.

»Verzeihen Sie mir, wenn ich ein wenig überdreht wirke, aber das Verschwinden von Fräulein Zita ... Wir sind wohl alle ziemlich angespannt. Glauben Sie und Frau Nimoy, dass die Entführer sie gehen lassen werden, wenn das Lösegeld bezahlt ist?«, wollte er dann wissen, und ich musste ihm erneut die Antwort schuldig bleiben.

Ich hätte gerne noch weiter mit Steinhoff über Schaller und das Verhältnis beider zu Zita gesprochen; andererseits war ich auf dem Weg zu einem Treffen mit Nimoy. Es fügte sich, dass auch Steinhoff sich mit mir länger unterhalten wollte, er aber ebenfalls noch einen Termin wahrzunehmen hatte; so verabredeten wir uns auf einen Kaffee am Nachmittag und trennten uns voneinander.

Wenige Minuten später traf ich im Foyer des Hotels National ein, wo Frau Nimoy bereits auf mich wartete. Als sie mich sah, bekam sie einen Schreck. Sie sprang von ihrem Sofa auf und lief auf mich zu.

»Du meine Güte, von Cramm, was ist denn mit Ihnen passiert? Sind Sie in eine Rauferei mit den Studenten geraten?«

Mit Mühe konnte ich sie davon abhalten, den Verband an meiner Wange zu befingern und die darunterliegende Wunde wieder aufzureißen.

»Nichts von Belang, Frau Nimoy, beunruhigen Sie sich nicht.«

»Waren Ihre Untersuchungsmethoden wohl ein wenig zu agressiv?«, erkundigte sie sich und rang sich ein schwaches Lächeln ab. Fast war es schade, dass sie sich schon wieder beruhigte. Wir setzten uns zusammen an ein Tischchen und bestellten uns Kaffee. Ich nahm für mich außerdem einen Cognac. »Gegen den Blutverlust«, wie ich Nimoy erklärte. Dann fuhr ich fort:

»Nein, nicht wirklich aggressiv. Es traf sich nur, dass ich die Herren Studenten gerade beim Pauken vorfand, als ich am Verbindungshaus ankam. Und da sie gerade dabei waren, und da ich ja vor Jahr und Tag auch meinen Spaß mit den Säbeln gehabt hatte, da bat ich darum, mal wieder einen in die Hand nehmen zu dürfen.«

»... und haben offensichtlich ein wenig zuviel Begeisterung an den Tag gelegt?«, vollendete Nimoy und schmunzelte bereits etws kräftiger.

»Auf jeden Fall mehr Begeisterung als Geschick. Aber es ist wirklich nichts, nur eine Schramme.«

Nachdem wir unsere Getränke erhalten hatten, erstattete ich über meinen Ausflug nach Bamberg Rapport: Burschenschaftler und Alte Herren, die ich dort vorfand, erschienen mir nach allem, was ich in der kurzen Zeit in Erfahrung bringen konnte, durchaus angenehme Gesellen zu sein, und nichts erweckte den Anschein, dass dort gemauschelt oder im Trüben gefischt werde. Unisono besaß Schaller unter seinen Bekannten einen guten Leumund. Selbst, wenn man eine gewisse Voreingenommenheit unter seinen Comment-Kameraden abzog, schien er ein ganz passabler Zeitgenosse zu sein, wenn man von einem leicht erregbaren Charakter und seiner Spielleidenschaft absah.

»Haben Sie seine Schulden angesprochen?«, wollte Nimoy natürlich zuallererst wissen.

»Sicherlich. Seine Freunde machen keinen Hehl daraus, dass er gerne spielt, und nicht besonders gut. Er steht bei einigen von ihnen wohl auch in der Kreide; allerdings noch nicht so sehr, dass er keinen Kredit mehr bei ihnen bekäme. Zumindest seine Kameraden sehen seine Schulden wohl mehr als Schrulle denn als ernsthaftes Problem«, führte ich aus.

»Es stimmt also, was Steinhoff angedeutet hat: Schaller könnte durchaus ein Motiv für die Entführung haben, mit oder ohne Zitas Konsens.«

Ich machte eine abwägende Geste mit der Hand: »Ich will das nicht ausschließen, aber, wie gesagt, zwar haben Schallers Alte Herren durchblicken lassen, dass sie sein Verhalten nicht gutheißen, aber nicht einmal sie wollten in den Schulden ein echtes Problem sehen.«

»Je nun.« Nimoy trank von ihrem Kaffee, der ein zauberhaftes dünnes Milchbärtchen über ihren roten Lippen zurückließ. »Das werden sie Ihnen natürlich gerade auf die Nase binden.«
Womit sie auch wieder Recht hatte.

»Immerhin, er hat ein Alibi für Montag, das jenes von Artois beinahe noch schlägt: Er war fast den ganzen Tag in Vorlesungen und Übungen, und auch abends saß er mit seinen Kommilitonen über den Büchern. Er kann Zita also kaum aus dem Zug herausgezogen haben.«

Als ich am Ende meines Berichts angekommen war, lobte Nimoy mich: »Sie haben Ihre Sache sehr gut gemacht«, aber irgendwie ließ mich selbst dieses Lob etwas unbefriedigt zurück. Ich erwähnte dann noch mein Treffen mit Steinhoff am Bahnhof.

»Sie haben nicht zufällig erfahren, woher er gerade kam?«

Ich verneinte, erklärte aber, das könne ich ja im Verlauf des Nachmittags feststellen, und erzählte von unserer Verabredung.

»Sehr fein!«, urteilte die Sonderkommissarin, und diesmal schien ihre Freude mir wesentlich mehr von Herzen zu kommen. »Ich sehe schon, Sie werden ihm die richtigen Fragen stellen!«, meinte sie zuversichtlich. »Sehen Sie nur zu, dass Sie rechtzeitig zu der Lösegeldübergabe wieder bereit sind!«

Ich versicherte ihr das und erkundigte mich dann nach ihrem Vormittag.

»Leider nicht halb so unterhaltsam wie der Ihre«, erklärte sie, seufzte und nahm wieder einen Schluck von ihrem Kaffee. »Sie erinnern sich, dass wir festgestellt hatten, dass das Telegramm aus Hamburg unmöglich *direkt* von Zita oder den Entführern kommen konnte, sondern von irgendwelchen Komplizen stammen musste?«

»Sicher.«

»Ich habe nun versucht, herauszufinden, wie die Entführer in Kontakt mit Hamburg treten konnten.«

»Und wie haben Sie das getan?«, wollte ich wissen.

»Nun, ich bin davon ausgegangen, dass die Entführer, nachdem sie Zita aus dem Zug geholt hatten, ein Telegramm nach Hamburg geschickt hatten, das Inhalts ›Alles hat geklappt‹, oder so ähnlich, womit sie dann ihre Helfershelfer anwiesen, ihrerseits das Telegramm an Späth abzusetzen. Nichts wäre fataler gewesen, als wenn der Zug zum Beispiel Verspätung gehabt hätte und das Hamburger Telegramm abgeschickt worden wäre, ehe die Entführung überhaupt stattgefunden hätte. Also habe ich die Postämter und Telegrafenstationen entlang der Bahnlinie nach Koburg abgeklappert, um herauszufinden, wo kurz nach der Durchfahrt von Zitas Zug Telegramme nach Hamburg abgeschickt wurden.

Dankenswerterweise hat mir Herr Späth seine Kutsche und einen Fahrer dafür zur Verfügung gestellt, sonst wäre ich vermutlich die ganze Woche 3. Klasse unterwegs gewesen!«

Es sprach für Nimoys außergewöhnlich gelöste Stimmung, dass ich sie so locker sprechen hörte. Im Allgemeinen wollte sie ja kaum einen Scherz von jemand anderem gelten lassen, geschweige denn, dass ihr selber einer über die Lippen kam.

Ich erkundigte mich weiter: »Und, was ist dabei herausgekommen?«

»Zum Glück wurde ich bereits in Baiersdorf, noch nicht einmal auf halber Strecke von hier nach Bamberg, fündig. Ungefähr eine Stunde nach der Durchfahrt des Zuges wurde hier tatsächlich ein Telegramm nach Hamburg abgesetzt.«

»Chapeau, Frau Nimoy!«, rief ich aus und wunderte mich gleichzeitig: »Erlauben Sie mir die Frage, wie haben Sie das so schnell herausgefunden? Ich meine, mit Post- und Telegrafengeheimnis wird Ihnen nicht einmal Ihr famoser Ausweis etwas genützt haben?«

Sie nahm ihre Tasse hoch und blickte in den Kaffeespiegel.

»Herr von Cramm, Sie haben ja keine Ahnung ...«

Offensichtlich hatte ich die in der Tat nicht.

Nimoy setzte die Tasse ab und blickte mir wieder in die Augen: »Leider bewahren die Postämter keine Abschriften der telegraphierten Texte auf. Der Absender der Nachricht nach Hamburg nannte sich ›Quickborn‹, und mit ziemlicher Sicherheit wäre es müßig, unsere Adressbücher nach diesem Namen zu durchsuchen.«
»Und der Empfänger?«
»›Peter Pedersen‹, keine Adresse, sondern postlagernd.«
»Das hilft uns nicht wirklich weiter«, tat ich, was ich gut konnte, und konstatierte einmal mehr das Offensichtliche.
»Andererseits war ja auch nichts anderes zu erwarten. Schön wäre es, wenn unsere Entführer echte Kasper wären, aber ich möchte mich darauf nicht verlassen«, stimmte mir Nimoy zu, ehe sie einen Einwand machte: »Ganz und gar nutzlos ist dieses Ergebnis für uns aber nicht!«
Sie beugte sich vor, setzte die Ellenbogen auf den Tisch und legte das Kinn in die Hände.
»Erklären Sie mir, Herr von Cramm, wenn Zita schon in Baiersdorf den Zug verlassen hat, warum fiel das Frau Marquardsen erst über eine Stunde später auf?«

Auch wenn ich den Eindruck hatte, Nimoy wisse schon lang die Antwort auf ihre Frage, war ich doch längst nicht soweit. Wir verabschiedeten uns voneinander, und nachdem ich kurz in meinem Bureau nach dem Rechten gesehen hatte, war es für mich auch schon wieder Zeit, mich für das Treffen mit Steinhoff bereit zu machen.
Wir verbrachten eine ganz angenehme Dreiviertelstunde miteinander, allerdings ohne besondere Ergebnisse – die sollten sich erst nach besagtem Treffen einstellen. Zu Beginn hielt ich es für das Beste, Steinhoff auf den Kopf zuzusagen, dass ich mich mit ihm nicht zum Plaudern getroffen hatte, sondern ihn als Zeugen in der Entführung ansah, und erfreulicherweise war das genau das, was er auch erwartet hatte. Ich konnte ihm also ohne viel Um-

schweife meine Fragen stellen, die er auch offen und geradeheraus beantwortete.

Zu Schallers Schulden wiederholte er im Wesentlichen das, was ich am Morgen bereits in Bamberg erfahren hatte: Zwar war Schaller bei Steinhoff nicht verschuldet, aber der Student klagte ihm ganz gerne sein Leid, dass das Geld wegen der widerborstigen Karten nicht recht genüge. Ob das ausreichend sei als Motiv? – Vernünftigerweise schwieg sich Steinhoff zu dieser Frage aus, ebenso wie dazu, ob er Schaller eine Entführung Zitas zutrauen würde. Er beschrieb Marie-Theres' Verlobten als einen energischen Charakter, der durchaus zu so einer Tat fähig sei, wenn er keine andere Wahl habe. Aber ob die Erfahrung, knapp bei Kasse zu sein, als Motiv dafür genüge, das wollte der Ingenieur offenlassen. Ansonsten wusste er zu erzählen, dass Zita und das Fräulein Limpert ganz gerne die Köpfe zusammengesteckt hätten und allem Anschein nach mithin geradezu »Busenfreundinnen« waren, wie er sich ausdrückte.

Während ich mich mit Steinhoff unterhielt, begann in meinem Hinterkopf eine Kabale Gestalt anzunehmen: Wir hatten ja schon erwogen, dass Zita durchaus kooperiert haben mochte bei ihrer Entführung – wobei unter dieser Annahme »Verschwinden« wohl das bessere Wort wäre. Hatte sie auf Fürbitten von Marie-Theres mitgespielt, um Schaller das Geld für seine Spielschulden zu verschaffen? Ich kam jedoch binnen Minuten wieder von dieser Idee ab, hauptsächlich, weil ich Zita nach allem, was ich von ihr gehört hatte, für klüger hielt: Ihr wäre klar gewesen, dass sie Schaller bei seiner Passion allenfalls für den Moment, nicht aber dauerhaft geholfen hätte. Außerdem schienen seine Schulden sich nicht in derselben Größenordnung wie der Wert von Späths Münzsammlung zu bewegen.

Ich hielt es als Nächstes für einen klugen Schachzug, Steinhoff ein wenig in Sicherheit zu wiegen, und stellte ihm ein paar Fragen zu Stella Artois. Er schien jedoch mit dem Namen nichts anfangen zu können, und auch der unorthodoxe Damenbesuch bei Späth, von dem Joseph uns berichtet hatte, war ihm wohl entgangen.

Dann schwenkte ich wieder um (und kam mir dabei sehr gewieft vor) und befragte ihn zu seinem Alibi für den Tag, an dem Zita verschwunden war. Am besagten Montag war er vormittags bei Späth gewesen und hatte die Vorbereitungen zur Abfahrt von Zita und ihrer Gouvernante noch beobachtet. Er blieb jedoch, nachdem die beiden sich auf den Weg gemacht hatten, zum Essen beim Ehepaar Späth und verabschiedete sich erst nach Mittag. Er konnte also kaum im selben Zug wie Zita gefahren sein.

Steinhoff entschuldigte sich mit dem Hinweis auf weitere Termine, und nachdem er gegangen war, blieb ich einen Moment auf meinem Stuhl sitzen und warf einen Blick auf meine Taschenuhr. Mir blieb noch mehr als genug Zeit bis zur Lösegeldübergabe um sechs Uhr, und ich dachte nach.

Während unseres Gesprächs hatte ich besonders auf Steinhoffs Tonfall gelauscht, wann immer wir von Zita sprachen. Ich wollte heraushorchen, ob da eine besondere unziemliche, »unangebrachte« Zuneigung herauszuhören war, wie sie Frau Späth angedeutet hatte; etwas, das über das Verhältnis eines Privatlehrers und seiner Schülerin hinausgegangen wäre. Doch nichts in seiner Stimme hätte mich beunruhigt, wenn ich der Vater Zitas gewesen wäre. Hatte Frau Späth einfach etwas überreagiert und just die Gespenster gesehen, die sie Steinhoff unterstellte?

Wie auch immer; der erste Teil meines Auftrags für den Nachmittag war gut gelaufen, und ich war überzeugt, Nimoy würde mit meinem Bericht zufrieden sein. Dann erhob ich mich, um mir Mantel, Hut und Stock geben zu lassen. Jetzt begann der zweite Teil, und ich folgte Steinhoff auf dem Weg, den er eingeschlagen hatte.

Auf seiner Spur zu bleiben war nicht allzuschwer. Als er sich von mir verabschiedet hatte, konnte ich durch die Fenster des Cafés sehen, in welche Richtung er ging, wobei er kein besonders schnelles Tempo anschlug. Ich hatte ihn schnell eingeholt, und die Straßen waren gerade dicht genug bevölkert, dass ich ihn nicht mehr verlor, meine Anwesenheit ihm aber auch nicht gleich auffallen musste.

Sein Weg führte ihn gerade zum Fürther Bahnhof. Die einzige nennenswerte Unterbrechung war ein Besuch in einer Apotheke, in der er sich einige Minuten aufhielt. Was er genau dort besorgte, plante ich später herauszufinden, für den Moment folgte ich ihm jedoch und notierte den Zeitpunkt, zu dem er den Bahnhof erreichte. Wäre ich ihm auf den Bahnsteig gefolgt, so wäre das Risiko, dass er mich doch bemerkt hätte, zu groß geworden; so konnte ich jedoch später anhand des Fahrplans herausfinden, dass er aller Wahrscheinlichkeit nach in den Zug nach Cadolzburg gestiegen war.

Der Zug brachte ihn am Zirndorfer Anwesen der Späths vorbei – wollte er den Fabrikanten einen Besuch abstatten? Oder hatte er ein anderes Ziel entlang dieser Linie? Ich ließ die Frage für den Moment offen und wandte mich stattdessen um und kehrte zu der Apotheke zurück. Ich hatte mir eine List zurechtgelegt.

Der Apotheker war ein großgewachsener, stiernackiger Mann, den man sich genausogut unter die Tagelöhner wie hinter seinen Tresen gepasst hätte vorstellen können. Sein Name war »Held«, wie man dem Türschild entnehmen konnte, und in dem Moment, als ich sein Geschäft betreten hatte, hörte ich eine Stimme in meinem Hinterkopf, *Hast du denn gar nichts gelernt?* Außer uns beiden befand sich niemand im Verkaufsraum.

»Gestatten Sie, ich bin Doktor Cramm«, stellte ich mich vor, und mein förmliches Verhalten löste eine hochgezogene Augenbraue des Apothekers aus. »Ich habe meine Praxis drüben in Johannis.« Ich hatte mir zurechtgelegt, der zwischen der Nürnberger Altstadt und Fürth gelegene Stadtteil sei einerseits weit genug entfernt, dass Herr Held nicht alle dort ansässigen Ärzte kennen würde, andererseits noch nahe genug, dass es nicht unplausibel sei, einer meiner Patienten habe sich in seine Apotheke verirrt.

Dann warf ich meine Stirn in sorgenvolle Falten: »Ein junger Herr mit Namen Steinhoff ist bei mir in Behandlung. Er war heute bei mir, und ich habe ihm ein Rezept ausgeschrieben.«

Held verschränkte aufmerksam die Arme vor der Brust, während ich noch eine kurze Beschreibung Steinhoffs gab.

»Und bei näherem Hindenken ist mir nun aufgefallen, dass ich möglicherweise einen Fehler gemacht habe. Er wohnt hier in der Gegend, und ich dachte, dass er seine Medikamente vielleicht bei Ihnen zubereiten lässt. Ob Sie wohl nachsehen und mich gegebenenfalls das Rezept prüfen lassen würden?«

Helds Ausdruck nahm einen Hauch von misstrauischem Stirnrunzeln an, das bei mir wiederum dazu führte, dass mein Atem etwas schneller ging.

»Es ist mir wirklich sehr peinlich«, fügte ich hinzu, um meine Glaubwürdigkeit zu erhöhen.

Der Apotheker stützte die Hände auf die Theke, beugte sich zu mir vor, und meinte mit nicht zu lauter, aber volltönender Stimme: »Was fehlt ihm denn, Ihrem Herrn Steinhoff?«

Zielsicher hatte Held den schwachen Punkt meiner Geschichte aufgedeckt. Weil ich genau das herausfinden wollte, war ich ja gekommen, aber das konnte ich dem Apotheker schlecht erzählen. Um die Antwort nicht schuldig zu bleiben, improvisierte ich und wusste schon, als ich mich reden hörte, dass er mir meine Diagnose nicht abkaufen würde:

»Er hat über Konfabulationen im Bereich des Isthmus geklagt.«

Held warf mir einen langen Blick zu, ohne seine Haltung zu verändern. Er schien nachzudenken, ob er wütend oder amüsiert sein sollte. Seine Stimme hatte ihren Tonfall nicht verändert, als er sich noch etwas mehr vorlehnte und erwiderte:

»Wir wissen beide, dass Sie kein Arzt sind. Warum erzählen Sie mir das also?«

Damit hatte ich ihn da, wo ich ihn haben wollte.

»Nun.« Ich beugte mich ebenfalls ein wenig vor und versuchte, meiner Stimme einen gedämpften und gleichzeitig zerknirschten und besorgten Ton zu verleihen.

»Ich muss zugeben, ich habe Sie belogen. Mein richtiger Name ist von Cramm, und ich bin Rechtsanwalt. Es ist so, dieser Steinhoff ist ein Freund von mir ... eigentlich kein richtiger Freund, eher ein Bekannter von mir ... dafür ein Freund meiner Frau, falls Sie verstehen, was ich meine?«

Held nickte als verstehe er, sagte aber nichts.

»Tja. Nun. Wie soll ich sagen. Ich bin den Verdacht nicht losgeworden, meine Frau und er pflegten einen etwas vertrauteren Umgang miteinander, als unter bloßen Freunden üblich.«

»Ich verstehe«, bestätigte Held.

»Soweit so gut, und das muss Sie alles gar nicht betreffen. Und vielleicht mache ich mir auch unnötig Sorgen ...«

Die Türklingel ging, und eine Kundin betrat das Geschäft. Held war nun immerhin hinreichend an meiner Geschichte interessiert, dass er seine Klientin recht schnell und wortkarg abfertigte, ehe er sich wieder mir zuwandte.

»Und ich habe nun seit kurzem bei meiner Frau festgestellt, dass sie ... dass sie, nunja, einen Ausschlag hat. Und einen gewissen Ausfluss. Sie verstehen?« Ich räusperte mich und begann wirklich, vor Verlegenheit ein wenig zu schwitzen. Es fiel mir nicht leicht, so über dieses Thema zu sprechen.

»Sie reden von der Scham Ihrer Frau?«, vergewisserte sich der Apotheker, und ich nickte ein wenig gereizt:

»Wovon denn sonst? – Und ich habe mir nun Gedanken darüber gemacht, ob dieser Herr Steinhoff meine Frau vielleicht ... in der einen oder anderen Form ... angesteckt haben könnte, mit etwas, Sie verstehen?«

Held verstand tatsächlich schon wieder. So schwer war es offensichtlich nicht, meiner Geschichte zu folgen.

»Deswegen wollte ich mich an Sie wenden, ganz im Vertrauen. Wenn ich wüsste, dass Steinhoff nichts fehlt, das meiner Frau fehlen könnte, dann wäre ich sehr beruhigt. Anderenfalls ...« Ich ließ das Ende meines Satzes offen.

Der Hauch eines erst milde amüsierten, dann jovialen Lächelns legte sich über Helds Gesicht.

»Nein, ich kann Sie beruhigen: Herr Steinhoff kommt schon seit Jahren zu mir. Ich weiß nicht genau, was ihm fehlt, aber es scheint ein chronisches Leiden. Puder gegen Wundliegen, Salben gegen Entzündungen. Schwefelpräparate. Außerdem ein paar Arzneien, die ich selber immer erst kommen lassen muss – sehr ausgefallene Sachen.«

»Hm? Und wofür oder wogegen er das genau braucht, das wissen Sie nicht?«, hakte ich nach und fürchtete, ein wenig zu direkt geworden zu sein. Helds Antwort, die er mir in einem reservierten Ton gab, bestätigte mich darin:

»Nun, jedenfalls nicht gegen den Tripper oder die Syphilis, da kann ich Sie beruhigen, Herr von Cramm.«

Erneut klingelte es und ein Kunde buhlte um die Aufmerksamkeit des Apothekers, so dass ich es vorzog, mich zu verabschieden, ehe Held mir wieder schwierige Fragen stellen konnte. Auf die Straße zurückgekehrt, umfing mich der Verkehr der Fußgänger und Fuhrwerke wieder.

Ich wußte nicht recht zu sagen, ob mein Unterfangen heute erfolgreich gewesen war.

5. Untergang am Valzner Weiher

Freitag, 11. Oktober 1896, Abend

Obwohl es noch nicht einmal 18 Uhr war, herrschte außerhalb der verloren wirkenden Lichtkreise unserer Laternen bereits ein düsteres Zwielicht. Ein böiger kalter Wind rauschte durch die Blätter der Bäume über uns, und die Schauer von den Zweigen geschüttelter Tropfen wechselten sich mit frischem Regen ab, der von den Windstößen herangetragen wurde. Ich verkroch mich tiefer hinter den Kragen meines Mantels.

»Zauberhaftes Herbstwetter«, brummelte ich.

»Finden Sie wirklich?«, erwiderte Nimoy. Sie hatte wieder die Redingote an, in der ich sie zum ersten Mal gesehen hatte, darüber trug sie allerdings noch ein ganz unmögliches Etwas an Regenkleidung, das ich nicht einmal richtig identifizieren konnte. Am ehesten schien es mir noch das Ölzeug eines Matrosen zu sein, aber ich hatte keine Ahnung, wie sie das hier, fünfhundert Kilometer von der Küste entfernt, aufgetrieben haben mochte. Um den Südwester auf ihrem Kopf vor dem Nasswerden zu bewahren, hielt sie noch einen Paraplü über sich. »Ich könnte mir angenehmeres vorstellen«, ergänzte sie dann.

Ich blickte ihr ins Gesicht, und ihre Miene hatte einen offenen, ehrlich neugierigen Ausdruck. War meine Bemerkung zugegebenermaßen schon nicht besonders geistreich oder subtil gewesen, so fehlte bei ihr doch jedes Anzeichen dafür, dass sie die Ironie verstanden hätte. Ich beschloss, es dabei bewenden zu lassen und wandte mich den anderen Männern unserer Gesellschaft zu.

Wir hatten uns einige Minuten vom Rande des Valzner Weihers entfernt versammelt. Bei uns waren der Fürther Polizeimeister Höllriegel und der Wachtmeister der Nürnberger Gendarmeriebrigade Wiesholler, eine Handvoll ihrer Leute und natürlich Fabrikant Späth, der zunehmend nervös ein kleines Päckchen zwischen seinen Händen drehte.

Der Weiher selbst besteht aus zwei durch eine schmale Landbrücke voneinander getrennten Teichen vor den Toren Nürnbergs. Der größere der Teiche – der eigentliche Valzner Weiher – besitzt ungefähr die Form eines rechtwinkligen Dreiecks mit einer Länge von einhundert bis zweihundert Metern. An seiner Längsseite befindet sich eine kleine Insel, die früher als Vogelherd genutzt wurde und daher ihren Namen hat. Auf dieser Insel wurde gegenwärtig eine Ausflugsgaststätte betrieben, die bei gutem Wetter regen Betrieb hatte, jetzt aber natürlich verlassen neben uns lag und nur von ein paar trüben Lampen erleuchtet wurde.

»Nun, was wollen wir tun?«, fragte Späth und durchbrach damit das Schweigen.

Höllriegel zog seine Taschenuhr zu Rate.

»Fünf Minuten wärn's noch. Wenn wir jetzt losgehen, dann sind wir pünktlich am Bootshaus«, erwiderte er dann.

»›Wir‹?«, echote Nimoy etwas ungläubig.

»Freilich. Oder wollten Sie den Herrn Späth alleine zu diesen Totschlägern gehen lassen?«

»Ich dachte, ich hätte in dem Schreiben etwas gelesen von ›alleine‹ und ›ohne Polizei‹«, erwiderte die Sonderkommissarin ohne Scheu.

Höllriegel zog die Luft ein und setzte zu einer längeren Erwiderung an, doch Späth gebot ihm mit einer Handbewegung zu schweigen:

»Herr Wachtmeister, ich weiß Ihr Engagement sehr zu schätzen, doch denke ich, es ist sinnvoller, wenn wir nicht in voller Kompaniestärke dort eintreffen. Frau Nimoy, Herrn von Cramm und Sie kann ich noch mit meinem Gewissen vereinbaren, aber den Rest Ihrer Männer lassen Sie bitteschön bis auf Weiteres hier«, bestimmte er dann.

Höllriegel wollte ein zweites Mal zu einer Erwiderung ansetzen, besann sich dann allerdings anders und tauschte einen Blick mit seinem Amtskollegen Wiesholler aus. Dieser wiederum machte mit den Augen das Äquivalent eines Achselzuckens.

»Wie Sie meinen«, erwiderte Höllriegel dann nur.

Wir machten uns auf den Weg zum Weiher und stapften vom Straßenrand über einen kleinen ungepflasterten Pfad, der sich zwischen den Bäumen hindurchwand. Hier war es stockdunkel, und das Rauschen der Blätter hätte es für die Entführer ein leichtes sein lassen, sich an uns anzuschleichen und uns aus dem Hinterhalt zu überfallen. Natürlich hatten sie das gar nicht nötig; schließlich trug Späth in dem nicht einmal schuhkartongroßen Bündel, das er an der Brust barg, seine Morgengabe an die Entführer spazieren. Nichtsdestoweniger hielt ich meinen Stock fest in beiden Händen und erwartete geradezu einen Angriff aus dem Gebüsch.

Späth ging voraus, hinter mir befand sich Höllriegel, und Nimoy ging an meiner Seite.

»›Die Bäume weinen Blätter‹«, meinte sie dann recht unvermittelt, und als ich »Pardon?« fragte, wiederholte sie den kryptischen Satz.

»Was meinen Sie damit?«, wollte ich wissen. Späth warf uns einen kurzen Blick über die Schulter zu, blieb aber nicht stehen, als er erkannte, dass wir nur Konversation zu betreiben schienen.

»Nichts besonderes. Es ist der Anfang eines Gedichts, das ich geschrieben habe, als ich noch ein Mädchen war, fünfzehn oder sechzehn«, erläuterte Nimoy.

»Sie haben gedichtet?«, fragte ich nach. Schwer vorzustellen, dass die Nimoy von heute, die ihre Guttapercha-geschützten Urkunden des Prinz-Regenten im Handtäschchen trug, auch einmal eine romantische Ader gehabt haben sollte.

»Nicht viel«, meinte sie zögerlich. »Um ehrlich zu sein: Weiter als diese halbe Zeile bin ich nie gekommen. Ich meine, in meinem Kopf hatte alles noch so tiefsinnig geklungen, aber als ich mir meine Worte vorlas, kamen sie mir doch recht läppisch vor.« Sie zuckte die Achseln. »Da habe ich es gelassen.«

»Und Sie haben es nie wieder probiert?«, wunderte ich mich, doch sie schüttelte nur den Kopf und lugte unter ihrem grotesken Hut hervor:

»Nein, warum? Denken Sie, der Menschheit ist dadurch etwas entgangen?«

Ich konnte mir ein verstohlenes Feixen nicht verkneifen, für das ich einen strafenden Blick von Späth erhielt.

»Frau Nimoy, das ist nicht gerecht: Egal was ich sage, ich müsste Sie kritisieren!« protestierte ich.

»Und, wäre Ihnen das zuwider?«, bohrte sie ungerührt weiter. Ich bin mir sicher, dass ich selbst bei hellem Tageslicht nicht hätte ausmachen können, ob sie ehrlich neugierig war, oder ob sie nur Spielchen mit mir trieb. So oder so, Höllriegel unterbrach die Unterhaltung:

»Jetzt lassen Sie beide mal das Süßholzraspeln, wir sind nämlich gleich da.«

In der Tat öffnete sich das Dickicht vor uns, und wir standen an dem gekiesten Weg, der den Weiher umrundete. Vor uns lag das pechschwarze Gewässer, über dem an einem tintenblauen Himmel Wolkenfetzen in den verschiedensten Schattierungen von Grau vorüberzogen. Die Insel war zu erkennen, und näher bei uns der Bootsverleih mit einem kleinen Kiosk, einem Schuppen und einem Steg, an dem eine Handvoll winziger Ruderboote für die Sonntagsausflügler zur Verfügung stand. Jetzt schien der Verleih verlassen. Diesmal war es an Höllriegel, das Offensichtliche zu konstatieren, als er die Laterne hob:

»Und jetzt, wo sind sie hin?«

Außer uns war niemand zu sehen. Automatisch verteilten wir uns, und ich fand mich mit meiner Blendlaterne unter dem Dach der bescheidenen Remise des Bootsverleihs wieder, wo ich versuchte, nicht über die winzigen aufgebockten Ruderboote zu fallen.

Ein helles Quadrat an der inneren Rückwand der Remise erregte meine Aufmerksamkeit, und nachdem ich nähergestolpert war, erkannte ich, dass es sich um ein Stück Papier handelte, das an die Bretterwand geheftet worden war. Aus dem staubigen und mit herabgefallenen Blättern übersäten Schuppen stach das weiße Blatt deutlich hervor.

ZITA:
40 Schritte nach rechts

war alles, was da stand. Ich rief die anderen zu mir.

»Nun, wenn das da steht, dann sollten wir das wohl tun«, war Späths lakonischer Kommentar, als wir die Nachricht gelesen hatten. Nimoy nahm das Blatt von der Wand ab und wollte es mit ihrer Lampe beleuchten, war sich aber selbst im Wege, da sie mit einer Hand noch ihren Regenschirm festhielt. Ich nahm ihn ihr ab, doch das Ergebnis der ersten oberflächlichen Untersuchung durch die Sonderkommissarin fiel denkbar knapp aus:

»Viel zu sagen haben sie nicht.«

Späth hatte sich inzwischen an Höllriegel gewandt, und wir kamen zurecht, um zu hören, wie er dem Polizisten gegenüber seine Bedenken äußerte: Spätestens ab diesem Punkt schien es ihm zu riskant, weiter mit der Polizei im Schlepp vorzugehen, und er bat Höllriegel darum, zu dem Punkt zurückzukehren, an dem wir uns von Wiesholler getrennt hatten.

Zu meiner Überraschung war Höllriegel damit einverstanden. Während der Fabrikant schon am Ufer entlang losging, nahm der Wachtmeister Nimoy und mich vertraulich zur Seite.

»Ich rede mit Wiesholler, und dann umrunden wir den Weiher. Die kommen uns nicht aus!«

Obwohl ich meine Zweifel an dem Plan hatte, folgten wir dem Fabrikanten, der durch das Gras an der Uferböschung tappte und dabei seine Schritte zählte. Schließlich rief Späth etwas aus und deutete an eine Stelle des Ufers, an der eine Weide in das Wasser überhing. Als Nimoy und ich ihm nachgestolpert waren, sahen wir seinen Fund:

Unter dem Stamm der Weide befand sich ein kleines Modellboot, vielleicht sechzig Zentimeter lang. Es war nicht besonders kunstfertig hergestellt worden – nur eine schwimmende Hülle ohne Aufbauten; wohl eher eine Bastelei als ein regelrechtes gekauftes Spielzeug. Mir kam der Gedanke, wie unangemessen es war, in einer Spielzeugstadt wie Fürth auf ein so schlampig selbstgebautes Modell zurückzugreifen, doch ich behielt das für mich.

Es war an mir, mich am Stamm der Weide über den Teich zu hangeln, und endlich schaffte ich es, das Boot zu bergen. Zu meiner Überraschung fand ich dabei, dass von seinem Bug ein Spagat herabhing, dessen eines Ende sich im Wasser des Weihers verlor. Das andere Ende verschwand durch einen kleine Öffnung im Inneren des Rumpfes. Ich gab Acht, die Schnur nicht abzureißen, als ich den anderen das Boot präsentierte.

Es war mit einem gewölbten, über die ganze Länge verlaufenden Deck versehen. Das hintere Drittel enthielt eine Klappe, die sich öffnen ließ und einen »Frachtraum« im Inneren freigab. Darin befand sich eine weitere Nachricht:

ZITA:
Lösegeld hier deponieren. Luke schließen. Uhrwerk entriegeln. Boot freigeben.
Danke

Während ich noch darüber nachdachte, was mit dem »Uhrwerk« gemeint sein könne, schnaubte Späth wütend und echauffierte sich über das höhnische »Danke«.

Wir blickten uns um. Außer uns war keine Menschenseele zu sehen.

»Nun, was tun wir?«, wollte Späth dann wissen.

Nimoy sah ihn an:

»Wir tun, weswegen wir hier sind, nämlich, um den Anweisungen der Entführer zu folgen.« Sie deutete auf das Modellboot und Späths Päckchen.

»Aber wenn die Entführer gar nicht hier sind?«, erwiderte Späth gereizt.

»Ich denke, das ist kein *Versehen* ihrerseits, sondern *Absicht*. Könnten wir voranschreiten? Ich habe wenig Neigung, den ganzen Abend in dieser Kälte zu verbringen«, erklärte Nimoy in einem Tonfall, der unter anderen Umständen für Kinder reserviert gewesen wäre. Das half nicht, Späths Irritationen zu lindern, also schaltete ich mich ein.

»Ich denke, wir sollten tun, was der Zettel sagt. Frau Nimoy hat Recht; wir sind hier, um das Lösegeld zu übergeben, also tun wir das am besten auch, und zwar auf die Art und Weise, die von uns gefordert wird.«

Der Fabrikant grummelte Zustimmung und verstaute seine Münzsammlung, die geradeso Platz in dem Boot hatte, und schloss die Luke wieder.

»Welches Uhrwerk?«, murmelte er dann schwach, als hoffe er insgeheim, es sei keines zu finden.

Auf dem Rumpf des Bootes, das Späth noch in seinen Armen trug, gab es nur ein bewegliches Teil; einen kleinen Hebel, der aus dem vorderen Abschnitt des Decks herausragte. Ich legte ihn neugierig um.

Sofort begann ein kräftiges Uhrwerk im Inneren loszurattern. Zu unserer Verblüffung straffte sich die Leine, die aus dem Bug in den Weiher verlief, im selben Moment: Das Uhrwerk im Inneren des Rumpfes rollte die Leine auf, und das Boot versuchte so, sich selbst an der Schnur auf den Weiher hinaus zu ziehen.

»Lassen Sie los, lassen Sie's gehen!«, rief Nimoy schnell, und Späth gehorchte, indem er das Schiffchen geradezu in den Weiher warf. Es platschte, für einen Moment war es unter Wasser, dann erschien es wieder, richtete sich wankend auf, wandte den Bug dem gegenüberliegenden Ufer zu und folgte seinem Kurs über den dunklen Weiher.

»Hoffen wir mal, dass das das richtige Boot war«, entfuhr es mir, als das Schifflein in See stach, und ich zog mir einen erbosten Blick von Späth zu. Ich wollte die Situation entschärfen, aber ich erzielte genau das Gegenteil, als ich leichthin hinzufügte: »Nun, und wenn nicht, dann wird Höllriegel das Ding wohl in Empfang nehmen.«

»Höllriegel? Was meinen Sie damit?«

Mir wurde bewusst, dass ich mich verplappert hatte.

»Was meinen Sie damit? Reden Sie, Mann!«

»Höllriegel mit seinen Leuten hat den Weiher umrundet. Sie wollen die Entführer stellen, wenn sie das Boot in Empfang nehmen«, erläuterte Nimoy.

»Ist er wahnsinnig?«, eiferte sich Späth. »Das ist unglaublich, warum erschießt er meine Tochter nicht gleich selber?«

»Weil er eine augenblickliche Festnahme der Entführer für erfolgversprechender hält«, erwiderte Nimoy ganz ohne Süffisanz, aber damit glättete sie die Wogen so wenig wie ich zuvor.

»Was ist größer, Höllriegels Impertinenz oder seine Inkompetenz? Wie kann er es wagen, dieses Risiko gegen meinen Willen einzugehen?«, schimpfte Späth, und ich konnte ihm nicht einmal böse sein: An seiner Stelle hätte ich vermutlich auch eine defensivere Taktik als Höllriegel verfolgt. »Gegen meinen Willen?«, versetzte er noch einmal.

»Da, sehen Sie einmal«, zupfte mich Nimoy am Ärmel und lenkte unsere Aufmerksamkeit auf den Weiher. Dort, ungefähr in der Mitte des Teiches, war als graues Schemen immer noch das Modellboot mit seiner kostbaren Ladung zu sehen, wie es sich an seiner Schnur über das Wasser zog. Mir schien es jedoch, als habe sich seine Fahrt verlangsamt, und nach einem Moment war ich mir sicher: Der kleine Fleck dort draußen bewegte sich im dämmrigen Zwielicht nicht mehr.

»Was ... was ist das?«, fragte Späth nervös, doch natürlich konnte ihm niemand die Frage beantworten.

Da begann sich an dem Boot wieder etwas zu rühren: Der dunkelgraue Fleck änderte seine Form, wurde erst länglich, dann wieder breit, schließlich kleiner und dann – war er verschwunden.

»Was ist das?«, wiederholte Späth, und seine Stimme klang fassungslos. Diesmal wussten wir alle drei die Antwort:

Das Schiff war in der Mitte des Valzner Weihers gesunken.

Die Lösegeldübergabe war schief gelaufen. Die Bootsbauer verstanden ihr Handwerk offensichtlich doch nicht so gut, wie sie glaubten, und jetzt lag Späths kleines Vermögen auf dem Grund des Valzner Weihers.

Für einige Momente standen wir wie belämmert da und konnten nicht recht verstehen, was passiert war. Dann geriet Späth mit jeder Sekunde mehr außer sich, und ich konnte es ihm nicht verdenken: Im günstigsten Fall würden die Entführer auf einem zweiten Lösegeld bestehen, im schlimmsten würden sie aber annehmen, wir hätten Schuld an dem Untergang ihres Bootes und hätten die Übergabe damit buchstäblich torpedieren wollen.

Als Höllriegel und Wiesholler wieder auftauchten, bekamen sie denn auch sofort den vollen Zorn Späths zu spüren. Immerhin konnten sie sich damit rechtfertigen, dass nicht sie es waren, die die Entführer verjagt hatten. Vielmehr wussten sie zu berichten, dass diese schon verschwunden waren, noch ehe die Kommandos der beiden Polizisten den Weiher umrundet hatten.

Späth hatte seine Wut nunmehr verausgabt und blickte stumm auf den See hinaus, wo sowohl sein Geld als auch seine Hoffnungen, seine Tochter bald gesund wiederzusehen, buchstäblich untergegangen waren.

Nimoy nutzte die Gelegenheit, um die Polizisten zu befragen:
»Haben Sie gar niemanden gefunden?«

»Nein«, erwiderte Wiesholler,»wir sind von beiden Seiten um den Weiher herum. Die Entführer müssen geflohen sein in dem Moment, in dem das Boot gesunken ist, sonst hätten wir noch etwas von ihnen gesehen.«

»Aber dass sie vor *Ihnen* geflohen sind, ist nicht möglich?«, erkundigte ich mich und erntete dafür einen abschätzigen Blick.

»Herr, meine Männer verstehen etwas von ihrem Handwerk. Ich will nicht sagen, dass sie uns nicht hätten entwischen können, wenn wir auf sie gestoßen wären, aber wir hätten sie noch zu Gesicht bekommen!«

Ich ließ diese Feststellung mal so stehen.

Nimoys Aufmerksamkeit richtete sich auf einen Pflock und etliche Meter Leine, die Höllriegel in den Händen trug.

»Das ist alles, was wir am gegenüberliegenden Ufer gefunden haben. Der Pflock stak in der Erde, und die Schnur war daran befestigt«, erläuterte Wiesholler dazu.

»Das wird der Spagat sein, an dem sich das Boot über den Weiher gezogen hat«, kombinierte ich meiner Meinung nach recht scharfsinnig, doch Nimoy nannte mich nur leise die »Leuchte des offen zutage Liegenden«.

»Haben Sie Fußspuren an dem Ort sichergestellt, an dem Sie den Pflock fanden?«, erkundigte ich mich dann bei den Polizisten, doch auch damit fand ich bei Nimoy kein Gefallen:

»Da würden Sie nicht viel sicherzustellen haben«, meinte sie. »Selbst wenn alles in ungestörtem Zustand wäre. Das mit den Fußspuren, von denen Sie in diesen Kriminalbüchern lesen, ist hoffnungslos übertrieben. Das Ufer ist dicht mit hohem Gras bewachsen, in dem Schuhe und Stiefel keine Spuren hinterlassen, und selbst wenn da etwas wäre, dann hätte es der Regen inzwischen wieder ausgelöscht.«

Stattdessen ließ sie sich den kleinen Holzpfahl und die Leine geben und begutachtete beides, wobei sie mich wieder ihren Schirm halten ließ. Beinahe gleichzeitig stellten wir fest, dass jenes Ende der Leine, das sich im Wasser befunden hatte, nicht gerissen, sondern glatt abgeschnitten war.

»Das ist seltsam«, äußerte Nimoy dazu und erläuterte auf meine Nachfrage: »Nun, ich hätte erwartet, dass die Schnur gerissen ist, als das Boot sank. Warum sollte jemand die Schnur abschneiden? Und wann und wie?«

»Vielleicht haben die Entführer tatsächlich geplant, dass das Uhrwerk das Boot über den Weiher ziehen würde. Als es untergegangen ist, haben sie das Wrack mit Hilfe des Spagats an Land gezogen«, spekulierte ich. »Da hörten sie das Nahen der Staatsgewalt, oder« – Ich warf einen Seitenblick auf Wiesholler – »konnten sich denken, dass die Polizei auftauchen würde. Und anstatt den Knoten umständlich von Hand zu lösen, schnitten sie die Schnur einfach ab, um mit dem Boot zu verschwinden.«

»Ich glaube nicht, dass denen dafür die Zeit gelangt hätte«, zweifelte Höllriegel, und sein Kollege stimmte ein:

»Nach dem Untergang des Schiffes das Ding mit der Schnur an Land zu ziehen, hätte sicher Zeit gekostet; mehr Zeit, als diese Piraten gehabt haben. Und ich denke, entweder Sie oder wir hätten auch etwas davon bemerken müssen.«

»Bei diesem schwachen Licht? Nun, wie Sie meinen«, gab Nimoy scheinbar nach. »Haben Sie eine bessere Lösung?«

Höllriegel und Wiesholler blickten einander an und blieben stumm, dafür gesellte sich Späth, der bislang wortlos auf den Weiher hinausgestarrt hatte, wieder zu uns.

»Meine Herren«, erklärte er dann mit tonloser Stimme an die Polizisten gewandt, »Sie werden sich zu verantworten haben. Frau Nimoy, ich möchte, dass Sie sich Gedanken machen, was als nächstes zu tun ist.«

»Herr Späth, ich fürchte, im Moment gibt es wenig, was wir hier tun können«, erwiderte die Sonderkommissarin. »Es bleibt uns wohl nur, auf den nächsten Zug der Entführer zu warten.«

»Ich werd' eine Wache abstellen«, schlug Höllriegel vor, »damit sie ein Auge auf den Valzner Weiher hat.«

Nimoy signalisierte Zustimmung:

»Ja, tun Sie das, ich denke, das ist eine gute Idee. Obwohl ich mir nicht sicher bin, ob die Entführer wiederkehren werden – um ehrlich zu sein, bin ich mir nicht mal sicher, ob sie heute Abend hier *waren*.«

»Wie meinen Sie das?«, fragten Späth und ich fast gleichzeitig, und es dauerte einen Moment, ehe Nimoy uns Antwort gab:

»Nennen Sie es weibliche Intuition, aber ich habe das Gefühl, dass Höllriegels Leute die Entführer deswegen nicht aufspüren konnten, weil sie heute Abend gar nicht da waren.«

»Aber wozu sollte das denn gut sein?«, polterte Späth los. »Denken Sie, das sind ein paar arme Irre, die ihren Spaß daran haben, mein Vermögen im Valzner Weiher versinken zu sehen?«

»Nun, genau das hätten sie ja *nicht* sehen können«, mischte ich mich ein, »wenn sie zu Hause geblieben wären.« Späths funkelnder Blick zeigte mir, dass mein Kommentar einmal mehr nicht geschätzt wurde. »Aber, ja, warum sollten die Verbrecher das tun? Das Boot wäre an der anderen Seite des Sees gelandet, und sie hätten sich ausrechnen können, dass Höllriegels Leute es früher oder später wieder bergen würden.«

»Herr von Cramm, ich kann Ihnen darauf keine Antwort geben.« Nimoy blickte mich mit dem ihr eigenen verlorenen, selbstvergessenen Blick an. »Ich kann Ihnen nur sagen, dass es ebensoviel Sinn in die Ereignisse des Abends bringt, wie wenn sie hier gewesen wären.«

Unsere kleine Versammlung löste sich langsam auf. Die Polizisten und Späth gingen schon voran, während Nimoy und ich ein wenig dahinter den Abschluss bildeten. Es war mir ganz Recht, dass wir etwas Abstand zu den anderen hatten, denn ich hatte der Sonderkommissarin den ganzen Abend über eine Frage stellen wollen, über deren Antwort ich mir in dem Schein unserer Laternen nicht hatte klar werden können:

»Frau Nimoy?«

Sie hielt im Schritt inne und blickte mich an.

»Missverstehen Sie bitte meine Frage nicht falsch, aber ... ist es wirklich ein *Sonnen*schirm, den Sie da mit sich tragen?«

Sie nahm den Schirm von ihrer Schulter und sah ihn an, als erblicke sie ihn jetzt zum ersten Mal.

»In der Tat, Herr von Cramm, Sie haben Recht.« Nach einer kurzen Pause fügte sie hinzu: »Ich war schon immer der Meinung, das Ding tauge nicht viel.«

Mit diesen Worten schloss sie den Schirm, nahm meinen Arm, und wir folgten den anderen.

Teil II.

»Let us have ›sweet girl graduates‹ by all means. They will be none the less sweet for a little wisdom; and the ›golden hair‹ will not curl less gracefully outside the head by reason of there being brains within.«
Thomas Henry Huxley: »Emancipation – Black and White« (1865)

6. Ein Backfisch auf der Kirchweih

Samstag, 12. Oktober 1896, nachmittags
Der nächste Tag begann ruhig. Es tröpfelte und regnete immer noch abwechselnd über Fürth. Weder Späth noch die Polizei oder Frau Nimoy schienen einen Auftrag für mich zu haben, also hielt ich mich in meinen Räumen in der Königswarterstraße in Bereitschaft. Während Kommis Geißelbrecht im Bureau ein Stockwerk tiefer tat, was junge Angestellte an langsam verrinnenden Samstagvormittagen zu tun pflegen, hatte ich mich zum Aktenstudium zurückgezogen.

Die vergangenen Tage hatten mir deutlich gemacht, dass ich vom Detektiv- und Polizeihandwerk wenig bis gar nichts verstand. Ich hielt mir das nicht persönlich vor, denn schließlich war mein Beruf ja nicht der des Strafverteidigers, sondern der eines Handelsanwalts, der sicherzustellen hat, dass seine Mandanten sich der Bedeutung einer Klausel wie »Übergang des Transportrisikos längsseits Schiff« bewusst waren, und meine Erfahrung mit Gewaltverbrechen beschränkte sich komplett auf jene eine Episode des vorangegangenen Winters.

Einmal mehr bekam ich mit Bedauern zu spüren, dass Fürth über keine vernünftige Leihbibliothek verfügte, so dass stattdessen die Buchhändler und Antiquare ein gutes Geschäft mit mir machten, als ich versuchte, mich in die Materie der Kriminalistik einzuarbeiten.

Edgar Allan Poes Kurzgeschichten der »logischen Schlussfolgerung«, wie er seine Arbeiten zu Marie Roget, der Rue Morgue und dem entwendeten Brief zusammenfassend genannt hatte, kannte ich natürlich schon. Als Neffe einer Katechetin war ich bibelfest genug, um mit dem vermutlich ältesten Kriminalfall der Welt, der sich mit einem Verbrechen in einem verschlossenen Raum befasste, vertraut zu sein. Das war natürlich die Geschichte von Daniel und dem Götzen Bel. Gaboriaus Arbeiten zu Monsieur Lecoq und Israel Zangwills Buch waren mir jedoch noch neu, ebenso wie die Originalausgaben eines gewissen Doyle, die mir Nimoy alles andere als ans Herz gelegt hatte, die ich mir aber trotzdem nicht hatte entgehen lassen wollen.

Natürlich besaß ich nicht die Zeit, alle Arbeiten von A bis Z zu lesen, sondern ich schnupperte hierhin und dort hinein, jeweils mühsam der Versuchung widerstehend, die Auflösung der Rätsel vorab zu lesen. Ich schmunzelte, als mir zu Bewusstsein kam, dass das Leben der Detektive und Kommissare begann, mir wesentlich reizvoller zu erscheinen, als das eines Handelsanwalts ...

Es war am Nachmittag gegen fünf Uhr, und ich wurde gerade ein wenig müde von meinen Studien, als Iahel Nimoy mir einen Besuch abstattete. Sie schien guter Dinge und hatte eben erst den Mantel abgelegt, als sie auch schon den Stapel Bücher auf meinem Beistelltischchen sah und mich launig mit erhobenem Zeigefinger schalt:

»Herr von Cramm, Sie sollten so etwas nicht lesen. Diese Bücher sind nicht gut für den Intellekt!«

»Pardon?«, fragte ich, während ich mich um einen heißen Tee für sie bemühte.

»Das meiste, was in diesen Schinken steht, ist Unfug«, bekräftigte sie.

»Sie haben sie gelesen?«, erkundigte ich mich weiter, doch sie schüttelte nur den Kopf:

»Wozu sollte das gut sein, da es doch manifester Unsinn ist?«

Ich öffnete den Mund und schloss ihn wieder. Mit dieser Art Logik war nicht leicht zu argumentieren. Also wandte ich mich dem Stövchen und der Teekanne zu, derer ich leichter Herr zu werden hoffte.

Dem Pfiff des Teekesselchens kam jedoch jener des Bureautelegraphen zuvor. Ich entschuldigte mich bei Nimoy, ging zu dem Schlauch und nahm den Stöpsel aus dem Endstück.

»Herr von Cramm? Ein Herr Gretz von der Polizei. Er wünscht, unverzüglich mit Ihnen zu sprechen!«

Ich wiederholte Geißelbrechts Ankündigung für Nimoy und ließ ihn dann den Neuankömmling hochschicken.

Binnen Sekunden stand der Schutzmann in der Tür des kleinen Salons und entbot uns einen schneidigen Gruß, der nicht recht zu dem bubenhaften Gesicht passen wollte. Wenn das erlaubt war, war der Gendarm sogar noch jünger als Geißelbrecht, der es entweder um unseres Schutzes oder um seiner Neugier willen für wichtig gehalten hatte, den Polizisten zu begleiten. Schutzmann Gretz kannte die Rolle, die Frau Nimoy spielte, bereits, so dass wir die Vorstellungen kurz halten konnten.

»Frau Nimoy, Herr von Cramm – Der Wôchdmoasda Höllriegl hot gsocht, Sie sölln gleich zu ihm in die Königsstroß kumma!«, verkündete er dann. Die Königstraße war das Herzstück der Kirchweih, die heute noch einmal voll besucht sein würde.

»Ist es nicht noch ein bisschen früh für einen Schoppen Bier?«, entgegnete ich und erntete für einen Moment ein verständnisloses Glotzen von Gretz, bis er sich wieder unter Kontrolle hatte:

»Naa, dou drum giets doch gour net. Der Herr Höllriegel hôt an Zeugn gfunna, der wou as Fräulein Späth gsän hot. Heit erscht.«

Es dauerte nur eine Minute, bis Nimoy und ich Rock und Mantel angezogen hatten, und wir folgten Gretz auf die Straße, Geißelbrecht mit der Aufgabe zurücklassend, das Teelicht auszublasen.

Wir machten uns auf den kurzen Weg zur Königstraße hinunter, in das »Herz der Kirchweih«. Je näher wir ihr kamen, desto mehr Gestalten begegneten wir, die bereits jetzt am frühen Nachmittag mehr als genug für den ganzen Abend getrunken hatten. Die Dichte des Trubels nahm zu, und Nimoy und ich hielten uns hinter Gretz, da dessen Uniform dafür sorgte, dass sich vor uns die Massen teilten und die Rempeleien sich in Grenzen hielten. Ich konnte Nimoys Unbehagen in der Menschenmenge daran erkennen, dass sie sich zunehmend enger bei mir unterhakte, und diese Unruhe übertrug sich auf mich. Ich nahm meinen Stock fester in die Hand.

Dann erreichten wir die eigentliche Kirchweih mit ihren Buden, Ständen und Zelten. Die Michaelis-Kirchweih galt als der jährliche Höhepunkt des »öffentlichen Lebens« in Fürth und war einer der wenigen Anlässe, mit denen sogar die Nachbarn aus Nürnberg herübergelockt werden konnten, doch mir fehlte das Verständnis dafür, dass man dieses Fest in der Jahreszeit mit dem unangenehmsten Wetter feierte. An allen Ecken und Enden wurden Fischbrötchen und Bratwürste für ein paar Pfennige feilgeboten, und Bier und Most wurden einem allerorten aufgedrängt. Marktschreier, Orchestrien und mehr oder weniger betrunkene Besucher versuchten einander zu übertönen, und es war nicht leicht, sich bei diesem Lärm miteinander zu verständigen.

Wir liefen gerade an dem Zelt der beiden allgegenwärtigen Faxenmacher Reißmann und Hassau vorbei, ohne die es anscheinend unmöglich war, irgendeine Art von Veranstaltung in Fürth durchzuführen, als Gretz sich zu uns umdrehte und mit freundlichem Lächeln rief: »Des is fei nümmer weit nou!« Anscheinend hatte er Nimoys Unruhe ebenfalls bemerkt. An einer Hausecke kamen wir am Bürgermeister Alt vorbei, den wir beim förmlichen Anstich eines Bierfasses fanden. Wie üblich konnte er der Versuchung nicht widerstehen, in den Magnesiumblitz eines Photoapparates zu grinsen.

»Wo genau wollen wir denn hin?«, rief ich zurück. Nicht, dass ich die Lage aller Stände und Zelte im Kopf gehabt hätte, aber ich nahm an, dass ein wenig Konversation, wie rudimentär auch immer, Nimoy beruhigen würde. Eben liefen wir an der Bühne der »Dame mit Bart« vorbei, neben der jemand Zuckerstangen und gebrannte Mandeln, denen ein aufdringlich brenzliger Duft anhaftete, verkaufte.

»Nei'n Humbser sein Zelt«, erwiderte der junge Polizist über das Getümmel hinweg. Das war eine der fünf großen Brauereien, die in Fürth den Biermarkt dominierten. »Der Wirt doddn is da ›Flussbad-Ferdl‹.« Auf der anderen Straßenseite hantierte der größte Zwerg der Welt mit irgendwelchen Hanteln und Eisenketten.

»Und der hat Fräulein Späth gesehen?«, erkundigte sich Nimoy mit ungewöhnlich unsicherer Stimme.

»Ana, wou sou ausschaut wie die Dôm, ja.«

»Warum hat er uns nicht gleich informiert?«, beharrte die Sonderkommissarin.

»Hotta ja. ... Etz waddn'S amol, des sölla Ihna am besten selba erzieln!«

Gretz bog mit uns in seinem Kielwasser in eines der Bierzelte, die an der Straße entlang errichtet worden waren, ab.

In dem Leinwandverschlag waren sowohl das Licht als auch der Lärm etwas gedämpft; das Zelt selbst, das die Größe eines besseren Wohnzimmers hatte, war um diese Zeit nur mäßig besetzt, und auch der Radau hielt sich in Grenzen. Um diese Zeit waren die meisten Besucher Arbeiter, die mit ihren Nasen die Tiefen der Bierkrüge ausloteten. Zu ihrem momentanen guten Benehmen mochte auch Höllriegel beitragen, der an der Stirnseite des Zeltes auf uns wartete und mit seinem Blick über die Versammlung wachte.

»Etz waddn'S mol schnell, iich houl an Ferdl!«, versprach Gretz und verschwand in Richtung der Schanktheke.

Nimoy, die hinter mir in einer Ecke des Zeltes stehengeblieben war, ließ ihren Blick über die kleine Schar der Gäste schweifen. Offensichtlich hielt sie nicht viel von der Versammlung.

Als sie bemerkte, dass ich sie beobachtete, eröffnete sie: »Ja, Sie haben Recht; ich finde das abstoßend. Ungewaschene, ungebildete, ungehobelte Menschen, die sich am helllichten Tag betrinken.«

»Das sind Arbeiter, Frau Nimoy«, gab ich zu bedenken, während Gretz und Höllriegel sich leise miteinander besprachen. »Die meisten von denen sind bettelarm. Sich hier ein oder zwei Bier zu gönnen, ist ihr einziges Vergnügen!«

»Wenn sie so arm sind, warum können sie sich dann den Rausch leisten?«, parierte Nimoy, wobei mir auffiel, dass ihre Stimme lauter statt leiser wurde, was angebrachter gewesen wäre. Ich blickte mich um, aber noch keiner der Besucher hatte von uns Notiz genommen. »Ich bin überzeugt, den Kerlen wäre mit einem guten Buch oder einem Besuch im Theater mehr geholfen als mit allen Poculatoren der Welt.«

Ich wusste nicht recht warum, aber ich fühlte mich bemüßigt, die Proletarier in Schutz zu nehmen, und erwiderte etwas schärfer als notwendig gewesen wäre: »Ich nehme an, Sie haben eine andere Erziehung genossen?«

»Ich *habe* eine Erziehung genossen«, versetzte sie.

Gretz kehrte mit Höllriegel und einer großen schnauzbärtigen Gestalt zurück, die eine schmuddelige Schürze um ihren nicht unbeträchtlichen Bauch gebunden hatte; gerade rechtzeitig, um unser nutzloses Geplänkel zu beenden. Gretz stellte uns einander vor:

»Des is der Herr ... Flussbad-Ferdl!«

Der Wirt wischte sich die Hand an seiner Schürze ab, reichte sie uns dann und begann ohne viel Umschweife mit seiner Geschichte. Erst verstand ich nicht recht, warum er uns ganz offensichtlich so schnell wie möglich wieder loswerden wollte, aber nach einigen Minuten war mir klar, dass die Anwesenheit der Polizei die Stimmung in seinem Zelt dämpfte.

»No, des wor su ungefähr Zwa, dou is die Alt nei's Zeld kumma.« Ich zog meine Uhr aus der Tasche. Das war vor ungefähr drei Stunden gewesen. »Ich hob mi scho gwunnat, wals alanz woa, a sou a feina Frâ. Gsocht hob ich öbba nix, geit mich ja nix ou«, meinte er mit einem Seitenblick auf Gretz, der aber gar nicht von seinem Notizblock aufsah. Ich verstand; die einzigen Damen, die sich um diese Zeit alleine auf der Kirchweih herumtrieben, wären vermutlich von zweifelhaftem Ruf gewesen, und Flussbad-Ferdl wollte sich wohl nicht dem Verdacht der Kuppelei aussetzen.

Auf Nachfrage von Gretz beschrieb er das Fräulein dann, und als Nimoy ein Foto von Zita aus der Tasche zog, das sie von Späth erhalten hatte, passte beides zusammen: Mit ziemlicher Sicherheit war es tatsächlich Zita, die wir nur um wenige Stunden verpasst hatten. Ferdl fuhr fort:

»Donn woas a wenig dôtn gsessn und hôt über ihrn Bier sinniert. Und recht traurich hots a ausgschaut. A ›gebrochenes Herz‹, ko sâ, öba ich hob ma denkt, des giet ma nix o.«

Nimoy und ich blickten einander an. Traurig? Gretz versicherte sich noch einmal, dass die Besucherin alleine gewesen sei.

»No freilich. Ich hob donn a Stück nimma nô gschaut, wall sou viel luus woa. Öba sou umma halba dreia is dann mit zwa solcha Gschtaldn und ana annan Oidn zamma gsessn. ... ›Dame‹«, korrigierte sich Ferdl flink, als er Nimoys Miene sah, doch ich glaubte, sie sah weniger wegen des verbalen Missgriffs, als wegen ihrer Umgebung grimmig drein.

Gretz ließ sich die Beschreibung der drei geben; die Männer waren wohl Arbeiter oder Handwerker mittleren Alters ohne besondere Merkmale, allerdings waren sie ein wenig besser angezogen gewesen als das Gros der Gäste. Die Dame war etwas älter, bürgerlich gekleidet, untersetzt, und sprach klares Hochdeutsch. Der Wirt hatte das bei den Bestellungen mitbekommen, obwohl er dem Gespräch des Quartetts nicht gefolgt war. Im Geist ging ich die Personenliste unseres Falles durch – bei der Dame hatte es sich sicherlich nicht um Marie-Theres gehandelt. Artois oder sogar Mutter Späth kamen nach der Beschreibung jedoch in Frage, ebenso wie Frau Marquardsen, die wir über all dem etwas aus dem Auge verloren hatten. Oder jemand ganz anderes.

Flussbad-Ferdl erzählte weiter; offensichtlich gelang es den drei Neuankömmlingen, Zita ein wenig aufzumuntern – ihre Stimmung wurde auf jeden Fall heiterer, was aber zumindest zum Teil daran liegen mochte, dass sie inzwischen über ihrem dritten Bier saß. Die Aufmerksamkeit des Wirts hatte dann wieder seinen anderen Gästen gegolten, bis es irgendwann zwischen drei und vier Uhr Rabatz an Zitas Tisch gab. Flussbad-Ferdl konnte nicht mehr angeben, wie es begonnen hatte, aber plötzlich war ein dritter Mann an dem Tisch hinzugekommen, und der war, ehe man sich's versah, in eine handfeste Prügelei mit den beiden anderen Kerlen verstrickt. Es ging sehr schnell, berichtete Ferdl, und er habe gerade noch rechtzeitig seine beiden Schankknechte holen und die Streithähne trennen können, bevor nicht nur die Fäuste, sondern sogar die Bierkrüge geflogen wären.

Alle vier habe er dann sofort aus seinem Zelt herausgeworfen und nicht weiter verfolgt, was mit ihnen passiert sei – stattdessen habe er seine anderen, friedfertigeren Gäste beruhigt und die entstandene Unordnung wieder aufgeräumt. Nichtsdestoweniger sei einem Polizisten auf Patrouille das Remmidemmi aufgefallen, und er habe sich in dem Humbser-Zelt umgesehen. Bei Befragen des Wirts er habe dann die Ähnlichkeit des beschriebenen Fräuleins mit Zita bemerkt – und so kam die Nachricht zu uns.

»Dieser dritte Mann, mit dem der Streit begonnen hat – können Sie uns über den irgendetwas erzählen?«, erkundigte sich Nimoy dann. Ihre Stimme klang immer noch angespannt.

»Des woa a junga Mou«, versuchte der Wirt sich zu erinnern. Bislang waren mir seine Auffassungsgabe und sein Gedächtnis erstaunlich gut für jemanden erschienen, der auf der Kirchweih arbeitete, doch nun verließen ihn seine Gaben. Der Neuankömmling, an dem sich der Streit entzündet hatte, war offensichtlich gebildet und aus gutem Hause, doch außer, dass er von mittlerer Größe und zwischen zwanzig und dreißig Jahren alt war, wusste der Wirt nicht viel mehr über ihn zu erzählen. Mit dieser vagen Beschreibung wäre sogar ich fast noch in den Kreis der Verdächtigen gerückt, aber vielleicht verlangten wir von dem armen Mann auch zuviel. – Solange er das Weizen- vom Kellerbier unterscheiden konnte, war seine Aufgabe ja normalerweise getan.

Nachdem wir uns versichert hatten, dass von dem Wirt nicht mehr viel zu erfahren war, verließen wir das Zelt wieder. Höllriegel kehrte mit Gretz auf die Hauptwache im Rathaus zurück und versprach, Späth davon zu informieren, dass seine Tochter aller Wahrscheinlichkeit noch am Leben war – nach dem misslungenen Übergabeversuch der vorigen Nacht war das die erste positive Nachricht.

Da ich Nimoy nicht zumuten mochte, den Weg über die Kirchweih zurückzulaufen, schleuste ich sie durch kleine Gässchen aus dem Trubel heraus, bis wir uns auf dem Gänsberg wiederfanden, wo auch das Theater stand. Von hier aus konnten wir ungestört zurück zu ihrem Hotel und zu meinen Bureaus gelangen.

Nimoy wischte sich imaginären Staub von den Kleidern und murrte: »Ein Ärger, dass die Polizei einen Schritt zu spät gekommen ist«, nachdem wir ein wenig Entfernung zwischen uns und die Kirchweih gebracht hatten, »zwei Minuten früher, und die ganze Entführung wäre vielleicht schon zu Ende!«

Das klang vernünftig: Selbst wenn der Polizist Zita nicht gleich in Sicherheit gebracht hätte, hätte er sicher die Personalien ihrer merkwürdigen Begleiter festgestellt, und damit wäre der Fall erledigt gewesen – oder?

»Wenn es denn tatsächlich so einfach ist«, zweifelte Nimoy gleich wieder an ihren eigenen Worten, schob ihr Hütchen zurecht, hakte sich wieder bei mir ein und blickte prüfend zu dem dunkler werdenden Himmel, an dem sich wie immer um diese Jahreszeit Rauch- und Regenwolken vermischten. »Ich denke, wir sollten einen kleinen Umweg gehen«, änderte sie dann unsere Richtung ebenso abrupt wie ihre Meinung und dirigierte mich mit Bestimmtheit nicht zu ihrem Hotel, sondern – in Richtung des Theaters. Mir war nicht so recht klar, was sie damit bezweckte, doch wie üblich vertraute ich mich ihr widerstandslos an.

»Danke sehr«, meinte die Kommissarin dann, und ich verstand erst nicht recht: »Dafür, dass Sie sich von mir führen lassen.« Offensichtlich hatte sie meine unausgesprochenen Gedanken sehr wohl verfolgen können. »In der Tat«, meinte sie und lächelte dann spitzbübisch, als sie meinen vermutlich etwas überraschten Gesichtsausdruck sah:

»Nein, Herr von Cramm, fern sei es von mir, Ihre Gedanken *tatsächlich* zu lesen. Aber manchmal, gerade in Situationen wie dieser, ist es recht einfach, nachzuvollziehen, was im anderen vorgeht. – Und ich weiß es tatsächlich sehr zu schätzen, dass Sie nicht jede Aktion von mir in Zweifel ziehen, gerade, *weil* ich sie nicht immer erklären kann.«

»Öhm.« Ich klang wohl nicht gerade geistreich und entschloss mich deshalb, mich erst einmal zu räuspern. »Arr-hum. Und, wenn ich fragen darf, warum gehen wir jetzt zum Theater?«

»Nun, natürlich um herauszufinden, ob Frau Waxstift alias ›Stella Artois‹ an dieser merkwürdigen Kirchweihepisode von heute Nachmittag beteiligt gewesen sein konnte, oder ob sie ein Alibi hat.«

»Aha.«

»Und, da ich Sie ohnedies schon über den grünen Klee lobe, ich finde es außerdem sehr angenehm, wie frei Sie über Ihre Zeit verfügen können. Herr von Cramm, Sie halten mich hoffentlich nicht für indiskret, aber gibt es keine Frau von Cramm, die zuhause auf sie wartet?«, wollte sie dann wissen.

Ich schenkte ihr ein schiefes Lächeln, meinte: »Frau Nimoy, wie könnte eine Sonderkommissarin und Detektivin mit ihren Fragen indiskret sein?«, und erntete einen verständnislosen Blick, der zeigte, dass sie den Humor hinter meiner Äußerung mehr ahnte, als ihn zu verstehen. Also ließ ich eine ernsthafte Antwort folgen:

»Nun, Frau Nimoy, ich bin dahingehend privilegiert, dass mir mein Beruf die Freiheit gönnt, mir meine Arbeit einzuteilen. Und ich bin finanziell unabhängig genug, dass ich meine Arbeit nicht an die erste Stelle in meinem Leben setzen muss. Mit anderen Worten, ich kann es mir erlauben, mal die Zügel ein wenig schleifen zu lassen.«

»Ich verstehe«, antwortete sie gedehnt. Wir waren vor der Tür des Theaters angekommen, und sie hielt mit mir an. »Aber Sie haben nur den offensichtlich nicht indiskreten Teil meiner Frage beantwortet.«

Vermutlich errötete ich ein wenig, und ich konnte nur hoffen, dass das zunehmende Dämmerlicht, das bis zum Anzünden der Gasbeleuchtung in den Straßen herrschen würde, dies verbarg.

»Nein, es gibt keine Frau von Cramm. Ich glaube, ich bin im Beruf wie im Privatleben nicht so ganz bereit, meine Freiheiten aufzugeben«, erwiderte ich dann.

»Wie ungewöhnlich«, meinte sie mit einer hochgezogenen Augenbraue. »Aber sehr kommod. Dann brauche *ich* kein schlechtes Gewissen zu haben, wenn ich mir *meine* Freiheiten herausnehme.«

Mit diesen Worten bedeutete sie mir, stehenzubleiben, während sie an die Pförtnerloge trat und mit dem Portier ein paar Worte wechselte. Ich blieb zurück mit der Frage, was genau sie mit »ihren Freiheiten« meinte.

Als ich genug Zeit gehabt hatte, meine Gedanken ein wenig zu sortieren, und nachdem Nimoy ihre Auskünfte eingeholt hatte, legten wir die Strecke zu ihrem Hotel zurück und flüchteten uns vor der zunehmenden Dunkelheit in dessen Café.

»Nun«, meinte sie, als sie in ihrer Tasse rührte, »Frau Artois hatte heute Nachmittag probenfrei. Es gibt also eine gute Möglichkeit, dass sie es war, die bei diesem Fußbad-Ferdl zu Zita gestoßen ist.«

»›Flussbad-Ferdl‹«, korrigierte ich, »das Flussbad ist eine öffentliche Badeanstalt an der Rednitz.«

»Wie auch immer«, warf mir Nimoy einen Blick zu, der zeigte, dass sie über Unterbrechungen leicht ungehalten wurde. »Wir sollten bei Gelegenheit bei ihrer Unterkunft nachfragen, ob man ihre Anwesenheit dort bestätigen kann.«

»Die viel wichtigere Frage scheint mir zu sein«, warf ich ein, »ob die andere Frau in Frage tatsächlich Zita war.«

Nimoy nickte: »Natürlich, das können wir nicht mit letzter Sicherheit wissen. Es würde mich nicht *allzusehr* überraschen, wenn dieser Flusspferd-Fredl« – sie hob abwehrend die Hände – »oder wie immer er nun hieß, unseren wackeren Gendarmen einfach gesagt hätte, was sie hören wollten. Andererseits: ...« Sie sog tief die Luft ein und blickte mich dann an.

»Von irgendwas müssen wir wohl ausgehen.«

Ich nickte und nippte dann von meinem Kaffee.

»Nehmen wir an, bei der Frau handelt es sich tatsächlich um Zita. Was würde das bedeuten?«, begann ich zu spekulieren.

»Nun, für den Anfang könnten wir mit dem einfachsten Szenario beginnen: Vielleicht ist Zita nie entführt worden. Vielleicht stieg sie munter in Baiersdorf aus dem Zug, während Frau Marquardsen pflichtvergessen schlief, setzte das Hamburger Telegramm in Gang, und vergnügt sich seither in Nürnberg und auf der Kirchweih.

Damit würden wir eine Menge der geschehenen Dinge erklären. Die Rauferei im Humbser-Zelt können wir unter der Annahme, dass ich das Konzept einer ›Kirchweih‹ richtig verstanden habe, getrost ignorieren: Derlei scheint sich auf solchen Festen laufend zu ereignen, ohne dass Fräulein Späth im Mittelpunkt der Auseinandersetzung gestanden haben muss.«

»Aber wozu das Ganze?«, wollte ich wissen. »Warum versetzt Zita ihre Eltern in Angst und Schrecken? Und wer schreibt die Lösegeldforderungen?«

Sie zuckte die schmalen Schultern.

»Die Antwort muss ich Ihnen auf absehbare Zeit schuldig bleiben. Verstehen Sie mich richtig, ich bin gar nicht überzeugt, dass dieses

›Zita-wurde-gar-nicht-entführt‹-Szenario auf der Wahrheit beruht, aber ich will es einmal durchspielen, um zu sehen, ob es wahr sein *könnte*. – Andererseits, nehmen wir einmal an, um Späths Unternehmen stünde es gar nicht so gut, wie alle anzunehmen scheinen.«

»Ich bin genügend mit den Details vertraut«, warf ich ein, »aber ich sehe keinen Grund, an der Gesundheit seiner Firma zu zweifeln.«

»Nun, vielleicht rede ich jetzt Unsinn, aber das würde er wohl auch nicht jedem auf die Nase binden, nicht wahr? Nehmen wir es für den Moment einmal an. Er benötigt dringend Geld. Also trägt er seiner Tochter auf, für ein paar Tage unterzutauchen. Er sorgt dafür, dass er fingierte Lösegeldforderungen erhält. Aber natürlich ist niemand als er selber der Empfänger seiner wertvollen Münzsammlung!«

»Aber wie sollte er an die gelangen? Sie liegt auf dem Grunde des Valzner Weihers, wenn ich recht informiert bin.«

Mein Einwurf brachte Nimoy nur für eine Sekunde aus dem Konzept:

»Nun, sind wir *sicher*, dass Späth die Sammlung in das Boot gelegt hat? Wir haben nur gesehen, dass er ein Päckchen in dem Schiff verstaut hat, aber ich muss gestehen, ich habe mich seines Inhalts nicht versichert; schließlich ging ich ja davon aus, dass es in Späths Interesse sein müsse, das Geld zu übergeben. Haben Sie nachgesehen?«, fragte sie.

Ich schüttelte den Kopf: »Nein, warum sollte ich?«

»Sehen Sie? Späth macht uns das alles nur vor, geht wohlgemut nach Hause und hat keinen einzigen Pfennig verloren. Irgendwann, nach ein paar Tagen kommt seine Tochter wieder heim und alles ist gut!«, schlug Nimoy vor und klopfte mit ihrer schmalen flachen Hand auf die Serviette.

»Schön und gut, aber warum versinkt das Schiff dann im Weiher? Warum lässt Späth es nicht so aussehen, als habe die Übergabe funktioniert?«, zweifelte ich. »Und, was mir noch wichtiger vorkommt, was hätte Späth von all dem? Angenommen er befände sich vor der Pleite und er behält seine Münzen; am Schluss steht er immer noch so da wie zuvor!«

Nimoy blinzelte. Ich hatte gelernt, das bei ihr als Zeichen der Verwirrung zu verstehen.

»Nun, würde seine Versicherung ihm denn nicht den Verlust des Lösegelds ersetzen?«, erkundigte sie sich mit etwas hohler Stimme.

Ich schüttelte den Kopf.

»Ich kenne Späths Konditionen nicht genau, aber ich kann mir keine Versicherungsgesellschaft vorstellen, die bei so einem Fall bezahlen würde; ich wüsste nicht einmal, was für eine Art ›Versicherung‹ das sein sollte.«

Sie stockte: »Nun, ich hatte angenommen, es gebe etwas derartiges.«

»Tut mir Leid, aber ich muss Sie enttäuschen. Wenn Sie es recht überlegen, dann wäre so eine ›Lösegeld-Versicherung‹ ja geradezu eine Einladung zu Entführungen!«

Sie öffnete den Mund, um ihn nach einem Moment wieder zu schließen.

»Da haben Sie wohl Recht«, gestand sie dann mit einer Spur von Missmut, ohne das Selbstbewusstsein in ihrer Stimme verloren zu haben. Sie blickte mich geradeheraus an:

»Dann muss wohl etwas anderes vor sich gehen.«

7. Entführte und Angeführte

Sonntag, 13. Oktober 1896, mittags

Ich hatte die Strecke von Fürth nach Zirndorf inzwischen so oft befahren, dass ich mir überlegte, ob der Kauf einer Saisonkarte sinnvoll sein würde.

Es war der Tag nach Zitas denkwürdigem Ausflug auf die Kirchweih, und am frühen Vormittag hatten Nimoy und mich Eiltelegramme von Späth erreicht, der um ein unverzügliches Treffen in Zirndorf bat – das Telegramm verhieß uns dort eine »erfreuliche Nachricht«. Da ich inzwischen die Fahrpläne zwischen meinem Heim und Zirndorf ganz gut kannte, wusste ich, wieviel Zeit ich mir mit meiner Toilette lassen konnte, und als ich wenige Minuten vor Abfahrt des Zuges am Fürther Bahnsteig eintraf, freute ich mich, dass dort bereits die Sonderkommissarin auf mich wartete.

Wir plauderten im Coupé ein wenig über den Anlass, der Späth in so freudige Erregung versetzt haben musste, wussten jedoch beide nicht so recht, was das sein könne. Wäre Zita tatsächlich freigekommen, hätte uns die Polizei wohl als erstes informiert. Als ich annahm, Späths Freude komme wohl daher, dass man seinen versunkenen Schatz irgendwie aus dem Valzner Weiher geborgen habe, nannte Nimoy mich einen Zyniker, doch selbst wollte sie auch keine Vorhersage wagen.

So kamen wir schließlich wieder bei dem Späthschen Anwesen an. Der alte Joseph öffnete uns, und ich konnte hören, wie Nimoy ihm zuraunte, »Und ich möchte *immer noch* mit Ihnen sprechen!«, ehe der Fabrikant und seine Frau aus dem Salon kamen, um uns zu begrüßen. Wenige Augenblicke später saßen wir bei Kaffee und Kuchen mit ihnen zusammen. Mir fiel auf, dass Frau Späth über das ganze Gesicht strahlte, während der Ausdruck ihres Gatten zwar etwas Zuversicht, aber keine Erleichterung zeigte.

»Nun, Herr Späth, was ist der Grund unseres Hierseins?«, wechselte Nimoy dann ziemlich direkt von höflicher Konversation zu ernsthaftem Gespräch. »Was ist die ›erfreuliche Nachricht‹, derentwillen wir hier sind?«

»Ich denke, wir haben mehr Grund zur Hoffnung als die ganze vergangene Woche hindurch«, antwortete der Industrielle, dessen Miene seine Worte Lügen strafte, und ging zu seinem Sekretär hinüber, von dem er ein Stück Karton in der Größe einer Postkarte nahm, das er Nimoy reichte. Ich setzte meine Tasse ab und blickte ihr über die Schulter.

Es war in der Tat eine Postkarte – eine jener Souvenirkarten mit einem mehr oder weniger geschmackvollen Bild auf dem Revers, wie man sie gerne von Kurorten oder Ausflügen an die Lieben zuhause verschickte. Dieses Exemplar zeigte die Karikatur eines Männchens, das hinter einem übergroßen Bierkrug hockte und den Leser mit erhobenem Zeigefinger ermahnte:

»Das Maul mach niemals unnütz auf:
Red was Gescheites, oder sauf«,

dozierte die Figur. Ich unterdrückte ein Stöhnen angesichts dieses Lyriksurrogates.

Nimoy drehte die Karte um. Sie war in der Tat von der Fürther Kirchweih, abgestempelt am Samstagabend.

Pappa! Mamma!
Sorgt Euch nichts. Ich bin bald wider bei Euch! Es geht mir gut, und ich freu mich auch wiederzusehen. Erledigt es und dann komme ich heim.
Z.

stand da in etwas unsicherer Mädchenhandschrift mit Bleistift geschrieben. Vor der Unterschrift war noch ein durchgestrichener unlesbarer Wortanfang zu sehen.

»›Z‹ wie Zita?«, mutmaßte ich und Frau Späth nickte eifrig: »Ja, das ist zweifellos ihre Handschrift. Obwohl, natürlich schreibt sie üblicherweise etwas sauberer...«

»Und korrekter, nehme ich an?«, warf Nimoy ein. Zita schien bei ihrem Kirchweihausflug Grammatik wie Orthographie recht bedenkenlos in einem Karussell über Bord geworfen zu haben.

»Ja, natürlich«, warf Späth ein, bei dem ich eine gewisse Verärgerung spürte, als er die Postkarte wieder an sich nahm, als sollten wir sie nicht zu genau ansehen. »Zita schreibt üblicherweise korrektes Deutsch, und korrektes Französisch und Latein, wenn Sie wollen. Ich nehme an, es ist den Umständen geschuldet, wenn sie sich ein wenig... unzusammenhängend ausdrückt.«

»Abgesehen davon, wenn wir uns an die Aussagen von ›Flussbad-Ferdl‹ erinnern« – Nimoy konnte den Namen nicht aussprechen, ohne verbale Anführungszeichen darum zu setzen – »dann hat wohl das Festbier einen nicht unerheblichen Einfluss auf ihre literarischen Ambitionen gehabt«, erinnerte die Sonderkommissarin daran, dass das Mädchen schließlich leicht angetrunken war.

»Nun, ist denn das wirklich wichtig?«, erkundigte sich Frau Späth. »Immerhin, die Postkarte beweist doch, dass mein Kind am Leben ist, und dass es ihr gut geht, oder?«

»Streng genommen beweist dieser Karton gar nichts, außer, dass gestern jemand eine Postkarte mit Zitas Handschrift in einen Briefkasten geworfen hat«, fuhr ihr Nimoy in die Parade. Ich fand diese Haarspaltereien wenig hilfreich und unnötig grausam.

»Dann sehen Sie das so wie ich?«, forschte Späth nach. »Diese Karte wirft mehr Fragen auf, als sie beantwortet, nicht wahr? Ich meine, natürlich freu ich mich über dieses Lebenszeichen; offensichtlich haben diese Verbrecher die gescheiterte Lösegeldübergabe nicht zum Anlass genommen, zum Äußersten zu gehen...« Er machte eine Pause, in der er wohl nicht anders konnte, als sich dieses Szenario vor Augen zu führen. »Aber, Frau Nimoy, können Sie mir erklären, warum meine Tochter offensichtlich am helllichten Tagen nach Belieben über die Kirchweih spaziert und Postkarten abschickt, warum sie sich aber nicht bequemen möchte, einfach nach Hause zu kommen?!«

Bei den letzten Worten war Späth laut geworden. Ich erinnerte mich an den Vorabend, als wir mit ihm über Zitas Erscheinen in dem Bierzelt gesprochen hatten, und dort bereits hatte er stark zwischen Hoffnung und Misstrauen geschwankt, ob die Sichtung echt sei. Nun, nach dieser Postkarte, schien er mir noch näher am Ende seiner Fassung.

Ich mischte mich ein: »Wir haben ja schon darüber gesprochen, dass Zita möglicherweise gemeinsame Sache mit den Entführern macht.«

»Nun, das erklärt aber nicht, warum sie diese Karte schickt, mit der sie doch ihren Komplizen den Wind aus den Segeln nehmen würde«, widersprach Nimoy. Offensichtlich hatte sie gerade eine Idee; sie blickte durch uns hindurch und geriet für einen Moment geradezu in Trance. Späth wollte sie darauf ansprechen, doch ich stoppte ihn, um die Sonderkommissarin nicht zu stören. Nach einem Moment kehrte ihre Aufmerksamkeit recht unvermittelt wieder zu uns zurück; sie blickte mich an, gönnte mir ein kurzes Lächeln, und sah dann konzentriert zu Späth und bat ihn noch einmal um die Postkarte.

»Was, wenn Zita die Karte gar nicht aus freien Stücken geschrieben hat?«, erklärte Nimoy, indem sie Späths und meine fragenden Blicke beantwortete. »Nehmen wir an, ihre Entführer haben sie aus irgendeinem Grunde gezwungen, diese Karte zu schreiben und so zu tun, als sei alles in Ordnung, um unsere Befürchtungen zu zerstreuen. Ihnen sind doch auch die vielen haarsträubenden Fehler aufgefallen, nicht wahr? Was, wenn Zita nun nicht halb so betrunken war, wie sie allen weismachen wollte, aber dafür doppelt so gerissen? *Pappa! Mamma! Sorgt Euch nichts. Ich bin bald wider bei Euch! Es geht mir gut, und ich freu mich auch wiederzusehen. Erledigt es und dann komme ich heim.* – Was, wenn sie in diesen paar Sätzen absichtlich Fehler versteckt hat, die *wir* finden sollen?«

Späth blickte skeptisch drein.

»›Erledigt es und dann komme ich heim‹«, brummte er. »Haben Sie denn eine Ahnung, was das richtig heißen sollte? Sollen wir es ›erledigen‹, oder ist da jemand anderes, der ›es‹ erledigt?«

»Natürlich ist es nicht damit getan, einmal hopplahopp darüberzuschauen, und schon haben wir die Antwort«, war es jetzt an Nimoy, gereizt zu reagieren. Offensichtlich behagte ihr die Skepsis, die ihr entgegengebracht wurde, ganz und gar nicht. »Aber wenn Sie so freundlich sind, mir die Karte zu überlassen, dann versuche ich gerne, zu entschlüsseln, was Ihre Tochter uns mitteilen wollte.«

»Was sie *möglicherweise* sagen wollte«, hörte ich mich sagen.

»Herr von Cramm!«, fuhr mich Späth an, dass ich geradezu zusammenschrak. »Ich finde Ihre Kommentare überaus unangebracht. Wir werden sehen, was Frau Nimoy aus dieser Karte herauslesen kann und was nicht. Dazu bedarf es Ihres Defaitismus' nicht!«

»Defaitismus?«, echote ich, von der heftigen Reaktion Späths geradezu überfahren.

»›Gschmarri‹, wenn Ihnen das besser gefällt.«

Ich öffnete den Mund, bis mir klar wurde, dass eine Antwort der Schärfe, wie sie mir gerade vorschwebte, nicht zur Lösung beigetragen hätte. Dann schloss ich ihn wieder, während ich versuchte, Späths Grobheit zu verdauen. *Defaitist . . . ?*

»Danke«, meinte Nimoy in die Runde, und es war mir nicht ganz klar, ob sie Späth bedachte, weil er so überraschend ihre Seite ergriffen hatte, oder mich, weil ich den Konflikt nicht weiterspinnen wollte.

Ich beschloss, mich für den Moment der Einrichtung des Salons und den Büchern in den Regalen zu widmen. Aus den Augenwinkeln bemerkte ich, dass Nimoy Zitas Karte, die sie von Späth erhalten hatte, zwischen den Fingern drehte.

»Ich habe für einen Moment erwogen«, hörte ich sie so laut sagen, dass ich es mithören konnte, »ob hinter dieser Entführung vielleicht um etwas ganz anderes als Geld geht?«

»Aber was könnte das sein?«, antwortete Späth.

Man konnte Nimoy geradezu die Schultern zucken sehen.

»Vielleicht möchte Sie jemand ruinieren? Oder sich aus irgendeinem Grund an Ihnen rächen?«

Späth erwiderte ihr: »Um mich zu ruinieren, dafür war die Lösegeldforderung zu gering. Und Rache ... malen wir den Teufel nicht an die Wand, aber wenn jemand bis zum Äußersten gehen wollte, hätte er dann Zita nicht schon lange ein Leid getan?«

»Ein Belegtisch. Das kennen Sie sicher, nicht wahr?«, erkundigte sich Frau Späth, die neben mich getreten war und mich freundlich und durch den Disput etwas peinlich berührt anlächelte. Mir war gar nicht bewusst gewesen, dass ich vor dem kleinen Pult stehen geblieben war.

Es bestand im Wesentlichen aus einer Holzplatte, die in verschiedenen Winkeln geneigt werden konnte, einem sinnfälligen System von Leisten, mit denen sich ein Gegenstand auf der Platte fixieren ließ, sowie einer Reihe von Rinnen und Abflüssen.

»Früher, die alten Spiegel wurden so belegt«, erzählte die Frau, ihrer eigenen Annahme widersprechend, obwohl ich in der Tat über die Technik natürlich noch Bescheid wusste. Vermutlich wollte sie sich durch den Klang ihrer eigenen Stimme beruhigen. »Auf einem Blatt Papier wird eine Zinnfolie auf die waagerecht ausgerichtete Platte des Belegtisches aufgebracht. Dann rührt man Quecksilber dazu, damit sich ein Amalgam bildet. Obendrauf kommt danach die mit Asche polierte Glasplatte, und das im Verlauf der nächsten Tage entstehende Amalgam haftet an der Glasplatte. Gleichzeitig neigt man die Platte immer mehr, damit überschüssiges Quecksilber abfließen kann.«

Ich nickte höflich. Mir war bewusst, dass diese Belegtische eine der Grundlagen waren, auf denen Fürths Wohlstand beruhte. Leider hatte Frau Späth die Kehrseite unterschlagen, die nervenzersetzenden und unentrinnbaren Quecksilberdämpfe mit dem fast unüberschaubaren Spektrum an Krankheiten, die sie auslösen konnten. Die Straßen des aufstrebenden Fürths waren voll gewesen mit zitternden, teilweise gelähmten, brabbelnden, aggressiven oder schlafsüchtigen Menschen mit rasselndem Atem und verkrampften Gliedern, schwarzem Zahnfleisch und umgeben von dem ständigen charakteristischen Geruch nach Knoblauch.

Diese allgegenwärtige chronische Vergiftung, der sogenannte »Merkurismus« war der Preis gewesen, den die Arbeiter dafür bezahlten, dass sie ihren Lebensunterhalt gegenüber den gewöhnlichen Fabrikproletariern etwas aufbessern wollten. Zumal für Frauen war die Spiegelbelegung eine der wenigen Möglichkeiten gewesen, ein eigenes geregeltes Einkommen zu erwerben. Vermutlich darum hatte sich die Quecksilberverspiegelung hartnäckig bis in die achtziger Jahre gegenüber der ungiftigen Silberbelegung gehalten, denn Silber ließ sich nicht in Heimarbeit auftragen.

Doch heute war das Quecksilber sozusagen Geschichte, und wir hatten hier und heute ein anderes Problem auf dem Tapet liegen. Also kehrte ich mit Frau Späth zum Kaffeetisch zurück und ließ mir eine frische Tasse eingießen. Ich stellte fest, dass Nimoy in der kurzen Zeit nicht untätig gewesen war. Konzentriert stand sie über die ominöse Postkarte gebeugt:

Pappa! Mamma!
Sorgt Euch nichts. Ich bin bald wider bei Euch! Es geht mir gut, und ich freu mich auch wiederzusehen.
Erledigt es und dann komme ich heim.
Z.

»Das dritte ›p‹ in ›Pappa‹ gehört da nicht hin, und vermutlich auch nicht das dritte ›m‹ in ›Mamma‹«, informierte sie mich über ihre Fortschritte, als hätte es unsere kleine Auseinandersetzung nie gegeben, während ich in meiner Tasse rührte und ihr über die Schulter blickte. »In ›wider‹ fehlt ein ›e‹, ebenso wie am Ende von ›freu‹. ›Auch‹ soll vermutlich ›Euch‹ heißen. Wenn man die Fehler zusammennimmt, dann erhält man bis hierher ...«

»... *Pmeee*«, ergänzte Späth, und er klang wie ein indisponiertes Schaf. An seiner Miene erkannte ich, dass inzwischen auch er Zweifel an der Methode zu entwickeln schien.

»Nun, vielleicht finden wir ja noch etwas bei diesem Schlusssatz: ›Erledigt es‹«, hoffte Nimoy, »oder in dem Krakel vor der Unterschrift.«

»Oder es ist vielleicht tatsächlich nur die Achtlosigkeit eines angetrunkenen siebzehnjährigen Mädchens ...?«, schlug ich vor.

Nimoy und Späth blickten einander an.

»Das ist natürlich nicht von der Hand zu weisen«, gab die Sonderkommissarin dann zu.

Die nächste Wendung nahm der Fall ungefähr eine Stunde später. Nimoy hatte unbeirrbar versucht, aus dem durchgestrichenen Krakel etwas herauszulesen, das meiner Meinung nach nicht darin zu finden war, und sie hatte kein vernünftiges Ergebnis zustandegebracht. Ich wusste nicht so recht, wie der Nachmittag weitergehen sollte und kam mir etwas überflüssig vor, so dass ich mich bereits verabschieden wollte, als es an der Tür klingelte.

Späth und seine Frau blickten erst einander, dann uns halb erschrocken und halb hoffnungsvoll an, und es war nicht schwer, zu erraten, was in ihnen vorging. Der Fabrikant machte sich auf den Weg zur Tür, doch ehe er dort ankam, war Joseph schon eingetreten. In der Hand hielt er einen kleinen, dicken Briefumschlag.

»Ein Bote für Sie, Herr Späth«, erläuterte er dazu und überreichte den Umschlag. Nimoy war von ihrem Schreibtisch mit der Postkarte aufgestanden und spähte über Josephs Schulter zur Tür des Hauses.

»Tut mir Leid, meine Dame«, erriet der Diener, was Nimoy bewegte. »Es war nur ein Junge, kein berufsmäßiger Dienstbote. Er wollte partout nicht warten, sondern ist sofort, nachdem er mir den Umschlag ausgehändigt hatte, davongelaufen.«

Nimoy quittierte das mit einem Geräusch, das so ähnlich wie »Möff!« klang, und ich stellte mir vor, wie sie mit ihrem schlanken Fuß auf den Boden stampfte.

Späth hatte inzwischen den Umschlag geöffnet und ihm ein Blatt Papier und einen kleinen Schmuckgegenstand entnommen, den seine Gattin sofort zu erkennen schien. Sie gab ein kurzes Wimmern von sich und nahm das Schmuckstück; ich erkannte jetzt, dass es sich dabei um eine Silberbrosche handelte.

Der Fabrikant studierte den Brief nur kurz und las ihn dann vor:

> »Herr Späth! Wir haben Zita. Beweiß dafür isst die Brosche. Wir werden sie frei geben, wenn Sie uns 2000 Mark bezalen. Kommen Sie am Montag zur Kappelenru. Sechs Uhr abends und sein Sie allein.«

Es kostete ihn drei Ansätze, bevor er den geplanten Ort der Übergabe richtig aussprach: Die Entführer meinten wohl die »Kapellenruh«, ein kleines Denkmal in der Nähe des Zusammenflusses von Pegnitz und Rednitz, wo der Legende nach Karl der Große den Bau einer Kapelle veranlasst hatte, die später die Keimzelle Fürths werden sollte.

»Eine Unterschrift fehlt«, schloss der Fabrikant seinen Bericht ab.

»Das ist die Brosche, von der sie reden!«, erläuterte Frau Späth und reichte Nimoy die kaum markstückgroße Preziose. Sie stellte einen Ritter im Kampf mit einem Drachen dar, und die Lanze des Ritters war sehr geschickt als Nadel der Brosche gestaltet – jetzt war sie allerdings arg verbogen, als hätte man die Brosche mit Gewalt abgerissen.

»Sie gehört Zita, nehme ich an?«, erkundigte sich Nimoy und gab das Stück zurück. Frau Späth nickte.

»Sie hat es bekommen, als wir letztes Jahr in England zu Besuch waren. Der Ritter ist der Heilige Georg.«

Nimoy und ich blickten einander an. Die Verwechslung des Hutes mochte noch durchgehen, aber hier schienen keine Zweifel mehr möglich zu sein. Die Kommissarin bat Späth dann, die anderen handgeschriebenen Schriftstücke, die wir noch besaßen – die erste Lösegeldforderung, die Notiz vom Valzner Weiher sowie die Karte Zitas – zu bringen, und wir legten die vier Schriftstücke nebeneinander.

»Sie haben alle unterschiedliche Handschriften«, erwähnte ich, erntete aber von Nimoy nur einen Blick, der mich zum Meister des Offensichtlichen adelte.

Späth grummelte: »Das wäre ja noch schöner, wenn meine Tochter einen Erpresserbrief an mich schreibt!«

Die Sonderkommissarin empfahl mir, etwas genauer hinzusehen, und ich war mir nicht mehr so sicher, dass der erste Brief und die Notiz, die wir bei der fehlgeschlagenen Lösegeldübergabe im Bootsschuppen gefunden hatten, nicht doch von derselben Hand stammten.

»Fällt Ihnen der Stil auf?«, erkundigte sich Nimoy dann bei mir. Ich nickte:

»Natürlich. Der erste Brief und der Zettel vom Valzner Weiher sind in korrektem Deutsch, der Brief mit der Brosche hingegen ist sehr schlampig geschrieben. Wobei die Fehler denen ähneln, die Zita in ihrer Karte gemacht hat.«

»Und, was schließen Sie daraus?«

»Nun, entweder haben unsere Entführer sich aus Freude, dass ihnen das Geld am Valzner Weiher durch die Lappen gegangen ist, so sehr betrunken, dass sie keinen geraden Satz herausbringen, was nicht sehr plausibel ist ...«

»Was nicht sehr plausibel ist!«, bestätigte Nimoy

»... oder der zweite Brief stammt nicht vom selben Schreiber wie der erste!«, schloss ich.

»Was wollen Sie damit sagen?«, knirschte Späth. »Dass Zita die Hände gewechselt hat? Wir sind hier doch auf keinem ottomanischen Bazar, wo die Haremssklavinnen verschachert werden!«, empörte er sich.

»Nun, es tut mir Leid, aber es sieht sehr wohl so aus«, erwiderte Nimoy. Ich versuchte es mit einem Kompromiss:

»Und wenn die Entführer aus einer Gruppe von mehreren Leuten bestehen? Nehmen wir an, es gibt einen guten Schreiber und einen schlechten, und sie wechseln sich ab?«

»Das wäre vorstellbar«, gestand Späth ein.

Nimoy wandte sich wieder an mich: »Es wäre wohl das beste, wenn wir uns unverzüglich wieder auf den Weg nach Fürth machen, und der Polizei das Schreiben zeigen.«

Ich stimmte ihr zu.

»Herr Späth, wie gehen wir weiter vor?«

Der Industrielle zog als Antwort auf die Frage der Sonderkommissarin die Brauen zusammen.

»Ich habe die Nase voll, falls Sie verstehen«, brummte er mit einer bedrohlichen Stimme. »Ich habe bezahlt, oder versucht zu bezahlen, und mir scheint, diese Entführer haben nichts anderes im Sinn, als Schabernack mit meiner Tochter zu treiben. Ich kann nicht behaupten, ich verstünde auch nur in irgendeiner Form, was vor sich geht, aber ich will, dass wir dem Treiben ein Ende bereiten. Ich will, dass die Polizei bei der Übergabe dabei ist und die Entführer fängt!«

Bereits, als er anfing in diesem kämpferischen Ton zu reden, hatte seine Frau die Luft scharf eingesogen, und ich tat dasselbe jetzt.

»Herr Späth, Sie wissen, was das für das Leben Zitas bedeuten kann?«, vergewisserte sich Nimoy.

Er machte eine wegwischende Handbewegung: »Können *Sie* mir garantieren, dass ihr *nichts* passiert, wenn ich bezahle? Und, haben Sie mir nicht zuletzt gesagt, dass Zita mit diesen Entführern aller Wahrscheinlichkeit nach im Bunde sei?«

Ich erlebte das erste Mal, dass Nimoy mit einer Antwort zögerte: »Ich halte es für denkbar, dass sie selber eine Rolle spielt«, meinte sie dann gedehnt. »Aber ein solches Risiko will wohl erwogen sein.«

Späth schnaubte.

»Glauben Sie mir, es ist wohl erwogen.« Er nahm das Schreiben, das vor wenigen Minuten eingetroffen war, in die Hand und hielt es Nimoy hin. »Denken Sie nicht, dass ich mich schon lange auf diesen Brief gefasst gemacht habe?«

Das Schnauben und Zischen der Dampflok erfolgte gleichmäßig und in einem unveränderlichen Rhythmus – doch wiederholte es sich viel zu langsam für eine Fahrt. Es erinnerte mehr an die Atemzüge eines schlafenden Riesen als an den hektischen Pulsschlag einer Eisenbahn. In der Tat standen wir bereits seit geraumer Zeit reglos am Zirndorfer Bahnhof, die Lokomotive unter Dampf, aber ohne ohne uns in Bewegung zu setzen. Der Kondukteur hatte uns schon vor einigen Minuten um Verzeihung gebeten, es gebe ein technisches Problem.

Dass sich die Rückfahrt nach Fürth verzögerte, erschien Nimoy und mir nicht weiter schlimm. Späth hatte die Polizei per Telephon von der neuen Forderung informiert, und wir vertrauten darauf, dass sie die Einzelheiten auch untereinander regeln konnten.

Nimoy und ich nutzten die erzwungene Wartezeit, um die Beute zu begutachten, die wir von Späths Anwesen mitgenommen hatten. Denn als wir uns zum Gehen fertiggemacht hatten, drehte sich

Nimoy, bereits in Mantel und Handschuhen, noch einmal zu Frau Späth um und fragte, ob es ein Tagebuch von Zita gebe.

»Ich ... Ja, Zita führt ein Journal, meines Wissens«, antwortete die Frau. Späth, der dabeistand, warf ihr einen unbehaglichen Blick zu.

»Und dieses Tagebuch, würden Sie uns gestatten, einen Blick hineinzuwerfen?«, erkundigte sich Nimoy weiter, sichtlich frustriert über die Zögerlichkeit von Zitas Eltern.

Mir schien, Frau Späth wäre durchaus dazu bereit gewesen, doch ehe sie etwas sagen konnte, ergriff ihr Gatte das Wort:

»Ich denke nicht, dass das angebracht ist. Ich möchte nicht das Vertrauen meiner Tochter missbrauchen, indem ich ihre intimsten Gedanken jemandem – entschuldigen Sie meine direkten Worte – einer Fremden zu lesen gebe.«

Nimoy machte eine ihrer typischen, fahrigen Gesten und beschloss dann, dass sie ihren Hut zu richten hatte, ehe sie antwortete:

»Herr Späth, glauben Sie mir, Neugier ist sicher das letzte meiner Motive, und ich möchte dieses Tagebuch auch nicht um irgendwelcher Indiskretionen oder Pikanterien willen untersuchen. Vielmehr halte ich es durchaus für plausibel, dass sich in diesem Journal Hinweise finden werden, die uns bei der Aufklärung des Falles und bei der Freisetzung Zitas helfen können«, beendete sie ihre Rede. Und zupfte ihren Schleier zurecht.

»Ich sehe den Sinn darin nicht«, beharrte Späth. »Morgen Abend werden wir diese Kanaille am Kapellenhof stellen, und damit ist der Fall erledigt.«

Ich räusperte mich: »Herr Späth, ich will den Teufel nicht an die Wand malen, aber wir sind bereits einmal von dieser ›Kanaille‹ düpiert worden.«

Späth warf mir einen Blick zu, der sehr deutlich machte, was er von dieser Anspielung hielt, aber es genügte, um seine Aufmerksamkeit von Nimoy und seiner Frau abzulenken. Die beiden entfernten sich in Zitas Zimmer und brachten von dort nach kurzem die fragliche Kladde, die sie an einem verstockt schweigenden Alois Späth vorbeitrugen.

Und die jetzt geöffnet auf Nimoys Schoß lag.

Es handelte sich um ein Oktav-Heftchen mit einem festen Einband und einem schlichten rotbraunen Lederumschlag. Irgendwie hatte ich nach den Beschreibungen von Zita etwas mädchenhafteres, verspielteres erwartet; vielleicht mit Schnörkeln und wenigstens einem Scherenschnitt oder derlei auf dem Umschlag, doch da war nur das Leder, in das ihre Initialen »ZS« geprägt waren.

»Nun, was ist Ihr Eindruck?«, wollte ich wissen.

»Ich suche nicht nach einem Eindruck, ich suche nach Hinweisen«, versetzte Nimoy und reichte mir das Bändchen.

»Und, haben Sie etwas gefunden?«, beharrte ich.

»Urteilen Sie selbst«, forderte sie mich auf, und für einen Moment verlor ihr Gesicht die konzentrierte Strenge, und ein Lächeln blitzte hindurch – als wolle sie mich wieder vor eine dieser im wörtlichen Sinn rätselhaften Situationen stellen, die mir halb als Prüfung und halb als Lehrstunde für angehende Detektive vorkamen.

Ich blätterte durch das Heft, und der Text verstärkte noch meinen Eindruck von Zitas Nüchternheit. Dieser Band begann Anfang Mai – Nimoy hatte es offensichtlich nicht für nötig gehalten, weiter in die Vergangenheit zurückreichende Bände anzufordern –, und die Einträge waren nacheinander in sauberer, gut lesbarer Handschrift vorgenommen worden.

»Übrigens«, unterbrach mich die Sonderkommissarin und senkte ihre Stimme zum Verschwörerton, »ehe Sie sich zu sehr in Zitas Werk vertiefen: Ist Ihnen bei der Lösegeldforderung von heute noch etwas aufgefallen?«

»Außer der Handschrift und den Rechtschreibfehlern? Nein, ehrlich gesagt nicht.«

»Die Lösegeldsumme!«, meinte sie dann triumphierend, »Haben Sie denn gar nicht bemerkt, dass sie *kleiner* geworden ist?«

Ich stutzte. Sie hatte Recht; Späths Münzsammlung hatten wir auf einen deutlich höheren Wert als die nun verlangten 2000 Mark geschätzt.

»Ist das nicht merkwürdig? Nach all dem Unbill, den die Entführer mit Zita hatten, verlangen sie jetzt weniger Geld als zuvor? Finden Sie das nicht auch ungewöhnlich?«

Ich zuckte die Schultern: »Vielleicht haben Sie ein Einsehen mit Späth, und wollen ihn nicht zu sehr schröpfen, nachdem er schon ein kleines Vermögen am Valzner Weiher verloren hat?«

Nimoy blinzelte für einen Moment verwundert.

»Das ist nicht Ihr *Ernst*, Herr von Cramm, oder? Barmherzige Menschenräuber ...?

Und da ist noch etwas, wobei ich nicht wirklich weiß, ob das von Bedeutung oder nur ein seltsames Zusammentreffen ist. Aber wenn wir dem Bericht dieses Fußpfad-Fredls Glauben schenken, dann war Zita *zuerst* mit den einfachen Arbeitern zugange, und ging *dann* mit dem eleganten Herrn weg. Die Briefe jedoch scheinen *erst* von einem gebildeten Schreiber, und *danach* von einem schlichten Gemüt zu kommen; als schreibe sie jeweils derenige, der Zita *nicht* hat. Was natürlich wenig Sinn ergibt. – Aber ich unterbreche Sie; sagen Sie mir, was Sie von dem Tagebuch halten!«

»Was die Postkarte betrifft«, beantwortete ich zuerst Nimoys Einwurf, »vielleicht lässt sich herausfinden, ob sie vor oder nach der Rauferei im Humbser-Zelt geschrieben wurde.

Mein Eindruck von dem Tagebuch: Zita scheint ein sehr sorgfältiges, überlegtes Mädel zu sein. Die Einträge zeigen nur wenige Korrekturen, als habe sie sich vorher gut überlegt, was sie schreibt. Man findet auch nur sehr wenige Kritzeleien am Rand – Sie wissen schon, was man so malt, wenn man in Gedanken ist. Auch die Handschrift ist sehr gleichmäßig. Was den Inhalt betrifft ...« Sie blickte mich erwartungsvoll an, und ich ließ sie eine kurze Pause lang warten: »Da müssen Sie noch warten, bis ich alles durchgelesen habe!«

Zita mochte eine gründliche Schreiberin sein, aber überaus produktiv war sie nicht. Das schmale Bändchen, dessen erster Eintrag die Probefahrt der elektrischen Straßenbahn in Fürth am 1. Mai behandelte, war nur zur Hälfte gefüllt, ehe es am 5. Oktober, zwei Tage vor ihrem Verschwinden, abbrach, und ich hatte die Lektüre noch in dem Moment beendet, als der Bahnhofsvorsteher vom Bahnsteig rief, alle sollten sich fertig für die Weiterfahrt machen.

Im Gegensatz zu der klaren durchgängigen Gestaltung des Tagebuchs waren seine Inhalte geradezu zweigeteilt. Oft befasste sie sich mit recht typischen Themen, wie ich sie erwartet hätte – Ausflügen mit der Familie, gelesenen Büchern und besuchten Konzerten, auch ein wenig mit Plänen für die Zukunft. Dazwischen eingestreut waren jedoch Einträge in einem anderen, beunruhigenderen Ton. Zita sprach darin viel von Simon und Marie-Theres. Offensichtlich fühlte sie sich von dem Studenten hofiert, ja geradezu bedrängt – einmal verwendete sie sogar das Wort »bedrohlich«; eine Situation, mit der sie offensichtlich umso weniger umzugehen wusste, als sie Marie-Theres standhaft als ihre beste Freundin und Vertraute ansah.

> Seine demonstrierte Zuneigung geht jetzt schon hart an die Grenze des Maßes, das ich erlauben kann, und ich fürchte, wenn er seiner Leidenschaft die Zügel schießen ließe, stünden wir alle vor einer Katastrophe.

hatte sie festgehalten. Trotz dieser Befürchtungen hatte sie sich aber Simons Verlobter und ihrer Freundin nicht anvertraut, genausowenig wie ihren Eltern: Zumindest erwähnte sie in dem Tagebuch nichts von einem solchen Gespräch, und wir konnten davon ausgehen, dass Späth es uns hätte wissen lassen, wenn er von Simons Nachstellungen Kenntnis gehabt hätte. Stattdessen schrieb Zita von den Spielschulden Simons, über die Marie-Theres mit ihr gesprochen hatte, und denen wir bereits früher nachgegangen waren, sowie von dem ominösen Strohhut: In zwei Einträgen wenige Tage vor der verhängnisvollen Fahrt nach Koburg erzählte sie davon, wie sie den neuen Hut kaufte, und wie sie ihn zusammen mit Marie-Theres ausführte, wobei ihre Freundin auf die Kopfbedeckung mit einer geradezu unverständlichen Eifersucht reagiert habe.

»*Much of madness, more of sin, and horror the soul of the plot*«, zitierte ich als halb scherzhafte Zusammenfassung, als ich am Ende des schmalen Bändchens angekommen war. »Ganz offensichtlich wirft das ein ganz neues Licht auf das Verhältnis zu Simon und Marie-Theres.«

»Nicht wahr?«, erwiderte Nimoy, und musste eine kurze Pause machen, da die Lokomotive pfiff und unser Zug sich mit einem Ruck in Bewegung setzte. Als die Treibräder der Lok wieder Griff hatten, setzte sie dann fort: »Und wie so oft ist auch hier natürlich wieder viel interessanter als das, was darinsteht – das, was *nicht* darinsteht.«

»Was meinen Sie?«, wollte ich mit ehrlicher Neugier wissen, doch Nimoy legte nur den Finger auf die lächelnden Lippen.

Ich klappte die Kladde zu und reichte sie ihr wieder. Nimoy konnte mir ansehen, dass mir noch ein bemerkenswertes Detail aufgefallen war, doch ich wollte es mir nicht nehmen lassen, dieses Detail möglichst effektvoll zu präsentieren. Rückblickend betrachtet, wenn ich ehrlich bin, wollte ich mich wohl scharfsinniger als die Scharfsinnigste darstellen; ungefähr so wie Leute immer versuchen werden, einen Komödianten zum Lachen zu bringen.

»Frau Nimoy, es ist nicht ausgeschlossen, dass sich jemand in einem Datum irrt, oder?«, fragte ich dann.

Sie runzelte die Stirn und ahnte augenscheinlich nicht, worauf ich hinauswollte: »Nein, natürlich nicht.«

»Umso mehr bei einem weit in der Vergangenheit liegenden Datum?«, forschte ich weiter, und wieder gab sie mir recht.

»Aber wenn wir von kürzlich Geschehenem sprechen, dann wären unsere Fehler sehr begrenzt, oder?«

»Um einen oder zwei Tage kann man sich wohl vertun«, gestand Nimoy mir zu, und ich bemerkte, wie sie unwillig wurde und sich versteifte. Ihr schien unbehaglich zu sein, während an unseren Fenstern der Fürther Stadtwald vorbeizog.

»Und wenn wir laufende Aufzeichnungen vornehmen, dann ist unser Risiko, uns drastisch zu irren, noch geringer?«

»Herr von Cramm«, gab sie mit einer Stimme, die einige Grade kälter geworden war, zurück, »kommen Sie gefälligst zum Punkt!«

»Dieser Band von Zitas Tagebuch eröffnet am 1. Mai, als sie Zeuge der Premiere war, wie die Straßenbahn zum ersten Mal statt mit Pferden elektrisch betrieben wurde. Ich war von Berufs wegen am Rande mit der Umstellung befasst, darum weiß ich:

Die öffentliche Fahrt fand erst am 7. statt.«

8. Unruh an der Kapellenruh

Montag, 14. Oktober 1896, abends

»Der Platz hier ist fantastisch«, fand Wachtmeister Höllriegel, »hier ist nach allen Seiten offen, und in ihrem Rücken haben sie die Rednitz!«

Die geographischen Vorteile unbenommen, war es mir doch deutlich zu kalt. Ich schlug den Kragen hoch, verkroch mich tiefer in meinen Mantel und haderte mit dem Herbst, der dieses Jahr Nebel auf Regenschauer und Wind auf Graupel folgen ließ. Andererseits tat das Wetter nur, was man von ihm zu dieser Jahreszeit erwartete, so dass ich überlegte, meinen Grimm auf die Umstände zu konzentrieren, um derentwillen ich derzeit jeden zweiten Abend im Freien verbringen musste.

Es war Montagabend, und wir hatten uns beim Viehhof in Sichtweite der Kapellenruh für die bevorstehende Lösegeldübergabe versammelt: Späth mit dem Bargeld, Nimoy, ich, sowie Höllriegel und eine Abteilung seiner Männer erwarteten die Entführer Zitas, wie diese es in ihrem vorletzten Brief angekündigt hatten.

In ihrem *vorletzten*. Nimoy und ich waren nämlich in Fürth kaum aus dem Zug gestiegen und hatten die Hauptwache im Rathaus besucht, um Höllriegel von unserem Fund zu erzählen, als es an *dem Polizisten* war, *uns* zu überraschen: Späth hatte in der Zwischenzeit ein weiteres Telegramm erhalten.

Ich konnte mir gut vorstellen, dass Späth fast der Schlag getroffen haben musste, und äußerte das auch, »wenn er sich für die dritte Lösegeldforderung schon bereit machen soll, ehe noch die zweite fehlgeschlagen ist«, aber weder Nimoy noch Höllriegel wollten recht darüber lachen. Wir hatten das Papier noch nicht zu Gesicht bekommen, aber der Beschreibung nach, die wir von Späth bekommen hatten, stammte dieser Brief wieder eher vom Autor des ersten Briefes. Nicht nur, dass das Deutsch einwandfrei war, auch die Forderung – Schmuckstücke und Edelsteine aus dem Besitz der Späths – ähnelte wieder mehr der ursprünglichen Nachricht. Eine Handschrift gab es bei den Telegrammen natürlich nicht zu vergleichen.

Die Versuchung war groß, den zweiten Brief – jenen, der uns zusammen mit Zitas Brosche erreicht hatte – als die Aktion von Trittbrettfahrern zu interpretieren, die von der Entführung Kenntnis erlangt hatten und sich nun an Späth schadlos halten wollten. Doch so naheliegend dieser Gedanke auch war; wir konnten uns schwerlich darauf verlassen: Schließlich war nicht auszuschließen, dass in Wirklichkeit diejenigen, die Späth zum Valzner Weiher gelotst hatten, die Trittbrettfahrer waren. Immerhin war der zweite Brief der einzige, der durch die beigefügte Brosche so etwas wie eine Autorität erhielt.

So hatte Späth sich entschlossen, am ursprünglichen Plan festzuhalten: Wir würden die Erpresser hier festnehmen, sowie sie sich zeigen würden, und alles weitere würde sich dann ergeben.

Vom Viehhof, der eigentlich ein Schlachthof war, führte ein schmaler Pfad nach Norden durch den Wiesengrund zu der kleinen Eichengruppe, in deren Mitte sich das ominöse Denkmal befand, von dem jetzt in der Dunkelheit aber nichts zu sehen war. Höllriegel hatte Polizisten in Zivil auf der nördlichen Seite des Wiesengrundes sowie zwischen den Häusern der Hard, die durch eine Böschung den westlichen Rand des Wiesengrunds markierte, platziert. Im Osten verlief die Rednitz parallel zu dem Pfad, und obwohl es nicht auszuschließen war, dass ein beherzter oder verzweifelter Kiminelller sich in den kalten Bach stürzen würde, war Höllriegel zuversichtlich, einem Flüchtling den Weg abschneiden zu können, bevor es dazu kam: Wenn die Entführer zu dem Treffen erschienen, saßen sie von allen Seiten umzingelt in der Falle.

Ich zog meine Uhr aus der Tasche.

»Es wird langsam Zeit«, meinte ich dann.

Späth nickte und nahm aus Höllriegels Händen eine kleine Signalpfeife entgegen. Es war abgemacht, dass die Polizei den Zugriff ausführen würde, sowie Späth die Pfeife blies. Der Industrielle griff in seine Jacketttasche und brachte einen Revolver zum Vorschein. Ich konnte mir einen leisen Pfiff durch die Zähne nicht verkneifen, als er den Lauf kippte und prüfte, ob die Trommel geladen war.

Auch Höllriegel gefiel das offensichtlich nicht. In den letzten Minuten waren dichte Nebelschwaden aufgezogen, und an unserem Standort erreichte uns nur noch ein trüber Schimmer der Gaslaternen an der Straße, aber ich konnte seinen missbilligenden Gesichtsausdruck erkennen.

»Das lassen Sie besser bleiben«, empfahl er kurz angebunden.

»Machen Sie sich keine Sorgen. Ich werde nur in Notwehr schießen«, versicherte Späth.

Der schattenhafte Umriss, der Nimoy war, warf ein: »Denken Sie daran, ich will nicht ausschließen, dass Zita mit den Entführern kooperiert, aber wenn Sie einen von ihnen erschießen, könnte das zu ... ›Verwerfungen‹ führen. Abgesehen davon, dass er uns dann nicht mehr zu seinen Komplizen führen kann.«

Späth schloss den Lauf seiner Waffe mit einer Geste, die wohl entschlossen wirken sollte, auf mich jedoch einen nervösen Eindruck machte – was ihn in meinen Augen aber als keinen schlechteren Menschen erscheinen ließ. Er steckte die Waffe wieder weg.

»Machen Sie sich keine Sorgen, ich halte mich nicht für den Freischütz. Aber wir haben ja immer noch keine Ahnung, mit was für einer Sorte Menschen wir uns da überhaupt eingelassen haben!«

Höllriegel musste ihm Recht geben und wir beide wünschten Späth Glück, und zu meiner Überraschung reichte auch Nimoy ihm die Hand mit den Worten »Alles Gute!«. Späth zögerte ein wenig, ergriff sie aber dann und sah der Sonderkommissarin in die Augen. Schließlich wandte er sich um und ging den Pfad zur Kapellenruh entlang. Innerhalb weniger Momente war er in der Dunkelheit verschwunden.

Der Wachtmeister hatte seine Taschenuhr gezückt. Vermutlich schätzte er ab, wie lange es dauern würde, bis Späth am Ziel wäre. Er warf mir einen unbehaglichen Blick zu.

»Der Nebel?«, mutmaßte ich, und er nickte:

»Das gefällt mir nicht. Wenn es wirklich zu einer Schießerei kommt, und wenn da ein paar Gestalten von der Kirchweih zurückkommen, dann Gute Nacht, mein Lieber ...«

Der Nebel, der von Süden über den Wiesengrund vorrückte, kam uns gar nicht zupass. Ich konnte Höllriegels Befürchtungen teilen, da jenseits der Rednitz der Weg zu den nördlichen Vororten Fürths verlief. Wenn die Entführer doch durch das Flüsschen flüchten sollten, würden sich die Kirchweihheimkehrer buchstäblich fühlen wie die Schießbudenfiguren. Andererseits hoffte ich, dass das feuchtkalte Wetter die Kirchweihgänger dazu bringen würde, länger in den Zelten zu verhocken. Schließlich war es ja noch relativ früh.

Nimoy hatte etwas abseits stehend die Arme vor der Brust verschränkt, halb wegen der Kälte, halb wegen ihrer eigenen Unruhe, wie ich vermutete.

»Entspannen Sie sich«, empfahl ich, »es würde mich nicht überraschen, wenn wir hier genauso wenig von den Entführern zu Gesicht bekämen wie am Valzner Weiher.« Aber mein Auftreten war nicht so bestimmt, wie ich mir das wünschte. Das hatte ich offensichtlich mit Späth gemeinsam.

Sie trat einen Schritt näher zu mir, und der Lampenschein fiel auf ihr blasses Gesicht, in dem sich die geröteten Wangen und die Lippen fast schwarz abzeichneten.

»Das würde mich überraschen. Ich glaube nicht, dass jemand, der das Präteritum für eine Epoche der Steinzeit hält, auf eine Idee wie mit dem Boot käme«, meinte sie in Anspielung auf das einfache Deutsch des Briefes, den wir zusammen mit der Brosche erhalten hatten. Ich wusste Nimoys ungewohnt witzige Bemerkung zu schätzen, aber Höllriegel reagierte nur mit einem »Was?« darauf.

»Vergessen Sie's«, erwiderte sie, und ihr eigener Scherz schien ihr plötzlich peinlich zu sein. Sie vergrub sich tiefer in den Pelzkragen ihres Mantels – als plötzlich der schrille Laut einer Signalpfeife die Stille durchschnitt.

»Halali!«, entfuhr es mir, und Höllriegel meinte nur: »Das ging schnell«, ehe er ein Zeichen machte. Aus den Schatten des Schlachthofs erschienen mehrere seiner Leute, und im Laufschritt verschwanden sie im Nebel in Richtung der Kapellenruh. Nimoy wollte ihnen unverzüglich hinterherlaufen, doch ich bekam sie rechtzeitig am Ärmel zu fassen.

»Nur die Ruhe, Frau Nimoy: Das letzte, was Höllriegel und die anderen jetzt brauchen, sind Bassermannsche Gestalten, die ihnen im Weg herumstehen!«

Ein zweiter Pfiff ertönte, und ich wartete gespannt auf das Krachen von Schüssen, das jedoch ausblieb. Stattdessen drang der Widerschein von Laternen zwischen den Eichen der Kapellenruh hervor, aber es war unmöglich, zu erkennen, was genau vor sich ging. Die Versuchung, meinen eigenen Rat Lügen zu strafen und dort selbst nach dem Rechten zu sehen, wurde immer größer, als eine Gestalt aus dieser Richtung zu uns gelaufen kam. Halb machte ich mich bereit, mich dem vermeintlichen Flüchtenden in den Weg zu werfen, doch er entpuppte sich als einer der jungen Gendarmeristen aus Höllriegels Truppe, der uns holen kam:

»Herr von Cramm, Frau Nimoy – einen von den Schlawinern hat der Wachtmeister Höllriegel geschnappt!«, verkündete er atemlos.

Wir liefen dem jungen Polizisten hinterher und kamen gerade rechtzeitig an die Kapellenruh, um zu sehen, wie Späth im Schein der schwankenden Laternen vor einer Gestalt stand, die von zwei Polizisten festgehalten wurde. In der Hand hielt Späth ein Halstuch, das er dem Festgenommenen wohl eben vom Gesicht gerissen hatte, und der Fabrikant starrte seinen Gegenüber fassungslos an.

»Gießwein, du Hundsfott!«, rief er dann in höchster Wut aus, und für eine Sekunde fürchtete ich, der Knall eines Revolvers würde doch noch über den Wiesengrund hallen. Doch es war nur das Klatschen einer schallenden Ohrfeige.

Höllriegel trennte Späth und den Mann, den er »Gießwein« genannt hatte, voneinander. Gießwein war eine hagere und wenig gepflegte Gestalt mit Bartstoppeln und wirrem Haar, sicher bereits jenseits der fünfzig, die mit einem Fahrrad zum Rendezvous gekommen war. Eine Untersuchung der Taschen förderte eine kleine, aber ungeladene Pistole zu Tage, »a Glump«, wie Höllriegel es auf Fränkisch nannte.

Dann beschloss er, den armselig bewaffneten nächtlichen Radler mit sich auf die Wache zu nehmen. Späth forderte sofort entrüstet, mitkommen zu dürfen, und Höllriegel gab nach. Dann erklärte allerdings auch Nimoy, dass sie ihre vom Prinz-Regenten sanktionierte Aufgabe nicht wahrnehmen könne, wenn sie bei der ersten Vernehmung nicht dabei sei, und ich mischte mich dann auch noch ein und verwies auf den »Beistand«, den Frau Nimoy nötig habe. Das war natürlich kompletter Humbug, aber ich wollte mir das Verhör ebenso wenig wie die anderen entgehen lassen.

Höllriegel knirschte mit den Zähnen und murmelte etwas von einem »Zirkus«, den er auf der Wache nun partout nicht nötig habe, aber er gab schließlich nach. Nachdem seine Leute zusammengerufen waren, machte sich unsere Karawane demzufolge auf den Weg zur Hauptwache im Rathaus. Höllriegel achtete peinlich darauf, Abstand zwischen Späth und Gießwein zu halten. Nimoy und ich gerieten in die Mitte des Zuges.

»Eine ungeladene Pistole«, sinnierte die Sonderkommissarin. »Ich werde nicht verstehen, was Menschen dazu bringt, eine *unge-*

ladene Waffe mit sich zu führen. Ich meine, dass er mit geladener Pistole käme, das könnte ich verstehen, aber ohne Kugeln ... ?«

»Nun«, erwiderte ich, »vielleicht hoffte er, Späth im Zweifelsfall damit ins Bockshorn jagen zu können?«

»Das mag ja sein, aber was hätte er getan, wenn so eine billige Finte nicht funktioniert hätte?«, wollte Nimoy wissen, ehe sie nach einer kurzen Pause fragte: »Erwarte ich zuviel gesunden Menschenverstand, wenn ich so etwas nicht nachvollziehen kann?«

Ich musste ihr die Antwort schuldig bleiben.

Im Rathaus fand sich eine Arrestzelle, in die Höllriegel seinen Gefangenen setzte, der einen recht verwirrten und verunsicherten Eindruck machte – gar nicht wie der abgefeimte Schwerverbrecher, den ich mir hinter Zitas Entführung vorstellen wollte. Auf der anderen Seite des Gitters stand Späth, und somit waren die beiden wenigstens für den Moment voreinander sicher.

»Und Sie kennen also diesen Herrn Gießwein?«, wollte Nimoy dann wissen. Späth nickte:

»Das kann man wohl sagen. Er hatte eine Schlosserei in Fürth, und vor ungefähr drei Jahren habe ich ihn und seinen Compagnon, einen gewissen Langhans, damit beauftragt, mir einen Geldschrank zu liefern.«

»Was für einen Geldschrank?«, erkundigte sich Höllriegel.

»Die Sorte Tresor mit einer Tür, in der man Geld und Wertpapiere sichert«, fauchte Späth zurück. »Mann, was denken Sie denn? Er war für mein Anwesen in Zirndorf gedacht.«

»Und dann?«, erkundigte sich Nimoy mit betont ruhiger Stimme.

»Sie lieferten den Schrank, ich stellte ihn auf, und kaum drei Monate später, meine Familie und ich waren in der Sommerfrische bei Bekannten, peng, wurde bei uns eingebrochen. Und der Schrank hat den Einbrechern offensichtlich so wenig Widerstand entgegengesetzt, dass man von Arbeitsverweigerung sprechen muss«, erwiderte Späth gallig. »Die Polizei hat später geschätzt, dass es gerade mal *fünf Minuten* gedauert habe, bis die Einbrecher ihn geöffnet hatten!«

»Und, hat man sie gefunden?«

Er schüttelte den Kopf: »Nein, sie sind sehr vorsichtig zu Werke gegangen. Zum Glück hatte ich nicht allzuviel Geld im Hause gehabt, und sie haben sich praktisch mit dem Inhalt des Tresors begnügt. Ich ahne Ihre Frage: Nein, es gab keine Hinweise, dass diese beiden Dilettanten von Schlossern in den Raub verwickelt gewesen wären. Aber so oder so, der Geldschrank der beiden hat den Standards, die sie mir vertraglich versichert hatten, nicht entsprochen, also habe ich sie vor den Kadi gezerrt, um Schadenersatz zu bekommen! Für mein Vermögen!«

Gießwein funkelte finster aus seiner Zelle heraus, sagte aber nichts zu den Anschuldigungen. Ich hielt es für an der Zeit, mich einzumischen.

»Herr Späth, selbst wenn Sie kein Vermögen in Ihrem Geldschrank hatten, so musste Ihnen doch klar sein, dass Sie Ihren Verlust von Gießwein und Langhans nie wieder würden eintreiben können?«

»Ja und? Sollen sie etwa straffrei ausgehen, wenn ich um ihretwillen ausgeraubt werde? Nein, ich habe dafür gesorgt, dass sie bestraft werden, und ich habe dafür gesorgt, dass kein Mensch mehr in ihrer Schlosserei auch nur eine Türangel richten lässt, und dass bis bis zum Jüngsten Tag kein Hund mehr ein Stück Brot von ihnen annehmen wird!«, ereiferte sich Späth.

Gießwein sagte noch immer nichts, dafür tuschelte Höllriegel mit einem seiner Leute, der daraufhin in Richtung der Wachstube verschwand.

»Ich frage mich, ob Sie sich damit einen Gefallen getan haben«, äußerte sich Nimoy, als spreche sie zu sich selber. »Ich kann zwar Ihren Hang zur Vergeltung ebenso verstehen wie Ihren Hang zur Dramatik, aber wenn Zita sich wirklich noch in den Händen von Gießweins Komplizen befindet – nehmen wir mal an, Langhans, der auch noch ein Hühnchen mit Ihnen zu rupfen haben dürfte, ist darunter –, dann birgt Gießweins Arrest natürlich eine große Gefahr für Zita. Ich denke, das geheime Einverständnis zwischen Zita und ihren Entführern, auf das wir bislang spekuliert haben, können wir dann als der Vergangenheit angehörend betrachten.«

Späth blickte sie an. Seine Kiefer arbeiteten, und an seinen Schläfen erkannte ich, dass er diese Konsequenz noch gar nicht bedacht zu haben schien. Nimoy erwiderte seinen Blick ohne zu blinzeln.

»Ohnehin kann ich nicht verstehen, wie Sie so töricht sein konnnten, an der Kapellenruh das Pfeifsignal zu geben«, fuhr sie fort.

Späth sah sie verwundert an:

»Aber was hätte ich denn tun sollen? Es war ja schließlich so abgemacht!«

»Weil wir nicht davon ausgegangen sind, dass Sie den Entführer erkennen würden! Aber nachdem Sie ihm das Tuch vom Gesicht gerissen und Gießwein erkannt haben, hätten sie ihn doch ziehen lassen können. Höllriegel hätte dann in Ruhe nach Langhans und Gießwein fahnden können, ohne dass die Gefahr für Zita gestiegen wäre!«

Ich überlegte. Ganz schlüssig kam mir Nimoys Argumentation nicht vor, denn schließlich hätte ja auch Gießwein klar sein müssen, dass Späth ihn erkannt hätte; also was wäre gewonnen gewesen, wenn Späth ihn hätte laufen lassen? Doch ich verhielt mich still.

Höllriegels Mann kehrte zurück und übergab dem Wachtmeister ein paar Notizen, die dieser überflog.

»Soweit stimmt alles«, verkündete er dann. Das schnelle Aktenstudium hatte ergeben, dass Gießwein und Langhans ihre Werkstatt tatsächlich in Folge des Rechtsstreits mit Späth verloren hatten. Sie waren in Fürth als Gelegenheitsarbeiter und Tagelöhner gemeldet, und Höllriegel hatte eine Streife zu Langhans' gemeldetem Wohnort geschickt. »Schaun wir mal«, meinte er dazu, während Gießwein immer noch trotzig dreinblickte, aber schwieg.

»Was ist unser nächster Schritt?«, wollte Nimoy dann wissen und sah in die kleine Runde, die aber offensichtlich eher von ihr die Antwort erwartete.

»Wollen wir das wirklich in seiner Gegenwart besprechen?«, fragte ich und deutete auf Gießwein. Dieser schien plötzlich Mut zu schöpfen. Man konnte förmlich sehen, wie er sich ein Herz fasste und dann an Nimoy gewandt meinte:

»Mia hams Fräulein Zita net.«

Wir alle sahen erst einander, dann unseren Gefangenen an.

»Pardon?«, war alles, was Nimoy antwortete.

Gießwein wiederholte seine Aussage.

»Mir ham doch blous a weng a Witzla machn wolln«, begann es dann aus Gießwein hervorzusprudeln, dessen nicht allzu subtiler Intellekt vermutlich bis jetzt gebraucht hatte, um zu dem Schluss zu kommen, dass ihm mit hoher Sicherheit eine langjährige Kerkerstrafe, wenn nicht gar die Guillotine drohte.

»Die Leut redn ja vo nix annersch mehr, als wie vo dem Fräulein Späth.«

Höllriegel räusperte sich, als er einen strafenden Blick von Späth erhielt. Offensichtlich war die Nachrichtensperre bei weitem nicht so vollkommen wie die beiden sich das vorgestellt hatten.

»Mia hamms öba net. Vorgestern woan der Langhans und ich auf Kerwa, und dô hammas in am Bierzelt gsän«, erzählte der Schlosser dann weiter in seinem breiten Fränkisch. Höllriegel gab einem seiner Leute ein Zeichen, die Aussage zu stenographieren.

»Mir senn nô, wall ma an Durscht kappt ham, und donn woa do des junga Madla alanz gsessen, und mia ham gfroocht, öbma uns mit dazu hückn können. Is ja schô a recht kokettes Dingerl gwen.«

Späth äußerte sich missbilligend über diese Einschätzung seiner Tochter. Gießwein suchte nach anderen Worten.

»I moanad, des woa sua saubas Madla. Und mir ham halt a wenig gwaft, und dann hots gsocht wer's îs. Sakrament, der Langhans hot ra wecha ihrn Vodda gleich ana gem wölln. Oba der hôt sich dann widda beruicht und dann erzielt's uns, wos für a schlechts Gwissn das' hôt, wall ihr Vodda sich etz Angst um ra hôt, und des söll er obba net. Und mia sitzn doddn und wafen mit'ra und der Langhans gibt ka Ruh und fängt immer widda damit oh dass ihr Vodda su a Maulaff îs. – Entschuldign'S Herr Späth, der Maulauff kummt vom Langhans«, wandte er sich an den Industriellen, der jedoch nur eine Geste machte, Gießwein solle bei der Geschichte bleiben.

» Und ich hobs a weng aufmundern wolln, öba noch is sua jungs halbs Hemmad doher kumma. «

»Ein *halbes Hemd*? Können Sie das ein wenig präzisieren?«, unterbrach ihn Nimoy.

»A Sandla halt, sua siemgscheider! Der is rei kumma, sicht die Zita, also des Fräulein Späth, wies mit uns waft und füat sich auf wie wenna ihr Mô wäa und wos uns eifällt und warum sie sich mit solcha wie uns obgibt. Ich glab der hot sogoa ›Gschwerl‹ zu uns gsocht. Und suwos lässt sich der Langhans öba net gfalln, wenn ana suwos zu ihm socht. No und dann issam as Krüchla auskimma«, erzählte der Handwerker weiter.

»›Ausgekommen‹?«, echote Höllriegel, bohrte aber nicht weiter nach. So etwas schien auf der Kirchweih öfters vorzukommen.

»No, Sie wissen doch wie schnell das giet – a weng nou und a weng her und scho qualmts – und mir mittn drin. Und auf amol drifft mich ana om Kupf, dass mi erst mal dreht hôt. Des woa der Wirt vom Bierzelt, der hôt uns mit seina Leut und mit ana Pfanna ausananna trim. Za funft odda sechst sen's auf uns drauf, des woan doch zviel!

Und dou hams uns dann zamma ausn Zelt ghaut, und mia worn erst môl auf der Stroßn gstandn. Der Jung und sei Fräulein Zita, die sen Richtung Gustavstroß weiter, und der Langhans und ich in die anna Richtung. Öba donn hot der Langhans aufm Budn die Broschn vom Fräulein lieng sän und hot's eingsteckt.«

»Und da ist Ihnen dann die Idee gekommen, Sie könnten ebensogut ein wenig an der Lösegeldlotterie teilhaben und dem Herrn Späth eins auswischen, indem Sie so tun, als seien Sie die Entführer von Zita?«, unterbrach Nimoy die etwas weitschweifige Erzählung.
»Was?«, meinte sie dann gereizt, als Höllriegel eine Geste machte, sie solle still sein.
»Frau Nimoy, ich glaube, Herr Höllriegel möchte nicht, dass Sie Herrn Gießwein seinen Text soufflieren«, mischte ich mich ein.
»Was denn? Es ist doch sonnenklar, auf was es herausläuft, und wenn der Gießwein in dem Tempo weiter erzählt, sitzen wir morgen noch hier!«, echauffierte sich Nimoy auf ihre zauberhafte, aber im Moment ganz und gar unangebrachte Art.
Ich musterte die Decke des Flurs, in dem wir standen.
»Ich glaube, es hat etwas mit Verfahrensrecht und der Verwertbarkeit einer Aussage zu tun«, mutmaßte ich, und Höllriegels Schnauben bestätigte meine Vermutung.
Nimoy ließ die Blicke verwirrt zwischen uns und Gießwein hin und her gehen, dann verschränkte sie trotzig die Arme vor der Brust, aber sie war still.
»Des woa scho ungefähr sou wie die Frau gsocht hot«, setzte Gießwein seine Geschichte fort. »Mia ham denkt, do is füa uns vielleicht nuch wos drin, und der Späth schuld uns ja souwiesou nua Geld für den Geldschrank. Und dafür, dassa uns des Gschäft gfrekt macht hôt, gleich nou mol so viel!«
»Hm«, räusperte sich Höllriegel, »und dieses ›Oberhemd‹, wie sah das ungefähr aus?«
Gießwein lieferte eine Beschreibung, die jener, die Flussbad-Ferdl uns gegeben hatte, ähnlich war, und berief sich außerdem darauf, dass er angetrunken gewesen sei und sich nicht recht für die Details verbürgen könne. Außerdem, der Schlag mit der Bratpfanne ... Höllriegel produzierte daraufhin aus den Akten ein Foto Simon Schallers, und mit einem Male war sich der Schlosser ziemlich sicher, dass das der junge Ringer gewesen sei.

Damit ließen wir die Vernehmung vorläufig auf sich beruhen und zogen uns in das Bureau des Wachtmeisters zurück. Es war inzwischen spät geworden, und es ließ sich heute nicht mehr viel unternehmen – abgesehen davon, dass wir auch nicht recht wussten, was wir hätten unternehmen sollen. Höllriegels Empfehlung an Späth war, das Geld, das er heute behalten hatte, mit nach Hause zu nehmen und die Lieferung für die zu erwartende nächste Lösegeldforderung vorzubereiten; was zwar vernünftig klang, aber bei Späth auf mehr Zähneknirschen als Gegenliebe stieß. Im Gegenzug versprach Höllriegel, intensiv nach Gießweins Partner Langhans suchen zu lassen, nachdem sich inzwischen erwiesen hatte, dass er aus seinem gemeldeten Wohnsitz in der Südstadt ausgeflogen war. Mir fiel einmal mehr die angenehme Aufgabe zu, Nimoy die wenigen Schritte bis zu ihrem Domizil zu begleiten.

Während wir die Schwabacher Straße hinaufliefen, die inzwischen nur noch von einzelnen verspäteten Kirchweihgängern bevölkert war, und dabei durch die Lichtinseln der Gaslaternen wanderten, blieb sie mit einem Male stehen und fragte mich:

»Und, Herrn von Cramm, was stimmt nicht?«

»Wie, ›was stimmt nicht‹? Mit der Welt als solcher, oder mit den letzten Beschlüssen des kaiserlichen Kabinetts?«

»Tun Sie nicht so töricht – natürlich mit Gießweins Geschichte. Die Frage ist doch, ob wir dieser Geschichte glauben können oder nicht.« Eine kleine Hauchwolke blieb für einen Moment vor ihrem Gesicht stehen, ehe sie sich auflöste. »Davon müssen wir unser restliches Handeln abhängig machen.«

»Nun«, erwiderte ich, »mir ist aufgefallen dass irgendwie alle mit den Fingern auf den jungen Schaller zeigen, sowie sie ihn zu sehen bekommen.« Nimoy lächelte fein, als ich ergänzte: »Irgendwie spricht schon wieder so viel gegen ihn, dass es beinahe *für* ihn spricht.«

»Ja, das ist mir auch schon aufgefallen«, erwiderte sie und schritt wieder langsam los. »Andererseits sollte man natürlich auch nicht den Fehler machen, das Offensichtliche für etwas anderes als das Offensichtliche zu halten – oder, um es anders zu formulieren, dem Augenschein *partout* zu misstrauen.

Und, was ist Ihnen noch aufgefallen?«

»Natürlich, dass Gießweins Geschichte in den meisten Details mit der von Flussbad-Ferdl übereinstimmt, nur dass Stella Artois darin nicht vorkommt.« Ein wenig fühlte ich mich wie ein Primaner in einer Extemporale, und das war beileibe nicht das erste Mal, seit ich mit Nimoy verkehrte.

»Nun, das war nicht sonderlich schwer«, relativierte die Sonderkommissarin meine Antwort, »aber was *bedeutet* das?«

Ich überlegte einen Moment, ob ich noch »befriedigend« oder nur noch »ausreichend« sei, und versuchte, Nimoys Gedankengänge zu erraten:

»Dass sie *doch* eine Rolle in der Geschichte spielt?«

Sie klatschte in ihre behandschuhten Hände, so freute sie sich über meine offenbar richtige Antwort. Als ich zugab, nicht zu verstehen, *welche* Rolle das war, vergab ich mir allerdings die Chance auf ein Fleißbildchen.

»Nun, einfach ausgedrückt gibt es zwei Möglichkeiten: Entweder stimmt Gießweins Geschichte, oder sie stimmt nicht.

Wenn sie stimmt, brauchen wir uns keine großen Gedanken zu machen und können ihn und seinen Kameraden fürderhin ignorieren. Aber wenn dem so ist, warum verheimlicht er uns dann Artois' Anwesenheit?

Alternativ dazu stimmt die Geschichte *nicht*. Wenn wir davon ausgehen, können wir ebenso davon ausgehen, dass sie zu gut ist, als dass sie Gießwein selber eingefallen wäre – oder Langhans, von dessen Intellekt ich bis zum Gegenbeweis ebenfalls keine großen Stücke halte.

Wenn Gießwein also aus irgendeinem Grund verhindern will, dass Artois in die Sache mit hineingezogen wird, dann ist es plausibel, dass gerade Artois sozusagen im Hintergrund die Fäden zieht.

Vielleicht hat sie Gießwein die Geschichte vorgegeben, die er erzählen soll, falls man ihn fasst? Und dann wäre es natürlich wieder naheliegend, dass Artois in der Gießwein-Fabel nicht vorkommen wollte. – Herr von Cramm, Sie sehen nicht beglückt drein, und ich nehme an, das liegt nicht nur am Laternenlicht?«, schloss sie ihre Ausführungen.

»Ich kann den Finger nicht darauf legen«, musste ich zugeben. »Aber, ja, Sie haben recht. Die Geschichte will mir nicht Recht gefallen.«

Wir bogen um die Ecke der Weinstraße und konnten schon das Portal von Nimoys Unterkunft sehen. Für einen Moment kam mir ein vollkommen unpassender Gedanke, wie es ein bezeichnendes Licht auf Fürths erhofften Status als aufstrebende Handelsmetropole warf, dass das erste Haus am Platz das ›Hotel National‹ war, und nicht das ›Hotel *Inter*national‹. Doch dann kehrte ich wieder zu unserem Thema zurück.

»Gießwein hatte kein Problem damit, seinen Kumpel Langhans mit ans Messer zu liefern. Warum sollte er Skrupel haben, Artois' Namen zu erwähnen?«, fragte ich, als wir vor dem Treppenabsatz des Hotels zu stehen kamen.

»Ich könnte ihnen eine Gegenfrage stellen«, erwiderte Nimoy, stieg eine Stufe zum Eingang hoch und drehte sich dann zu mir um, so dass sie auf Augenhöhe mit mir stand. »Wenn Stella Artois *nichts* damit zu tun hat, warum besuchte sie dann am 4. Oktober Herrn Späth in Zirndorf?«

Während ich noch eine Antwort auf diese Frage suchte, drückte sie mir plötzlich einen Kuss auf die Wange, und ehe ich noch *darauf* eine Antwort wusste, war sie bereits hinter den großen Türen des Hotels verschwunden.

9. Aufstieg an der Alten Veste

Dienstag, 15. Oktober 1896, abends

Der nächste Abend sah uns bei unserer üblichen Beschäftigung – dem Besuch Fürther Sehenswürdigkeiten, in diesem Fall der »Alten Veste«, zusammen mit einer größeren Polizeieskorte, da Späth wieder ein Päckchen mit sich führte, mit dem er mehr als nur die zünftige Einkehr nach einer Wanderung in den Zirndorfer Forst hätte bezahlen können. Höllriegel hatte bereits gebrummt, er würde gerne einmal wieder zu einer vernünftigen Zeit zu seiner Familie nach Hause kommen, und ich konnte ihm dafür wirklich nicht böse sein.

Den Nachmittag hatten Nimoy und ich jedoch mit zwei Hausbesuchen verbracht, und zwar bei Steinhoff und Schaller. Offensichtlich genügten der Sonderkommissarin die Informationen, die ich über die beiden zusammengetragen hatte, nicht, und sie wollte sich selbst ein Bild machen.

Unser Spaziergang führte uns zuerst in die Südstadt. Kaum eine Stadt war durch eine Bahnlinie so gründlich in zwei Teile gespalten wie Fürth: Nördlich der Strecke befand sich die Altstadt mit ihren teils jahrhundertealten Häusern, den engen, verwinkelten Gassen und kleinen Geschäften und Manufakturen. Der Zusammenfluss von Pegnitz und Rednitz, in dessen Winkel Fürth lag, erlaubte jedoch kein einfaches Wachstum über die alten Stadtgrenzen mehr, als der große wirtschaftliche Aufstieg der Stadt begann, so dass die Siedlung nach Süden, jenseits des Bahndamms expandieren musste, und dort waren in den letzten Jahrzehnten die Wohnhäuser und Mietskasernen wie die sprichwörtlichen Pilze aus dem Boden geschossen. Gerade die Ärmeren unter Fürths Neubürgern, die Industriearbeiter und Tagelöhner, suchten dort billige Unterkünfte. Obwohl sie nur wenige Meter von den Prachtstraßen nördlich der Gleistrasse entfernt waren, trennte die Bahnlinie sie doch sehr effektiv von den bürgerlichen Vierteln Fürths ab, so effektiv, dass der Stadtteil nicht einmal einen vernünftigen Namen bekam außer »Südstadt«.

So war ich zuerst relativ überrascht gewesen, als ich erfahren hatte, dass Steinhoff in der Südstadt Quartier bezogen hatte – bei seinem Beruf und Einkommen hätte er auch in der Schwabacher Straße oder sogar der Promenaden-Straße eine angemessene Wohnung finden müssen. Nimoy argwöhnte halb im Scherz, dass es am Ende vielleicht gar nicht Schaller, sondern Steinhoff sei, der von Spielschulden gepresst würde? Wir konnten das schnell wieder vergessen, denn sein Hauswirt erzählte uns, dass Steinhoff bereits seit Ende seines Studiums vor drei oder vier Jahren bei ihm wohnte – das wäre eine lange Frist für Spielschulden gewesen.

Steinhoff empfing uns höflich, aber nicht überschwänglich. Was er bewohnte, war eine kleine und sehr bescheidene Mansardenwohnung. Ganz offensichtlich hatte er einige Arbeit in ihre Einrichtung gesteckt, die schlicht, aber gepflegt war – er meinte, er wohne gerne etwas höher, weil im Sommer die Luft und im Winter das Licht besser seien als unten in den Straßenschluchten.

Ich ließ den Blick über seine Bücherregale schweifen, für die er wohl einen großen Teil seines Einkommens ausgab. Das Sortiment war in der Tat weit gefächert, neben einigen Klassikern und einfachen Abenteuer- und Schauergeschichten von Jules Verne und Karl May befand sich natürlich auch viel technisches Material darunter, das mit seinem Beruf zusammenhing. Ein wenig erstaunt war ich darüber, dass Medizin das Steckenpferd Steinhoffs zu sein schien, da er auch hierzu einige ansehnliche Bände zusammengetragen hatte – was mich wieder an die Episode mit dem Apotheker erinnerte. Schließlich war der Ingenieur Abonnent einiger politischer Zeitschriften – Jost Steinhoff, der politische Agitator?

Meine Aufmerksamkeit wurde von den Buchregalen wieder auf Nimoy und den jungen Mann gelenkt, denn die Sonderkommisarin redete nicht lange um den heißen Brei herum, sondern klärte Steinhoff gleich zu Beginn unserer Konversation darüber auf, dass er einen natürlichen Verdächtigen der Entführung Zitas darstelle, und der junge Ingenieur breitete dazu nur die Arme aus:

»Natürlich, dessen bin ich mir bewusst.«

Diese Geste schien uns einzuladen, die Mansarde zu durchsuchen, die natürlich viel zu klein war, um einen Menschen zu verbergen. Aber sein Alibi wurde auch auf Befragen der Kommissarin nicht besser, als es bereits bei meinem Gespräch am Freitag gewesen war.

»Sie haben uns bereits darauf hingewiesen, dass Simon Schaller Ihrer Meinung nach ein Motiv für die Entführung hätte«, fuhr Nimoy dann fort.

»Haben Sie diese Möglichkeit weiterverfolgt?«, wollte Steinhoff sofort wissen, aber Nimoy machte eine abwehrende Geste:

»Alles zu seiner Zeit, Herr Steinhoff. Die Frage ist im Moment, ob Sie noch von anderen Menschen wissen, die Motiv und Gelegenheit für die Entführung des Fräulein Späth haben könnten.«

Steinhoff blickte zum Fenster hinaus über die Dächer der Südstadt, dann wandte er sich wieder uns zu.

»Denkbar ist vielerlei. Zita ist ein aufgeschlossenes Mädchen, und vielleicht gelegentlich ein wenig zu ... *leichtgläubig*, wenn Sie verstehen, was ich meine.

Sie lässt sich für vieles begeistern, und sie ist auch nicht scheu, von sich zu erzählen. Von daher denke ich, dass es leicht passieren kann, dass sie etwas zu vertrauensselig einem Fremden gegenüber wird«, führte er aus.

Nimoy beharrte: »Aber jemand Bestimmtes können Sie nicht nennen?«, erntete jedoch nur ein Kopfschütteln.

Sie sah mich an, und jetzt wurde mir klar, worauf sie hinauswollte. Ich sprang ein:

»Hat sie sich die letzten Tage vielleicht mit einer Dame getroffen?«

»Einer Dame?«, echote Steinhoff, und auf diese Frage schien er tatsächlich nicht vorbereitet zu sein.

»Eine etwas ältere Dame. Leicht korpulent«, wurde ich etwas deutlicher, doch Steinhoff ließ kein Erkennen sehen:

»Nein, tut mir Leid; außer Frau Marquardsen fiele mir niemand ein. Ich würde mich erinnern, wenn ich dabei gewesen wäre, und erzählt hat sie mir von so einer Begegnung auch nichts. Wer sollte diese Dame gewesen seinm eine Verwandte?«, wollte er stattdessen wissen, doch Nimoy winkte nur ab.

»Machen Sie sich keine Gedanken, vermutlich bellen wir hier doch nur an den falschen Baum, wie die Engländer sagen«, beruhigte sie ihn.

»Haben Sie eigentlich Familie?«, fiel mir noch eine Frage ein. Seit unserer Ankunft hatte mich etwas in dieser kleinen Wohnung verwirrt, und jetzt begriff ich, was mir fehlte: Bilder von Verwandten, Eltern oder Geliebten. Nichts derlei war hier zu finden.

»Meine Eltern sind früh verstorben«, erwiderte Steinhoff und blickte offensichtlich schmerzlich berührt kurz zu Boden, ehe er mich wieder ansah: »Allerdings nicht an den Spiegeln, wie Sie meinen könnten. Es waren die Schwindsucht und ein Unfall mit einem Fuhrwerk.« Er machte eine kurze Pause. »Zu meinem Bruder ist der Kontakt abgerissen.«

Das deckte sich mit dem, was wir früher von Frau Späth erfahren hatten, die uns Steinhoff als Junggesellen ohne Familienanschluss beschrieben hatte, der mit der gleichnamigen bekannten Ärztefamilie auch nicht näher verwandt war.

Zu meiner Überraschung schien die Geschichte damit für Nimoy tatsächlich bereits erledigt zu sein; sie griff nach Handschuhen und Hut und schlug vor, dass wir uns wieder auf den Weg machen sollten. Nicht nur ich, sondern auch Steinhoff war überrascht, dass unser Besuch schon vorüber sein sollte, aber in der Tat fanden wir uns bereits wenige Augenblicke später wieder auf der Schwabacher Straße, die uns ins Zentrum Fürths hineinführte.

»Das war ein kurzer Besuch«, kommentierte ich der Gewohnheit folgend das Offensichtliche, während ich mir noch den Hut auf dem Scheitel geraderückte.

»Nun, das sollte ja auch kein regelrechtes Verhör werden«, erwiderte Nimoy. »Mir ging es vielmehr darum, einmal zu sehen, wie unser junger Herr Steinhoff denn so seine Tage verbringt.«

»Hm.« Ich ließ einige Sekunden vergehen. »Und was haben wir damit herausgefunden?«

»Was würden Sie meinen?«, entgegnete Nimoy.

»Augenscheinlich, dass er nichts über Stella Artois' Besuch bei Späth weiß. Hat er nichts mit der Entführung zu tun, hätte er uns ruhig darüber erzählen können, und steckt er in der Entführung mit drin, hätte er ja wohl die Gelegenheit genutzt und den Verdacht auf sie gelenkt.«

»Sie vergessen eine dritte Option, Herr von Cramm«, widersprach Nimoy.

»Und die wäre?«

»Was ist«, meinte sie gedehnt, »wenn Steinhoff und Artois Komplizen in der Entführung sind?«

Diese Idee Nimoys schien mir dann doch zu absurd, und ich konnte mir einen spitzen Kommentar nicht verkneifen:

»Und vielleicht sind Frau Marquardsen und Stella Artois in Wirklichkeit dieselbe Person, die ihre Verkleidungskünste aus dem Theater nutzt, um ein Doppelleben zu führen?«

»Seien Sie nicht kindisch, Herr von Cramm«, schalt mich die Sonderkommissarin erst, nachdem sie einen Augenblick überlegt hatte, ob sie meinen Vorschlag überhaupt einer Antwort würdigen sollte.

Ich rief grinsend eine Mietdroschke herbei, die den Weg zu unserem nächsten Ziel abkürzen sollte. Als die Pferde hielten und ich Nimoy beim Einsteigen half, wandte sie sich noch einmal zu mir um:

»Was meinte Steinhoff eigentlich genau mit *leichtgläubig*?«, wollte sie wissen. Ich lachte auf, und erläuterte es ihr, als wir eingestiegen waren. Sie errötete auf ganz entzückende Art.

Wir fanden Schaller bei der Familie seiner Verlobten in einem respektablen, wenn auch nicht allzu großen Häuschen in Schnigling, einer Siedlung auf halbem Weg zwischen Nürnberg und Fürth. Schallers Schwiegerleute besaßen eine Metzgerei, und Herr Limpert hatte auch eine Schlachterlizenz, wovon sie ihren Lebensunterhalt wohl ganz gut bestreiten konnten, wie der bescheidene Wohlstand ihrer Einrichtung bezeugte. Nimoy hatte in der Droschke erwähnt, dass sie Schaller lieber in seiner eigenen Wohnung besucht hätte, aufgrund der Rückschlüsse, die sich dort auf seinen Charakter hätten ziehen lassen – doch er logierte in einem Zimmer in Bamberg, und es schien nicht gerade praktikabel, ihn an seinem vorlesungsfreien Tag dorthin zu kommandieren.

Schaller saß gerade im Gästezimmer über seine Kladden gebeugt und machte arithmetische Übungen, als wir eintraten. Unser Kommen war angekündigt, so dass er seine Studien bereitwillig unterbrach, als wir Platz nahmen. Marie-Theres besorgte uns Tee und ließ uns dann alleine, wie es sich für die Tochter des Hauses schickte.

Nimoy hatte Platz genommen und sortierte auf ihrem Schoß die Handschuhe.

»Herr Schaller, Sie werden sich ja denken können, dass wir gekommen sind, weil wir annehmen, dass Sie in die Entführung Fräulein Späths verwickelt sein könnten«, erklärte sie umständlich, ohne von den Handschuhen aufzublicken – fast als sei es ihr peinlich.

Schaller, der seinerseits mit einem Bleistift spielte, nickte.

»Natürlich, es hat mich nicht sonderlich überrascht, dass ich zu den Verdächtigen zähle«, führte er aus. »Unsere Anwesenheit bei Späths, Marie-Theres' seltsame Geschichte mit dem Hut, meine Spielschulden ...«

Bei der Erwähnung des Geldes erstarrte Nimoy mitten in der Bewegung und blickte dann auf; erst zu dem Studenten, dann zu mir, dann wieder auf Schaller. Dieser schien zuerst milde amüsiert über die Reaktion der Sonderkommissarin, doch dann wurde klar, dass er dem Thema keine wirklich lustigen Aspekte abgewinnen konnte:

»Sehen Sie mich nicht so an; ich bin doch bekannt wie ein bunter Hund. Ja, ich gestehe es, Spiel ist mein Laster, und wie bei so vielen geht auch bei mir die Passion mit einem Mangel an Talent einher. Immerhin kann ich mit gutem Gewissen behaupten, dass das mein *einziges* Laster ist.«

Ja nun, dachte ich mir, *wieviele Laster stehen einem Menschen zu?*

»Wenn Sie sich erkundigen, was Sie zweifelsohne bereits getan haben, werden Ihnen genügend Leute von meinem mangelnden Talent bei Pharo und Mauscheln erzählt haben, und vielleicht haben sie Ihnen sogar den einen oder anderen Schuldschein gezeigt.« Seine Stimme verlor ihren plauderhaften Ton und wurde etwas härter. »Aber Sie werden niemanden finden, der mich bezichtigt, einem anderen Mädchen als Marie-Theres Avancen zu machen, oder der mir Betrug bei den Examen unterstellt.«

Ich blickte mich um. Auch wenn dies nominell das Gästezimmer war, so hatte Schaller durch seine offenbar häufigen Exerzitien dem Raum doch sein Siegel aufgeprägt. Die Bücherregale waren voll mit technischer Literatur und Vorlesungsskripten sowie Arbeitsheften. Belletristik pflegte er weniger; ich konnte mir jedoch vorstellen, dass er sich ganz gerne von Marie-Theres vorlesen ließ, im Fauteuil dahingefläzt mit ausgestreckten Füßen in weichen Pantoffeln, die Pfeife bereits ganz im Bewusstsein des Akademikers paffend, der er zu werden hoffte.

»Haben Sie einen Überblick, auf welche Höhe sich Ihre Verbindlichkeiten derzeit belaufen?«, erkundigte sich Nimoy dann, während ich noch in einer Ecke zwei Stapel Kleider – einen frisch gewaschenen und gebügelten, sowie einen mit gebrauchter Wäsche – entdeckte.

Schaller zuckte mit den Schultern und nannte wie beiläufig eine Summe. Für den Ehrenmann gehörte es sich offensichtlich, darüberzustehen. Nimoy und ich wechselten einen Blick. In den Beschreibungen seiner Kommilitonen hatte das viel dramatischer geklungen: Schallers Schulden waren, wenn er die Wahrheit sagte, kein Pappenstiel, aber auch kein Grund für eine Verzweiflungstat wie eine Entführung.

Die Sonderkommissarin erkundigte sich noch weiter und fand Schallers Alibi für den Tag von Zitas Verschwinden bestätigt. Für andere kritische Punkte des Falls, wie zum Beispiel den Samstagnachmittag mit Zitas Auftritt auf der Kirchweih, musste er jedoch ein Alibi schuldig bleiben.

Nimoy drehte dann den Spieß um und fragte Schaller, wen er sich als mögliche Entführer vorstellen könnte. Der junge Mann blickte eine Zeitlang nachdenklich aus dem Fenster auf die abgeernteten Felder, ehe er antwortete:

»Ich glaube nicht, dass es jemand aus Zitas näherem Kreis war. Ja, Sie haben mir erzählt, dass sie wohl auf die eine oder andere Art im Bunde mit ihren Entführern ist, aber ich mag mir das nicht recht vorstellen. Und selbst wenn zum Beispiel Jost etwas im Schilde führen würde – ich denke, das wäre den scharfen Augen von Späth senior nicht entgangen! Und ich bin auch überzeugt, dass Zita sich Marie-Theres oder mir anvertraut hätte, ehe sie sich auf ein solches Abenteuer mit Fremden einlässt.«

»Danke«, erwiderte Nimoy trocken. »Das hat uns sehr geholfen.« Mit diesen Worten erhob sie sich, während ich noch grübelte, ob ihr Satz nur dazu gedacht war, den Studenten zu verunsichern – denn *mir* schien diese Antwort den Fall eher noch zu verschleiern, als ihn zu klären. Ich entschuldigte uns für die Zeit, die wir Schaller von seinen Studien abgehalten hatten – umso mehr, als wir dadurch auch die knappe Zeit, die er mit seiner Verlobten verbringen konnte, beschnitten.

Praktisch schon auf dem Weg zur Tür, sprachen wir noch einmal jene Verlobte auf ihren famosen Hut an, und Marie-Theres wiederholte die Geschichte, die sie bereits bei unserem ersten Zusammentreffen bei Späths erzählt hatte: Dass sie und Zita das Modell gemeinsam in einem Geschäft gesehen hätten, und während Zita ihn sich sofort gekauft habe, habe sie – Marie-Theres – am folgenden Tag noch einmal bei dem Hutmacher vorbeigeschaut. Ich hatte das Gefühl, dass sie bei dieser Geschichte nicht die ganze Wahrheit preisgab; andererseits gab ich aber nicht soviel auf meine Menschenkenntnis, dass mir das gereicht hätte, um einen Verdacht zu formulieren. Auch Nimoy wirkte unentschlossen, sowohl in Bezug auf Schallers als auch auf Marie-Theres' Charakter.

Das war der Stand der Dinge, als wir uns verabschiedeten und uns auf den Weg zu unserer nunmehr dritten Lösegeldübergabe machten.

Immerhin spielte das Wetter heute mit; der Himmel hatte in der vorigen Nacht aufgeklart, und heute hatte die Sonne den ganzen Tag geschienen, so dass sogar jetzt in der Abenddämmerung die Temperaturen noch recht angenehm waren. Gleichzeitig verzögerte das aber auch unser Vorhaben.

Das bislang letzte Erpresserschreiben war wieder einmal sehr kurz gehalten gewesen – ein Telegramm, aufgegeben an der Nürnberger Hauptpost, instruierte uns, uns bei Einbruch der Dämmerung an der »Alten Veste« einzufinden, einer Ruine wenige Kilometer außerhalb von Fürth und auf halbem Wege nach Zirndorf. Diese Ruine war im Sommer – oder eben auch an schönen Herbsttagen – ein beliebtes Ausflugsziel. Wir hatten uns ein paar hundert Meter von der eigentlichen Ruine an der Bahnstation versammelt, die zurück nach Fürth verlief, und sahen immer noch beträchtliche Ströme von Ausflüglern an uns vorbeidefilieren. Im Moment hätten wir zuviel Aufsehen erregt, wenn wir schon hinaufgestiegen wären auf den Hügel, an dem sich im Dreißigjährigen Krieg Gustav Adolf und Wallenstein tagelang hitzig, aber letztlich ergebnislos die Köpfe eingeschlagen hatten – beziehungsweise dafür sorgten, dass ihr Soldaten einander die Köpfe einschlugen. Also warteten wir am Fuße des bewaldeten Hügels, bis sich die Besucherströme zerstreut hätten.

»Ich werde drei Kreuze schlagen, wenn mit dieser Übergabe der ganze Spuk endlich vorbei ist«, meinte Späth recht unvermittelt. »Ich liebe meine Zita heiß und innig, aber das Tempo, in dem diese Lösegeldgeschichten mein Geld verschlingen, das kriegt normalerweise nicht mal die Steuer hin.« Er lächelte dünn, und ich gönnte ihm pflichtschuldig ein Lächeln zur Antwort.

Die Ausflügler, die von der Veste zurückkamen, mussten sich darüber wundern, wie die hochgewachsene Frau in dem dunklen Kostüm – Nimoy – sie so mit festem Blick musterte, als erwarte sie, zu sehen, wie sich der Entführer unter ihnen eine Blöße gab. Ohne die Augen von den Menschen zu nehmen, meinte sie dann an niemanden im Besonderen gewandt:

»Dieses schöne Wetter beeinflusst sicher die Pläne unserer Gegner. Ich wüsste nur zu gerne, ob das Teil ihres Plans ist.«

»Was meinen Sie?«, fragte Höllriegel.

Nimoy ließ die Ausflügler fahren und wandte sich ihm zu:

»Dieses letzte Schreiben war sehr vage gehalten, ich nehme an, bewusst vage.«

Sie brachte den Zettel aus ihrer Handtasche zum Vorschein, den Späth tags zuvor erhalten hatte.

Neue Übergabe: Schmuck und Juwelen, Wert mindestens 25.000 RM, aber nicht mehr als ein Pfund. Dienstagabend an Alter Veste. Aussichtsplattform Turm: Forstverwaltung.

Die kryptische Anweisung *aber nicht mehr als ein Pfund* hatte uns alle ratlos zurückgelassen – Späth war der Ansicht, das britische Pfund als Währung sei gemeint, aber das schien in keiner Form Sinn zu ergeben. Falls die Schreiber sich aber auf das Gewicht bezogen – warum war das für sie von Bedeutung? Und was hatte es mit der Forstverwaltung auf sich?

»Wenn wir die Übergabe auf der Plattform der Veste vornehmen sollen, können wir wohl davon ausgehen, dass die Entführer selbst dort einmal mehr *nicht* anwesend sein werden«, erläuterte Nimoy. »Aber was soll dann dort passieren? Sie haben keine Uhrzeit angegeben – Warum nicht? Ist ihnen der Zeitpunkt egal?« Die untergehende Sonne leuchtete noch einmal zwischen den von einer leichten Brise gewogenen, fast blattlosen Bäumen auf. »Und haben sie damit gerechnet, dass wir erst so spät zum Turm hinaufkönnten?«

»Das sind alles wichtige Fragen«, räumte Späth ein. »Und was sind Ihre Antworten?«

»Antworten habe ich wenige. Mit großer Wahrscheinlichkeit sind sich auch die Entführer bewusst, dass wir den Turm nicht besteigen können, solange noch Ausflügler da sind. Wäre das Wetter geblieben, wie es die letzten Tage war, so könnten wir schon zu einer früheren Stunde mit allem fertig sein – was auch immer uns ›alles‹ hier erwartet.«

Mit der ihr eigenen Art fiel sie sich geradezu selber ins Wort, als ihr ein neuer Gedanke kam:

»Am Rande bemerkt, ist Ihnen aufgefallen, dass die Entführer nicht mehr verlangen, dass keine Polizei mit uns kommt?

Nun wurde das Telegramm einen Tag nach der gescheiterten ersten Übergabe am Valzner Weiher aufgegeben. Es kann sein, dass die Entführer eben einen Tag brauchten, um sich einen neuen Plan auszudenken. Es kann aber ebensogut sein, dass sie anhand des Wetterberichts erkannten, dass eine Wetterbesserung, die für ihre Pläne notwendig war, erst heute stattfinden würde.«

»*Schönwetterentführer?*«, hörte ich mich spotten.

»Herr von Cramm, Ihr Einwand ist unqualifiziert und nicht zielführend«, schalt Nimoy meine Einmischung.

»Aber warum soll das Wetter denn eine Rolle spielen?«, fragte auch Höllriegel. »Ich meine, es ist ja nicht so, dass jetzt ein halber Meter Schnee gefallen ist, auf dem sie den Berg runter vor uns davonrodeln könnten ...«

»Herr Höllriegel, ich bin auch nicht der brennende Dornbusch! Erlauben Sie mir einfach, meine Gedanken zu machen«, versetzte Nimoy; wie ich fand, etwas schärfer, als das nötig gewesen wäre, aber auch das war ja nichts Neues. Höllriegels Miene entnahm ich, dass er das ebenso sah, aber er blieb still.

Ich entschloss mich, die Situation zu entschärfen, indem ich das Thema wechselte:

»A propos, Herr Wachtmeister. Gibt es eigentlich Neues vom Valzner Weiher?«

»Neues? Was sollte es Neues geben? Wir haben den See am Samstag natürlich abgefischt in der Hoffnung, wir könnten das Boot wieder bergen, aber das war bloß für die Katz. Da werden wir auf eine bessere Gelegenheit warten müssen, vielleicht um das Wasser vom Teich abzulassen – wobei ich mir nicht sicher bin, ob das überhaupt geht«, erläuterte Höllriegel.

»Und, lassen Sie den Weiher weiter überwachen?«

Er schüttelte den massigen Kopf.

»Nein, wozu sollte das gut sein? Ich kann mir nicht mehr vorstellen, dass da noch etwas passiert«, erwiderte er.

Nimoy, die in den letzten Momenten den Eindruck machte, zu schmollen, mischte sich unvermittelt ins Gespräch ein:
»Das heißt also, Sie überwachen den Weiher nicht mehr?«
»Nein, soviele Leute habe ich ja nun auch nicht zur Verfügung, dass sie sich die Beine in den Bauch stehen müssen. Heute früh habe ich die letzte jourhabende Streife abgezogen.« Er machte eine fragende Pause. »Warum? Erwarten Sie, dass noch etwas passiert?«
Sie lächelte ihr Lächeln, an dem die Augen nicht teilhatten.
»Wachtmeister Höllriegel, es wäre ehrlich zuviel gesagt, wenn ich behaupten würde, bei diesem Fall noch *irgendetwas* mit Bestimmtheit zu erwarten.«
»Ich erwarte, dass es bald dunkel wird«, meldete sich Späth zu Wort. »Und ich möchte, was Sie sicher verstehen werden, diese Angelegenheit so schnell wie möglich hinter mich bringen.« Ich sah mich um, und der Strom der Besucher der Veste war tatsächlich inzwischen verebbt. Um uns herum standen nur noch einige Grüppchen von Ausflüglern, die den nächsten Zug zurück in die Stadt erwarteten oder sich voneinander verabschiedeten. »Frau Nimoy, meine Herren – wollen wir dann den Anstieg wagen?«
So machte sich unser Quartett zusammen mit den drei Schutzmännern, die Höllriegel diesmal in Uniform mitgebracht hatte, auf die kurze Wanderung. Unterwegs befragte ich Höllriegel zu den Ergebnissen seiner Fahndung nach Langhans. Die heruntergekommene Unterkunft in der Südstadt, in der er zuletzt gemeldet war, erwies sich als leer, wenn auch seine Nachbarn bezeugten, ihn vor wenigen Tagen noch gesehen zu haben. Leider ging er keiner geregelten Arbeit nach, so Höllriegel, sonst hätte man sich an seinem Arbeitsplatz weiter erkundigen können.
Als wir auf der Spitze des Ausflugshügels ankamen, verschwand die Sonne gerade in einer vielfarbigen Dämmerung. Von der namensgebenden Festungsruine war außer einigen Mauerresten und dem berühmten »Schwedenstein«, an dem Gustav Adolf nach der ergebnislosen Schießerei noch ein Frühstücksei verdrückt haben

sollte, ehe er sich trollte, am allerwenigsten zu sehen. Statt dessen erhob sich in der Mitte des alten Mauernkarees der Aussichtsturm über den umliegenden Wald. Daneben befand sich die Restauration mit ihren im Freien aufgestellten Bänken und den Felsenkellern, in denen die Bierfässer gelagert wurden, sowie das nicht weit entfernt stehende Försterhaus. Der Turm und das Lokal waren voneinander durch einen tiefen Einschnitt in den Felsen getrennt, den seinerseits eine Brücke überspannte. In den siebziger Jahren hatte es eine furchtbare Katastrophe gegeben, als die alte, noch aus Holz bestehende Brücke unter dem Gewicht zu vieler Besucher zusammenbrach, und danach hatte man eine wesentlich stabilere Eisenkonstruktion an ihrer Stelle errichtet.

Die Wirtschaft hatte inzwischen geschlossen, und mit ihren Putzlappen und laut klapperndem Geschirr vertrieben die Bedienungen auch die letzten der Gäste. Der Wirt warf uns einen höchst skeptischen Blick zu, als er die Polizeiuniformen erscheinen sah, wartete jedoch ab, ob wir uns für ihn interessieren würden. Ich für meinen Teil fragte mich, wie die Entführer hier an ihr Lösegeld kommen wollten, ohne Aufsehen zu erregen. Nach Stand der Dinge würde das Personal des Wirtshauses hier oben noch stundenlang hantieren, ehe es wirklich ruhig werden würde.

»Frau Nimoy?«

Sie drehte sich zu mir um.

»*Oui?*«

»Womit kann man Sie in Versuchung führen?«, erkundigte ich mich, und sie reagierte ein wenig verwundert darauf mit ihrem üblichen:

»Pardon?«

»Ich würde Ihnen gerne eine Wette anbieten, aber ich weiß nicht so recht, was ein für Sie verlockender Einsatz sein mag«, erläuterte ich.

Nimoy runzelte die Stirn: »Ich bin keine Spielernatur; vielleicht sollten Sie sich an Schaller wenden. Und wollen Sie mir nicht erst erzählen, um was für eine Wette es sich handelt, ehe wir von Einsätzen reden?«

»Ich würde wetten, dass wir hier wieder zu keiner funktionierenden Lösegeldübergabe kommen!«

»Malen Sie den Teufel nicht an die Wand«, knirschte Späth zwischen den Zähnen hervor.

»Dann zerbrechen Sie sich umsonst den Kopf, Herr von Cramm: Es bedarf keines Einsatzes, denn ich halte die Wette nicht«, erwiderte Nimoy geradezu leichthin.

Fast hätte ich ungläubig losgelacht: »Im Ernst?«

»Nun, ich könnte mich jetzt in kryptischen Bemerkungen ergehen und später, so ich denn Recht behalten sollte, damit angeben, dass ich es ja gleich gewusst hätte, und mir damit einen Nimbus fast übernatürlicher Kombinationsgabe zu verleihen. Aber Fakt ist, ich glaube einfach nicht an ein Gelingen dieser Übergabe, weil ich nicht weiß, wie es funktionieren sollte – sehen Sie sich doch nur um!«

Mit ihrer Aufforderung bestätigte sie nur meine Zweifel.

»Wobei die viel wichtigere Frage natürlich ist: Es ist ziemlich offensichtlich, dass die Übergabe unter diesen Umständen nicht funktionieren *kann*. Haben wir es also mit Entführern vom Schlage eines Gießweins zu tun, die es nicht besser wissen, oder ist das im Gegenteil ein Teil des Plans – mit welchem Zweck auch immer?«

»Jetzt machen Sie aber mal halblang«, entrüstete sich Späth, der für diese Form von Unkenrufen wenig übrig hatte. Er wandte sich dann an mich:

»Es wird wohl ein bisschen arg eng werden, wenn wir alle gleichzeitig versuchen, auf die Plattform zu kommen. Herr von Cramm, wollen Sie mir die Freude machen, und mich auf den Turm begleiten?«

Höllriegel räusperte sich unwillig, aber Späth bestand darauf:

»Wenn wir von dem Aussichtspunkt aus die Umgebung sehen können, kann man uns ebenso aus der ganzen Umgebung sehen.

Wer weiß, ob die Entführer irgendwo mit einem Feldstecher auf der Lauer liegen? Sie haben diesmal zwar Ihre Anwesenheit nicht ausdrücklich verboten, aber ich möchte trotzdem kein Risiko eingehen, wenn Sie mich verstehen?«

»Und möchten Sie Frau Nimoy nicht vielleicht auch einladen?«, schlug ich vor, nachdem ich glaubte, in ihren Blicken gelesen zu haben, dass sie uns gern begleitet hätte. Er lehnte ab:

»Um ehrlich zu sein, möchte ich die junge Dame diesem Risiko nicht aussetzen.«

»Die junge Dame hat einen Namen, Herr Späth, und sie schätzt es nicht besonders, wenn in ihrer Anwesenheit von ihr in der dritten Person gesprochen wird«, ereiferte sich die Sonderkommissarin. Späth, der offensichtlich andere Dinge im Kopf hatte, als auf die Befindlichkeiten eines weiblichen freiberuflichen Detektivs Rücksicht zu nehmen, bewahrte angestrengt die Fassung:

»Fräulein Nimoy, wer immer uns da mit einem Fernglas beobachten mag, könnte das ebensogut mit einem Gewehr tun. Ich vertraue Ihrer Professionalität, dass Sie wissen, wie gefährlich derartige Banden sein können. Darum möchte ich die Verantwortung für Sie in diesem Fall nicht übernehmen.«

Nimoy wollte etwas darauf erwidern, vermutlich, dass sie für sich selber verantwortlich sei, aber es gelang mir, ihr zuvorzukommen:

»Lassen Sie gut sein, Frau Nimoy. Ich werde Ihnen haarklein alles erzählen, was wir dort oben vorfinden!«

Sie kniff die Lippen zusammen, schwieg aber. Späth nickte erleichtert.

»Gut, nachdem das also geklärt wäre« – mit diesen Worten nahm er das kleine Juwelenpäckchen aus der Jacketttasche – »lassen Sie uns hoch hinaus streben, Herr von Cramm!«

Der Aussichtsturm war eigentlich schon abgesperrt, aber Höllriegel hatte einen seiner Leute über die Brücke geschickt und den

Schlüssel vom Wirt besorgt. Auf die beiläufige Frage hatte der Wirt erzählt, im Verlaufe des Tages nichts besonderes gesehen zu haben – eben außer dem ungewöhnlich starken Besucherandrang, den er damit erklärte, dass die Leute »met der Kärwa eh scho recht in Fahrt warn«.

Ehe Späth und ich auf den Turm stiegen, drehte sich der Fabrikant noch einmal um und meinte mit grimmigem Humor: »Herr Wachtmeister, falls die Entführer doch hier sind und zu fliehen versuchen, dann schießen Sie! Es ist eine Binsenweisheit unter Unternehmern, dass man schlechtem Geld kein gutes hinterherschicken solle.«

So machten wir uns auf den Weg die ungefähr dreißig Meter bis zu der Aussichtsplattform hinauf, wobei wir immer nach Hinweisen der Entführer Ausschau hielten.

»Schwer vorstellbar«, schnaufte Späth, als wir unterwegs an einem Treppenabsatz Halt machten, »dass sie da oben auf uns warten werden!«

Ich wollte erwidern, dass mich inzwischen so gut wie gar nichts mehr überraschen würde, behielt aber meine Einsichten für mich. Es war weder nötig noch sinnvoll, Späth noch mehr zu provozieren. Stattdessen nutzte ich die Gelegenheit zu einem letzten Blick aus den kleinen Fenstern des Treppenhauses über die vor uns liegende Ebene mit dem entfernten Nürnberg, Fürth und den näher gelegenen Vororten. Die Eisenbahnlinie, die die Veste mit Fürth verband, glitzerte in der Abendsonne.

Dann waren wir oben auf der Plattform angekommen, wo bereits ein empfindlich kühler Wind die nahende Nacht ankündigte. Über uns knatterte die bayerische Fahne im Wind – die der Wirt gemäß der Tradition schon mit Anbruch der Dämmerung hätte einholen müssen.

»Wenn das der Prinz-Regent wüsste!«, seufzte ich im Scherz, erntete aber nicht viel Gelächter.

Ansonsten gab es hier oben nicht viel zu sehen – den Fahnenmast natürlich, das hölzerne Geländer und Brüstungen mit eingeschnitzten Initialen und Daten, dazu etwas Müll, den die Besucher des Tages zurückgelassen hatten. Aber vor allem keine Entführer.

»›Forstverwaltung‹ – von Cramm, was glauben Sie, was damit gemeint ist?«, wollte Späth wissen, als wir uns auf der kleinen Plattform verteilten. »Das da?«, fragte er und deutete nach unten. Etwas abseits von dem Turm und dem Gasthaus stand zwischen den Bäumen das Forsthaus, das traditionell vom Forstwart des Stadtwaldes bewohnt wurde.

»Ich weiß es nicht, Herr Späth, aber dann hätte es ja wohl keinen Sinn ergeben, wenn sie uns erst hier auf den Turm gejagt hätten!« Dem ersten Anschein nach gab es hier nichts zu sehen. Späth beugte sich über die Zinnen und sah nach, ob sich etwas an der Außenwand des Turms befände. Ich meinerseits kniete mich zu Boden und blickte unter die Brüstungen.

»Ha!«, rief ich aus und huschte zum gegenüberliegenden Ende der Plattform. Dort, eingeklemmt zwischen zwei Stützen, stak sich ein in Papier eingewickeltes Päckchen von der Größe eines Schuhkartons. Als ich es hervorzog, stellte ich fest, dass es überraschend leicht war. Für einen Moment kam ich mir vor, als hätte ich mit meinem Scharfsinn die Entführer überlistet, aber dann sagte ich mir, dass sie ja wohl gewollt haben mussten, dass das Päckchen gefunden würde. Späth gesellte sich zu mir.

»Forstverwaltung Fürth – An Ort und Stelle belassen!«, las er seine Aufschrift vor, und kommentierte: »Na, dann ist das wohl unser Packerl!« Drunten, am Fuß des Turms, sahen wir Nimoy, Höllriegel und seine Leute, die in der Dämmerung zwischen den Bäumen langsam zu grauen Schatten wurden. Späth winkte ihnen zu und zeigte ihnen unseren Fund.

»Was tun wir nun?«, fragte er mich dann ein wenig ratlos.

»Nun, wir haben keine weiteren Anweisungen mehr. Also öffnen wir es – was sollten wir sonst tun?«, erwiderte ich, und Späth stimmte zu, fast erleichtert, wie mir schien.

Unter dem Packpapier befanden sich ein Korrespondenz-Briefumschlag sowie ein offensichtlich handgezimmertes längliches Kistchen aus Balsaholz. Die Kiste hatte eine Klappe, die ein Fach abdeckte, das ungefähr die untere Hälfte des Raums einnahm und mit einem kleinen Häkchen verschlossen war. An der anderen Hälfte befanden sich ein drehbarer Hebel sowie ein zollbreites Loch, das auf der Innenseite durch Gewebe verschlossen schien.

»Was in drei Teufels Namen ist das für eine Höllenmaschine?«, wollte Späth wissen, als er sich das Kistchen von mir geben ließ und es vorsichtig in der Hand wog. Auch er schien sich über das ungewöhnlich geringe Gewicht zu wundern. Er reichte mir die Schachtel zurück und wandte sich stattdessen dem beigefügten Umschlag zu.

»Zita!«, las er vor, und offensichtlich war der Name nicht als Anrede, sondern als eine Art Absender gedacht, »Legen Sie die Kiste auf den Boden. Deponieren Sie den Schmuck in dem Fach, und schließen Sie es wieder. Geben Sie dem Hebel eine halbe Drehung bis zum Anschlag. Treten Sie zurück und warten Sie ab.«

Etwas ratlos, wie er reagieren solle, drehte Späth das Blatt in der Hand, aber die Rückseite war leer.

»Nun«, schlug ich vor, »dann tun wir wohl am besten, wie uns geraten?«

Es war Späth anzusehen, dass ihm bei all dem nicht wohl war. »Immerhin«, knurrte er dann mit grimmigem Humor, »die Chancen, dass wieder ein kleines Vermögen in einem Teich versenkt wird, sind wohl gering, oder?«

Damit legte er das Kistchen hin, holte sein Schmuckpäckchen aus der Jackentasche und legte es in das Fach. Ehe er dessen Deckel wieder schloss, fiel mir noch auf, wie gut die Juwelen in den

Hohlraum passten. Dann ergriff der Industrielle den kleinen Hebel und drehte ihn beherzt um.

Es gab ein knackendes Geräusch, als sei etwas zerbrochen, und für einen Moment sah Späth besorgt aus, er habe das Gerät in der Kiste beschädigt, was immer es sein mochte, obwohl er sich peinlich genau an die Anweisungen gehalten hatte. Dem Knacken folgte ein Zischen und Knistern, und Späth trat einige Schritte von der Kiste zurück – genauso wie ich, und wir fanden uns an der Brüstung der Plattform wieder. Ebenso wie ich hatte er Angst, durch den Hebel könnte eine Bombe oder eine giftige Chemikalie freigesetzt werden, auch wenn das natürlich vollkommen sinnlos gewesen wäre.

Stattdessen sah ich, wie die eine Seite des Kistchens sich plötzlich zu bewegen begann: Aus der tuchbedeckten Öffnung, die ich vorher bemerkt hatte, quoll etwas, wölbte sich hervor und schien dem Licht zuzustreben. Die schmutzige grau-rote Form zitterte, richtete sich dann wankend auf, wuchs immer weiter und gab unentwegt ein zischendes Geräusch von sich.

»Ein Ballon!«, entfuhr es Späth, und er hatte in der Tat recht.

»Ein Ballon ... «, echote ich wohl etwas blöde.

Den Hebel umzulegen musste im Inneren eine Phiole zerbrochen haben, und dadurch waren Chemikalien in Kontakt geraten, die bei ihrer Berührung Wasserstoff freisetzten – Wasserstoff, der einen kleinen Ballon aufblies, der nun ins Freie drängte.

Späth und ich blickten einander an, und wir hatten beide denselben Gedanken: Das Kistchen zu ergreifen und zu verhindern, dass der Ballon damit in den Himmel entfuhr, denn beide waren, wie wir jetzt sahen, miteinander verbunden. Inzwischen hatte die mit Latex bestrichene Seidenhülle ein beachtliches Ausmaß erreicht, und ihr Start konnte nur noch eine Frage von Momenten sein. Aber ganz offensichtlich war der Start dieses Ballons ja *gewollt*, dachten Späth und ich gleichzeitig, also durften wir uns ihm nicht in den Weg stellen. Und ehe wir richtig bedacht hatten, was wir endlich tun wollten, richtete sich das an dem Ballon hängende Kistchen auf, der ganze Apparat schien uns kurz zuzunicken, und eine leichte Brise brachte alles zum Abheben. Einmal tippte das kuriose Luftschiff noch auf dem steinernen Boden der Plattform auf, das Kistchen schlug ohne offensichtlichen Schaden zu nehmen an der Brüstung an, dann hatte sich der Ballon endgültig erhoben und trieb in einer Mischung aus Taumeln und Tanz mit dem Wind nach Nordwesten. Schnell wurde sein Umriss kleiner.

Wir kehrten so schnell wir konnten wieder nach unten zurück und erklärten Höllriegel und Nimoy so gut es ging, was auf der Plattform des Turms geschehen war. Ich schloss mit den an Nimoy gerichteten Worten:
»Und was unsere Wette der gelungenen Übergaben betrifft, ich glaube, wir können das ein Unentschieden nennen.«
Eine Urteil, ob das Lösegeld jetzt nach Späths Kriterien gutes oder schlechtes Geld gewesen sei, sparte ich mir.
»Aber ... aber was soll das?«, wunderte sich Nimoy, ohne auf mich einzugehen. »Sie können doch nicht ernsthaft erwarten, dass sie den Ballon wieder einfangen können? Oder wollen sie ihm folgen?«
»Kann ich mir nicht vorstellen, bei der Geschwindigkeit«, brummte Höllriegel, der eben noch einen letzten Blick auf den Ballon erhaschte, ehe er hinter den Wipfeln verschwand. Wir versicherten den beiden, dass sich keine Leine oder ein anderer Mechanismus an der Kiste befunden hatte, mit deren Hilfe man dem Fluggerät hätte auf der Spur bleiben können.
»Aber das gibt doch keinen Sinn«, beharrte Nimoy, und sie schien vor allem mit sich selber zu hadern, weil sie nicht verstand, was passierte. »Und es ist unmöglich, den Ballon abzufangen, weil sie doch vorher nicht wissen können, wie der Wind stehen würde!«
»Immerhin«, unterbrach sie Höllriegel, »der Wind geht auf Nürnberg. Ich schau, mit etwas Glück hat der Wirt hier sogar ein Tele-

phon, dann kann ich die Gendarmerie in Nürnberg verständigen. Vielleicht können die den Ballon finden, wenn er über der Stadt runterkommt?«

»›Falls‹«, korrigierte Späth, der wenig glücklich über die Aussicht war, auch mit der dritten Lösegeldübergabe keinen Erfolg zu haben. Ich sah vor meinem inneren Auge schon wackere Schutzleute, wie sie versuchten, umringt von johlenden Nürnberger Burschen die Juwelen aus dem geborstenen, in einer Regenrinne havarierten Kästlein zu bergen. Der Polizist ließ es auf sich beruhen und polterte über die Brücke zu dem Wirtshaus, während Nimoy immer noch bestürzt war, dass sie das Ergebnis des Abends weder hatte vorhersagen noch verstehen können.

»Vielleicht ist doch irgendjemand einfach darauf aus, mich mit diesen Lösegeldzahlungen in den Ruin zu treiben!«, knirschte Späth hinter zusammengebissenen Zähnen hervor. »Schon wieder das ganze Geld über alle Berge – buchstäblich! Vermutlich steckt am Ende meine eigene Tochter dahinter und hat sich irgendwelche sozialistischen Flausen in den Kopf setzen lassen, und meint, mich jetzt als den Feind des Proletariats bloßstellen zu müssen.«

»Sagen wir, der Valzner Weiher war ein Unfall«, sprach Nimoy und ging weder auf Späth ein, noch sah sie ihn an, »aber das hier war doch offensichtlich *gewollt*?!« Sie wandte sich mir zu: »Herr von Cramm, Sie sind schließlich technisch einigermaßen bewandert: Können Sie sich vorstellen, wie man diesen Ballon auffinden oder verfolgen könnte?«

Ich musste die Schultern zucken, so sehr mir das unerwartete Kompliment auch schmeichelte.

»Auf die Schnelle würde mir nichts einfallen, das einigermaßen zuverlässig wäre. Ich meine«, spann ich mein Garn, »sagen wir, der Ballon löst sich nach einer Stunde Flug oder so von der Fracht. Aber bis dahin mag er zwanzig, dreißig Kilometer zurückgelegt haben; er kann buchstäblich überall sein ... mitten in der Stadt oder mitten im Wald. Man könnte sich eine Mechanik vorstellen, die eine

Leuchtrakete abfeuert, wenn das Kistchen am Boden gelandet ist – aber die Rakete könnte ja von Freund und Feind gesehen werden. Abgesehen davon, das ganze Kistchen hat höchstens ein Pfund gewogen; da lassen sich keine großen Raketen unterbringen.«

»Vielleicht haben wir einfach das falsche Päckchen gefunden?«, fragte Späth in die Runde, aber es war ihm selber klar, wie absurd der Vorschlag war.

Ein Rumpeln rief uns in die Gegenwart zurück, und wir sahen, dass Höllriegel über die Brücke zurückgelaufen kam. Sein typischer energischer Blick mischte sich diesmal mit Verwunderung, als er uns erreichte.

»In der Tat, der Wirt hat ein Telephon. Ich habe mit der Kommandantur Nürnberg sprechen können, und sie halten Ausschau nach unserem Ballon – aber viel Hoffnung haben sie uns nicht machen können. Was jedoch viel seltsamer ist:

Einer der Feldgendarmen, der hat vor über einer Woche auf einem Feld einen abgestürzten Ballon gefunden, der genauso aussah, wie ihn Herr Späth und Herr von Cramm beschrieben haben: Aber bei Wachendorf, weit hinter Zirndorf!«

10. Maskenspiele (Minna von Barnhelm *encore*)

Mittwoch, 16. Oktober 1896, nachts

Mit der Antwort der Nürnberger Kommandantur auf unseren Anruf war der Dienstagabend beinahe zu Ende. Höllriegel, Späth und – das gestehe ich ohne Zögern ein – ich selbst waren verwirrt über das, was an der Alten Veste geschehen war: Wir blickten zurück auf eine missglückte Lösegeldübergabe, eine dilettantisch geplante, sowie auf eine, welche nach meiner Überzeugung nie funktionieren konnte: Ich verstand nicht, was die Entführer motiviert hatte, diese bizarre Charade am Vestenturm aufzuführen. Entweder waren sie wesentlich verschlagener als wir und wussten ein Mittel, den entflogenen Ballon wieder aufzufinden – oder sie waren schlichtweg ungeeignet für ihre Tätigkeit.

Interessant war auch Nimoys Verhalten, nachdem wir davon erfuhren, dass bereits ein ähnlicher Ballon gefunden war, dem die Gendarmen seinerzeit aber keine Bedeutung zumaßen, denn wie hätten sie auch von seiner merkwürdigen Bestimmung wissen sollen? Ich fand immer noch nichts dabei – es war ja nur natürlich, dass die Entführer die Technik ihres selbstaufblasenden Ballons zuerst einmal ausprobierten, ehe sie ihn für die Lösegeldübergabe verwendeten, selbst wenn mir verborgen blieb, wie das Wissen um seine Flugtauglichkeit ihnen helfen sollte, das Lösegeld später zu bergen.

Die Sonderkommissarin reagierte aber ganz anders: Ihr ging wohl ein Licht auf, nachdem sie einige Minuten über der Neuigkeit gebrütet hatte, und mit der ihr ganz eigenen Art meinte sie sodann unvermittelt: »Ich glaube, ich sehe jetzt deutlich klarer.«

»Na, das ist ja schön«, brummte Höllriegel unbeeindruckt. Es war inzwischen recht dunkel geworden, und nachdem auch die Lichter des Wirtshauses eines nach dem anderen gelöscht wurden, war für uns nicht mehr viel zu tun. Höllriegel ließ den Turm absperren und wollte am morgigen Tage mit einer kleinen Mannschaft wiederkommen, um nach zu Spuren suchen, aber natürlich war das angesichts der Besuchermassen, die die Veste am Dienstag besucht hatten, ziemlich aussichtslos. Also machten wir uns auf den Weg zurück zur Bahnstation, um den letzten Zug zurück nach Fürth zu erwischen.

Auf dem Weg den Hügel hinunter hakte sich Nimoy wortlos bei mir unter. Zuerst dachte ich, sie suche etwas Nähe wegen der zunehmenden Nachtkühle, dann erwog ich, dass sie auf den dunklen und zertretenen Wegen Halt an mir finden wollte, doch schließlich fiel mir auf, dass sie mich bewusst hinter den anderen zurückhielt, offenbar weil sie mit mir reden wollte.

»Ist es nicht ein phantastisches Ding, dieses Telephon?«, eröffnete ich, was ich für zwangloses Geplauder hielt, indem ich mich auf Höllriegels Anruf bezog. »Man kann so gut wie jederzeit mit jedem sprechen. Es wird noch soweit kommen, dass es kleine Apparate gibt, die man überallhin in der Tasche mit sich tragen kann, und damit telephoniert man miteinander bei einem Ausflug!«

»Ja, und die Zahl derer, mit denen wir wirklich reden wollen, wird immer noch herzlich klein sein«, versetzte Nimoy bissig, ehe ihr bewusst wurde, was sie gesagt hatte und sich korrigierte: »Ich meine natürlich nicht *Sie*!«. Ich lachte kurz.

»Herr von Cramm«, meinte die Frau dann nach einer kurzen Pause, und während ich in dem Zwielicht ihr Gesicht nurmehr als blasse Scheibe vor dem Hintergrund der Vegetation erahnte, bemerkte ich den schalkhaften Ton, den ihre Stimme stets annahm, wenn sie etwas plante. »Vertrauen Sie mir?«, beschloss sie ihre Frage.

»Natürlich, Frau Nimoy, bedenkenlos!«, hörte ich mich sagen und wunderte mich für einen kurzen Moment, dass ich scheinbar nicht gewiefter geworden war. »Was kann ich für Sie tun?« Sie antwortete mit gedämpfter Stimme:

»Es geht um ... vielleicht gebrauche ich nicht den richtigen Ausdruck: Ich habe Bedarf an einem jungen Mann.«

Ich stolperte wohl ein bisschen auf dem unebenen Boden.

»Pardon?«

Sie bat mich, gefälligst etwas leiser zu sein und wiederholte ihren Wunsch.

»Äh, vielleicht haben Sie die Natur meiner Expertise etwas missverstanden«, versuchte ich Zeit zu gewinnen. »Ich vermittle in Handels-, nicht in Herzensangelegenheiten.« Mein Scherz kam mir selbst etwas schal vor, aber etwas besseres konnte ich aus dem Stegreif nicht hervorbringen.

»Oh, seien Sie unbesorgt. Ich bin mir sicher, dass Sie die richtigen Verbindungen für so etwas haben!«, meinte sie unbekümmert, »Ihr Kommis Geißelbrecht, zum Beispiel, könnten Sie mir den für einen oder zwei Tage überlassen?«

Eine kurze Stille entstand, dann räusperte ich mich: »Uhm, Frau Nimoy. Ich werde mit ihm gerne darüber sprechen, aber ich glaube, das könnte den Rahmen seiner dienstlichen Pflichten überschreiten.«

»Sie können das sicher regeln. Und wenn Herr Geißelbrecht noch einen ausdauernden Kollegen oder einen standhaften Freund hätte, dann wäre mir das sehr recht! Es soll der Schaden der beiden nicht sein«, plauderte die Sonderkommisarin leichthin, dass mir ein empörtes »Frau Nimoy!« entfuhr. Dieses wiederum führte dazu, dass Höllriegel, der uns vorangegangen war, stehenblieb und sich zu uns umdrehte: »Was gibt's denn?«

Ich versicherte ihm, peinlich von meiner Lautstärke berührt, dass alles in Ordnung sei, und er nahm wieder Schritt auf. Nimoy zupfte unterdessen meinen Ärmel:

»Herr von Cramm! Nun verstehe ich Sie!« Jetzt erst dämpfte sie ihre Stimme, wobei sie halb amüsiert und halb verärgert klang. »Was denken Sie eigentlich von mir? Nein, machen Sie sich keine Sorgen über die Tugend Ihrer jungen Angestellten. Alles, was ich will, ist, sie zu einem Kaffee einzuladen.«

Das machte mich nun immer noch keineswegs klüger und beruhigte mich nur um ein Weniges. Aber natürlich entsprach ich ihrem Wunsch, und am nächsten Morgen schickte ich Geißelbrecht und einen weiteren Kommis zum Hotel National, wo sie ihre Anweisungen von Nimoy empfangen sollten. Seither hatte ich die beiden nicht mehr gesehen.

Der darauffolgende Mittwochvormittag verlief für mich sehr entspannt. Durch die Abwesenheit der beiden Kommis' war das Bureau angenehm ruhig, und ich konnte mich um die Korrespondenz und die Akten kümmern, die in der letzten Woche aufgelaufen waren. Obwohl diese Arbeit zunehmend notwendig wurde, wie ich zugeben musste, schweiften meine Gedanken doch immer wieder zu Zita und den verwirrenden Umständen ab, unter denen sie verschwunden war. Und ich ertappte mich dabei, wie ich, statt Anschreiben und Anträge zu entwerfen, Blätter mit Fakten, Terminen, Indizien und Vermutungen über den Fall füllte – freilich, ohne einer Antwort irgendwie näher zu kommen. Vielleicht lag das daran, dass der Name »Iahel« in meinen Notizen öfter auftauchte, als es objektiv gesehen notwendig gewesen wäre.

Schließlich kam ein Besucher vorbei, ein Laufbursche des Hotels – und für einen Moment hegte ich die Befürchtung, es sei doch ein Fehler gewesen, Frau Nimoy meine beiden Kommis anzuvertrauen, die, nachdem ich ihnen die Natur ihres Auftrags erläutert hatte, durchaus nicht abgeneigt schienen. Doch der Junge brachte nur eine Nachricht der Sonderkommissarin, die wiederum berichtete, dass Späth ein neues Telegramm der Entführer bekommen hatte. Ich nahm nicht wirklich an, dass diese Nachricht den undurchsichtigen Fall irgendwie erhellen würde, und ich sollte Recht behalten. Sie enthielt nicht mehr als eine Aufforderung an die Späths, sich an diesem Abend die Aufführung von »Minna von Barnhelm« im Fürther Theater anzusehen. Ich lud mich selbst dazu ein.

Ich hatte meine gute Kinderstube nicht außen vor gelassen und Frau Nimoy in ihrem Hotel abgeholt, von wo uns dann eine Kutsche die wenigen hundert Meter zum Theater brachte, das wir die Woche zuvor bereits besucht hatten – wenn auch unter anderen Vorzeichen.

In der kleinen Vorhalle des Provisoriums, die den Namen »Foyer« kaum verdiente, trafen wir nicht nur das Ehepaar Späth, sondern in deren Begleitung auch Marie-Theres und Simon Schaller, sowie Jost Steinhoff.

»Was für ein außergewöhnlicher Zufall, dass wir einander hier treffen!«, bemerkte Nimoy, als wir zu dem Grüppchen traten, dessen gedrückte Stimmung in auffallendem Kontrast zum aufgeräumten Rest des Publikums stand. Nimoys Stimme war nicht anzumerken, ob sie ihre Bemerkung ironisch gemeint hatte.

»In der Tat«, erwiderte Marie-Theres, die, wie mir jetzt auffiel, ein schwarzes Kleid trug. Vermutlich versuchte sie dadurch, ihr Mitgefühl mit der ernsten Situation der Späths auszudrücken, aber in Anbetracht des aufgekratzten Komödienpublikums wirkte das irgendwie unangemessen. Sogar Nimoy hatte sich zu einem für ihren Geschmack frivolen Auftritt in einem samtvioletten Kleid hinreißen lassen. »Wir hatten unsere Billets schon vor Wochen reserviert«, fuhr Marie-Theres fort, als suche sie nach einer Entschuldigung für ihre Anwesenheit, »lange ehe wir etwas von dieser schrecklichen Geschichte ahnen konnten.«

Nimoy wandte sich abrupt zu Steinhoff um: »Und, gilt dasselbe für Sie?«

Steinhoff zog eine Augenbraue hoch, als sei er etwas indigniert über Nimoys sehr direkte Nachfrage, doch er ließ sich nichts anmerken, als er antwortete:

»Nein, das war ein eher spontaner Entschluss. Ich war zufällig heute Vormittag, als Herr Späth das letzte Telegramm erhielt, in Zirndorf, und er wandte sich an mich, ob ich ihn heute Abend begleiten würde. Natürlich wollte ich meinen Beistand leisten, was auch immer heute Abend passieren wird.«

Späth nickte unaufgefordert.

»Ich hoffe nur, Sie haben nicht wieder Ihren Revolver dabei?«, erkundigte ich mich. Das war nur zu einem Drittel ein Scherz. Eine Schießerei in einem voll besetzten Theater, das wäre so ziemlich das letzte gewesen, das ich mir gewünscht hätte, aber Späth winkte ohnedies nur ab. Offensichtlich ging er schon fast nicht mehr davon aus, dass *überhaupt* noch etwas passieren würde, geschweige denn, dass er die Entführer heute zu Gesicht bekäme.

Nimoy ließ sich das Schreiben, das die Aufforderung zur »Minna von Barnhelm« enthielt, von Späth geben, denn sie hatte es noch nicht selbst in Augenschein nehmen können. Ich blickte ihr über die Schulter, als sie das Formular entfaltete, und roch dabei den milden Vanille-Duft ihrer Haare.

Das Telegramm war nur wenige Worte lang, und die Diktion ähnelte, soweit ich das oberflächlich einschätzen konnte, jenen Schreiben, die uns zum Valzner Weiher und zur Alten Veste gelotst hatten; vor allem trugen die kurzen Sätze keine Fehler.

Nimoy bat darum, das Telegramm aufbewahren zu dürfen, und Späth gewährte ihr den Wunsch. Sie öffnete ihr kleines Ridikül und verstaute den Brief darin.

»Lassen Sie uns nun nicht weiter zaudern«, meinte sie dann und blickte in die Runde, als habe es nie ein Telegramm gegeben, ehe sie sich wieder recht vertraut bei mir unterhakte. »Ich denke, ich habe die Glocke gehört, und ich bin schon überaus gespannt darauf, was diesem Fräulein von Barnhelm widerfahren soll ...«

Wir hatten uns gegen 19 Uhr 30 getroffen, um rechtzeitig zum Beginn des Stücks um 20 Uhr unsere Plätze einnehmen zu können. Ungefähr anderthalb Stunden und drei Akte später fiel der Vorhang zum ersten Mal, und das Publikum verteilte sich zur Pause im Foyer und auf dem kleinen Vorplatz des Theaters. Steinhoff hatte uns insbesondere mit sich nach draußen gebeten, da er Lust auf eine Zigarre verspürte, die er des Feuerschutzes wegen in dem brandgefährdeten Bau nicht anzünden durfte.

Vielleicht hatte das provisorisch erbaute und laienhaft geführte Theater auch sein Gutes, denn der Eintritt war selbst für die unteren Schichten erschwinglich, und das Fehlen von regelrechten Rängen und Logen führte dazu, dass das Publikum eine Mischung aller Schichten der Stadt war, so dass arme Schlucker und Fürther Hororationen buchstäblich Schulter an Schulter die Dramen verfolgten.

Also standen wir zwischen vornehm befrackten Herren und Damen im Pelz einerseits und leicht angetrunkenen Gestalten in muffig riechenden fadenscheinigen Kleidern andererseits vor dem Theater. Das Kopfsteinpflaster glänzte von einem schweren Regen, der niedergegangen war, während wir uns den ersten Teil der Komödie angesehen hatten. Die Flammen der erst vor kurzem installierten Gaslaternen schwebten gleichzeitig inmitten blaugrau schimmernder Aureolen, die der Abenddunst erzeugte.

»Nun, Frau Nimoy«, erkundigte sich Steinhoff paffend. Er hatte sich zusammen mit Späth Zigarren angesteckt, die ich dankend abgelehnt hatte, und schien gegen unsere angespannte Stimmung harmlose Konversation üben zu wollen. »Was halten Sie von dem Abend?«

Nimoy, die den größeren Teil des Abends erfolglos damit verbracht hatte, das Stück mit einem Textheft auf dem Schoß zu verfolgen, um herauszufinden, ob Stella Artois uns vielleicht mit einer geänderten Zeile eine Nachricht zukommen lassen wollte, zuckte die Schultern.

»Überforderte Mimen in der uninspirierten Inszenierung eines belanglosen Stücks«, erwiderte sie, dass ich laut auflachte. Ich hatte selten eine so vernichtende Kritik in so wenigen Worten gehört.

»Was lachen Sie?«, wollte Nimoy mit dem ihr typischen Argwohn wissen, »Sie werden eingestehen müssen, wenn sich in diesem Stück auch nur eine Person vernünftig und normal verhielte, gäbe es gar kein Drama, und wir hätten nach einer Viertelstunde wieder nach Hause gehen können.«

»Das mag ja sein«, erwiderte Steinhoff, zwischen dessen Kiefern die Zigarre hervorlugte wie ein Geschütz aus der Kasematte eines Kriegsschiffs, »aber wir sind ja nicht hier, nur damit wir schnell genug wieder heimkommen.«

»Immerhin, Jost«, warf Marie-Theres ein, die selbst über Nimoys Formulierung gelacht hatte, wenn auch etwas zu laut, »Sie müssen gestehen, Frau Artois scheint heute nicht gerade in besonderer Form zu sein!«

Die Sonderkommissarin, offensichtlich kein sehr kunstsinniger Mensch, beobachtete ohne großes Bedauern, wie sich ein plaudernder Kreis aus den Späths und den drei jungen Leuten bildete. Sie zuckte die Schultern, dann folgte sie einer spontanen Idee und nahm mich in ihrer fast schon gewohnten Art am Ärmel, um mich ein paar Schritte beiseite zu ziehen.

Das Gewitter hatte der Kirchweih heute ein frühes Ende beschert, so dass die Straßen nur noch von sehr wenigen und überaus ruhigen Nachzüglern bevölkert wurden. Die Theaterbesucher, die die frische Luft genossen, plauderten mit gedämpften Stimmen, und nur gelegentlich wurde leises Gelächter hörbar.

»Was ich Ihnen noch nicht erzählt habe, Herr von Cramm«, murmelte Nimoy im Verschwörerton in mein Ohr, als wir etwas abseits standen, »ist, dass wir Langhans gefunden haben!«

»Langhans?«, gab ich zurück – den verschwundenen Sozius und angeblichen Komplizen Gießweins? »Wo steckt er? Weiß Höllriegel Bescheid?«

»Natürlich weiß er das, aber er lässt Langhans vorläufig auf freiem Fuß. Ob Sie es glauben oder nicht, er ist uns näher, als Sie denken!«, wisperte Nimoy.

»Und, nun?«, wollte ich wissen, und sie deutete mit ihrem Fächer auf das hinter uns stehende Theater:

»Er arbeitet als Bühnenhelfer, genau hier!«

»Wie haben Sie das herausgefunden?«

»Nun, das war nicht allzuschwer. Nachdem er keinen festen Arbeitsplatz mehr besitzt, haben Höllriegel und ich es uns heute Vormittag zur Aufgabe gemacht, all die Stellen abzuklappern, bei denen Gelegenheitsarbeiter mit Langhans' Kenntnissen eine Stelle bekommen könnten. Es war nicht allzuschwer, und Langhans hat sich nicht einmal die Mühe gemacht, seinen Namen zu ändern«, erzähle Nimoy nicht ohne Stolz.

»Aber warum haben Sie ihn verhaften nicht lassen?«, wollte ich wissen, doch sie schüttelte nur den Kopf:

»Was wäre das nütze? Nachdem er gestern und heute wieder ganz ordentlich zur Arbeit erschienen ist, hat er wohl nicht vor, zu fliehen. Also warten wir lieber, ob er vielleicht einen Fehler macht und sich verrät – oder uns gar zu Zita führt, falls er denn mit der ganzen Entführung doch mehr zu tun hat, als Gießwein uns weismachen will.«

Die Luft um uns stand fast still, und nur noch die Ahnung eines Hauches rührte sich um uns her. Die Wände, das Pflaster und die Wolkendecke über uns schienen alle Geräusche zu schlucken, so seltsam ruhig war es. Die Gespräche der anderen Besucher waren zu einem gleichmäßig sanften Summen herabgesunken.

»Und, haben Sie schon herausgefunden, warum die Entführer uns heute Abend hier haben wollten?«, wechselte ich dann das Thema. Ich hatte im Verlauf der ersten drei Akte aufmerksam um mich geschaut und gehorcht, aber sowenig wie Nimoy mit ihrem Textbüchlein etwas gesehen, das man als Zeichen der Verbrecher hätte werten können.

Nimoy deutet ein Kopfschütteln an: »Nein, und dabei gehe ich davon aus, ein Zeichen, wenn sie es uns denn geben werden, wird nicht so subtil sein, dass wir es übersehen könnten.

Aber mir ist etwas Merkwürdiges aufgefallen: Wir haben heute alle Verdächtigen auf einem Fleck versammelt, ob durch Zufall oder Fügung: Simon Schaller, das Fräulein Limpert, Steinhoff, Stella Artois, Langhans, dessen Fehlen hinter der Bühne sicher aufgefallen wäre, und sogar die beiden Späths – wenn wir ihnen denn eine Beteiligung unterstellen wollen. Die Einzigen, die nicht da sind, sind Gießwein – aber der sitzt sicher hinter Schloss und Höllriegel, wenn Sie mir das platte Wortspiel verzeihen – und Frau Marquardsen, die wir aber, davon bin ich überzeugt, vernachlässigen können.«

Nun, da sie es erwähnte, fiel mir auch auf, dass wir heute alle Protagonisten versammelt hatten.

»Meinen Sie, das hat etwas zu bedeuten?«, wollte ich wissen. Sie sah mich mit großen nachtschwarzen Augen an.

»Ich *denke* nicht – ich meine, ich glaube nicht, dass die Entführer wissen konnten, dass alle Leute, die – um einen weiteren billigen Scherz zu machen – in dem Fall eine Rolle spielen, heute Abend im Theater sein würden. Andererseits, solange wir nicht wissen, warum sie uns hergeholt haben ...«

Eine Stille entstand, die einige Sekunden dauerte, und sogar die anderen Theaterbesucher schienen für einen Moment verstummt zu sein.

Dann wurde die Stille zerrissen wie ein Blatt Papier. Das Geräusch klang nicht laut, aber es hob sich scharf und klar aus der Umgebung ab. Unregelmäßige Echos des Knalls deuteten an, dass seine Quelle in ziemlicher Enfernung lag.

»Das war ein Schuss«, hörte ich mich, wie ich mit tonloser Stimme ein weiteres Mal aussprach, was alle wussten.

Ich konnte mir nicht sicher sein, doch ich ahnte, dass der Schuss Nimoy einen Schauer über den Rücken gejagt hatte.

Ebenso tonlos wie ich erwiderte sie:

»Ich glaube, wir haben unsere Nachricht eben bekommen.«

Wir blickten uns um. Auch die anderen Theaterbesucher hatten den Schuss offensichtlich gehört, und das Gemurmel kurzer Sätze wurde hörbar, doch waren die Mienen und der Ton eher von Neugier als von Beunruhigung geprägt. Schüsse waren selten genug in einer kleinen Stadt wie Fürth, dass sie am nächsten Tag ihren Weg in die Zeitung finden würden, aber da dieser aus so großer Entfernung erklungen war, fühlte sich niemand bedroht.

Die Späths kamen zu uns herübergelaufen, während das Trio junger Leute unter sich blieb. Als sie näherkamen, sah ich, dass Nimoy die zitternden Fingerspitzen einmal mehr aneinanderrieb. Ich beschloss, die Frau vor Späth abzuschirmen, so gut ich konnte.

»Keine Ahnung, was das für ein Schuss war, Herr Späth!«, rief ich, indem ich dem Pärchen entgegentrat. »Ich schätze, er ist auf der Schwand gefallen.« Auf der Anhöhe, die auf der westlichen Seite an den Wiesengrund anschloss, befanden sich einige Neubauten neben alten Austragshöfen, aber die Gegend war im Großen und Ganzen dünn besiedelt.

»Aber wem hat er gegolten?«, stellte Späth mir die viel wichtigere Frage und schien mich mit seinen Augen festhalten zu wollen.

»Wir wissen es nicht«, antwortete ich ehrlich. »Wir wissen noch nicht einmal, ob das die Nachricht war, auf die wir warten.« Damit begann ich zu lügen, denn an Nimoys Reaktion erkannte ich, dass mindestens *sie* davon überzeugt war.

In einer ihrer typischen Gesten fuhr sie sich mit eckigen Bewegungen durch die Haare, als wollte sie die Locken, auf deren Frisur sie im Allgemeinen wenig acht gab, wieder in Ordnung bringen, und gleichzeitig vermied sie es, einem von uns in die Augen zu blicken.

»Ich fürchte, ich habe mich getäuscht«, meinte sie halblaut. »Die Entführer sind Ihrer Tochter nicht wohlgesonnen, und sie haben sie erschossen.«

Ich war fassungslos. Nicht nur, dass ich das nicht glauben wollte, ich hielt es auch für unverantwortlich, das den Späths ins Gesicht zu sagen. Um von dem Thema abzulenken, ergriff ich die Initiative und rief Schaller herüber und bat ihn, zum Rathaus zu laufen und sicherzustellen, dass die Polizisten dort über den Schuss Bescheid wussten – und über seine Verbindung zur Entführung Zitas, die Nimoy vermutete. Schaller nickte und machte sich schnell auf den Weg.

»Wie ... Wie können Sie so etwas sagen?«, fragte Frau Späth entsetzt, und Herr Späth setzte grimmig nach: »Wie können Sie so etwas *wissen*?«, als verdächtige er sie, mit den Entführern im Bunde zu sein.

Nimoy blinzelte, wie aus einem Traum erwachend, und begegnete jetzt den Blicken von Zitas Eltern.

»Ich habe mich geirrt«, wiederholte sie. »Die ersten drei Akte dieser unsäglichen Komödie – ich meine die heutige –«, erläuterte sie und deutete mit dem Kopf auf das Theater, »war ich mir sicher, die wichtigen Fakten verstanden zu haben. Ich hatte eine Ahnung des Wer und Warum, doch ich habe mich getäuscht.«

Ihre Unterlippe zitterte. Gerade zur rechten Zeit stießen Steinhoff und Limpert zu uns, die mitbekommen hatten, was passiert war. Limpert hatte im Foyer einen Branntwein organisiert, den sie jetzt Nimoy reichte, die ihn unverzüglich hinunterstürzte, auch wenn Frau Späth ihn vielleicht dringender benötigt hätte.

»Das ist normalerweise nicht meine Art«, meinte die Sonderkommissarin dann, sich mir gegenüber mit einem verzweifelt wirkenden Lächeln rechtfertigend. »Man sollte nüchtern bleiben in den entscheidenden Stunden.«

»Nun, wenn Sie der Meinung sind, sich vormals getäuscht zu haben, dann ist es ja auch denkbar, dass Sie sich jetzt wieder täuschen«, führte Späth aus, wobei ich mir nicht ganz sicher war, ob seine Logik Hand und Fuß hatte. Immerhin schien Nimoys Unsicherheit ihn wieder sicherer werden zu lassen. »Ich bin überzeugt, der Schuss hatte mit uns gar nichts zu tun.« Er blickte seine Frau an. »Und überhaupt ist der ganze Popanz um diesen Theaterbesuch vermutlich nichts als ein weiterer Scherz jener kranken Seelen, die uns bereits um den Valzner Weiher und die Alte Veste herumgejagt haben!«

Nimoy wollte etwas sagen, doch ich konnte ihr gerade noch rechtzeitig die Hand auf den Arm legen, und sie blieb stumm. Dafür klingelte die Glocke im Theater.

»Kommen Sie«, meinte ich zu Nimoy, und schob sie sanft in Richtung des Foyers, wo die ersten Gäste begannen, ihre Plätze wieder aufzusuchen. »Die Vorstellung geht weiter; wir wollen hinein.«

Sie entwand sich meinem Griff: »Aber wir müssen auf die Schwand, oder wo immer dieser Schuss gefallen ist! Oder zumindest zur Hauptwache, und mit Höllriegel beratschlagen.«

»Nein, Sie müssen hierbleiben«, entgegnete Steinhoff überraschend. »Was, wenn Sie sich doch täuschen? Denken Sie daran, die Entführer haben Sie hergerufen, um eine Nachricht, welcher Form auch immer, *im Theater* zu empfangen. Was, wenn der Schuss gar nichts mit uns zu tun hat? Was, wenn die eigentliche Nachricht erst noch kommen soll?«, fragte er.

»Da hat er nicht ganz Unrecht«, bekräftigte ich, wenn auch aus anderen Gründen. Nimoy wirkte gründlich erschüttert; ich hielt es für wesentlich günstiger, wenn sie noch eine oder anderthalb Stunden im Theater hatte, in denen sie wieder zu sich kommen konnte. Das war sicher die bessere Idee, als jetzt mit den Schutzleuten der Polizei durch die Nacht zu jagen.

Sie blickte unsicher um sich, und dann nickte sogar Späth:

»Ich bin mir nicht sicher, ob ich das Signal erkennen würde, aber ich vertraue darauf, dass es Ihnen nicht entgehen wird. Bitte bleiben Sie also hier.«

Die Glocke klingelte ein weiteres Mal, und inzwischen hatte eine allgemeine Bewegung die Theatergänger erfasst.
Nimoy nickte stumm, und wir gingen alle wieder ins Innere.

Teil III.

»I have the two qualities you require to see absolute truth. I am brilliant, and unloved.«
Steven Moffat: *Doctor Who* – »*Forest of the Dead*«

11. Winkelzüge und Ränkeschmiede

Mittwoch, 16. Oktober 1896, nach Mitternacht

»Pardon, Sie wollen *was*?«, hörte ich mich fragen.
»Absinth«, lautete die gleichmütige Antwort von Nimoy, »Das ist eine Art Wermut-Likör.«
»Ich *weiß*, was Absinth ist.« Nimoys Bitte, vorgetragen kurz nach Mitternacht in der Wohnung oberhalb meines Bureaus, hatte mich ein wenig aus der Bahn getragen. »Aber was wollen Sie um diese Uhrzeit damit? Möchten Sie mich doch noch betrunken machen und dann ... die Situation ausnützen?« Ich fürchte, dass ihr mein Lächeln weniger gelassen ausfiel, als ich wollte, aber sie schüttelte nur den Kopf.
»Jetzt reden Sie doch nicht so dumm daher, Herr von Cramm.« Sie setzte sich auf den kleinen Sessel, zog die Handschuhe aus, formte sie zusammen mit ihrem Ridikül zu einem kleinen Päckchen, das sie auf den Teetisch neben sich stellte, nachdem sie bereits zuvor ihre Pelzkappe und ihren Mantel abgelegt hatte. »Abgesehen von allem anderen ist jetzt auch nicht der Zeitpunkt dafür.« Ihre Stimme klang in der Tat etwas ungehalten.
Nachdem wir uns Minna von Barnhelm mit gemischten Gefühlen, aber ohne weitere Erkenntnisse, bis zum letzten Vorhang angesehen hatten, hatte sich unsere Gesellschaft mit der Vereinbarung getrennt, dass wir einander sofort jede neue Entwicklung wissen lassen würden – natürlich. Ich nahm es gern auf mich, Frau Nimoy zum Hotel National zu bringen, zumal es auf dem Weg zu

meinem Bureau lag, wo ich die Nacht verbringen wollte, da ich wenig Neigung für den Weg nach Hause verspürte. Ich war nicht wenig überrascht, als eine fahrig und unsicher wirkende Nimoy am National nicht stehenblieb, sondern bestimmt mit mir in Richtung Königswarter- und Promenaden-Straße weiterging.

Auf meine Frage, wohin sie wolle, bat sie mich um Verständnis, wobei sie mir ihr Gesicht zuwandte, mit Augen, deren Iris im Licht der Gaslaternen obsidianschwarz erschien. Sie fragte, ob ich ihr Obdach geben wolle, damit sie diese Nacht des »unerträglichen Schwebens«, wie sie es nannte, nicht alleine verbringen müsse. Natürlich war ihr bewusst, was das für ihre Reputation (und, wenn auch in einem geringeren Grad, für die meine) bedeuten konnte.

»Ich vertraue mich Ihnen an, denn ich bin mir sicher, dass die heutige Nacht diesen Entführungsfall zu einem Ende bringen wird, so oder so. Ich würde in meinem Hotelzimmer doch keine Ruhe finden; darum möchte ich Sie bitten, mir heute Nacht Gesellschaft zu leisten«, hatte sie erklärt und fuchtelte gleichzeitig mit den Händen herum, als wisse sie nicht recht, wo sie sie unterbringen solle. »Ich weiß, was für einen Zumutung das für Sie sein muss, und dass meine Bitte Sie möglicherweise bis zum Morgengrauen wachhalten wird. Und ich bin mir bewusst, dass es eigentlich zuviel verlangt ist, selbst für bessere Freunde, als wir einander bislang nennen können.«

Natürlich schlug ich ihr diese mit glänzenden feuchten Augen vorgetragene Bitte nicht ab. Sie freute sich sehr darüber und war in der Tat bereits nach wenigen Metern schon wieder so fröhlich und unbeschwert, dass ich mich fragte, ob sie bei der Darstellung der Zerrissenheit ihrer Seele nicht ein wenig übertrieben hatte.

So kamen wir denn irgendwann nach Mitternacht in meinen Räumen oberhalb des Bureaus an, und während ich noch die Lampen anzündete – denn ich wollte, dass jedermann sehen konnte, dass wir unser Tête-à-Tête nicht zu verbergen hatten – hatte Nimoy ihre merkwürdige Bitte um Absinth geäußert.

Sie lächelte mit schmalen Lippen, als sie erklärte: »Sehen Sie, es heißt, unsere teutonischen Vorfahren hätten alle wichtigen Dinge zweimal diskutiert, und zwar einmal nüchtern, und einmal unter dem Einfluss von Met. Oder was eben zur Hand war. Ich denke nun, wir haben den Fall von Zita Späth schon so oft nüchtern diskutiert, dass es Zeit ist, dass wir es auch einmal mit der Unterstützung von Alkohol versuchen.«

Ich runzelte die Stirn.

»Heute Abend im Theater bekam ich den Eindruck, Sie hätten bereits eine deutliche Vorstellung davon, wer der oder die Entführer sind?«

Sie schüttelte den Kopf, meinte aber gleichzeitig: »In der Tat habe ich eine *Vorstellung*. Das Problem ist, dass ich mir zwar das ›Wer‹, nicht aber das ›Warum‹ erklären kann. Und, es mag Ihnen ein wenig übermäßig selbstkritisch erscheinen, aber solange ich kein ›Warum‹ habe, kann ich mir nicht sicher sein, dass das ›Wer‹ stimmt.«

Ich nickte. »Das klingt einleuchtend. – Aber muss es denn unbedingt die ›Grüne Fee‹ sein?«

Sie schmunzelte und ihr Schmunzeln wirkte bereits etwas wärmer und herzlicher.

»Absinth genießt zu Unrecht einen schlechten Ruf«, meinte sie, »genau wie Rechtsanwälte, wenn ich recht verstehe?«

Ich musste zurückschmunzeln. »Touché!«

»Im Ernst, ich glaube nicht, dass die schlechte Reputation von Absinth darauf beruht, dass er die Menschen verdirbt. Vielmehr ist Absinth meiner Meinung nach der Likör, den verdorbene Menschen gern trinken. Nun, haben Sie welchen hier?«, erkundigte sie sich, und ich nickte.

»Natürlich.«

»Und Kellerbier?«, hakte sie nach?

»Pardon?«, fragte ich ein weiteres Mal zurück und korrigierte mich dann, weil mein Zweifel wohl kaum darauf beruhte, dass ich sie falsch verstanden hatte: »Natürlich, im Souterrain sind wohl noch ein paar Flaschen.«

Ich machte mich schnell hinab in das Untergeschoss und brachte Nimoy ein paar Flaschen von dem Bier. Als ich wieder oben im Bureau ankam, fand ich sie, den Kopf in den Nacken gelegt und an die Decke blickend, wie in Trance. Sie wandte sich jedoch sofort nach meinem Eintreten wieder mir zu.

»Ich danke Ihnen vielmals, Herr von Cramm, Sie sind ein Schatz!«

Ich holte die Absinthflasche aus einer Kredenz und stellte sie ihr hin, und reichte ihr auf ihren Wunsch noch einen Bierkrug dazu. Nun wollte ich sehen, was die Sonderkommissarin mit diesen Zutaten plante, während ich selbst mir ein schlichtes Glas »Delaforce«-Portwein einschenkte, den ich weniger seines Geschmacks als seines vielversprechenden Namens wegen schätzte.

Nimoy leerte ohne großes Zögern ungefähr zwei Schnapsgläser Absinth in den Bierkrug und schenkte eine Flasche des Kellerbiers nach. Während das Kellerbier von Hause aus eine bernsteinartige Färbung besaß, trübte das so entstandene Gemisch aus und ähnelte mehr dem aufgewirbelten Schlamm einer Pfütze.

»Man muss den Absinth zuerst einfüllen, sonst vermischen sich die beiden Flüssigkeiten nicht so recht«, dozierte Nimoy dazu. Der Schaum des Bieres hatte von dem Absinth eine Färbung angenommen, die eine merkwürdige und wenig Vertrauen erweckende Mischung von oliv, grau und braun war. Ich hatte nicht geahnt, dass es so einen Ton im Spektrum der Farben überhaupt gab. Damit war sie fertig und blickte mit Stolz auf ihr Werk.

»Kennen Sie das nicht?«, fragte die Sonderkommissarin, als sie sah, mit was für einem Blick – ich nehme an, es war eine Mischung aus Misstrauen, Widerwillen und der Hoffnung, doch nur einem Scherz aufgesessen zu sein – ich ihr Treiben verfolgte. »Ich nenne das ›Sisaras Nagel‹«, fuhr sie fort, um mich zu ermuntern: »Probieren Sie gern, nur zu!«

Ich ergriff den Krug und schnupperte daran. Der Geruch erinnerte mich an etwas zwischen Scheuermilch und Betäubungsmittel, und ich fürchtete, die Wirkung würde genauso sein, weshalb ich den Krug ohne davon getrunken zu haben wieder zurückstellte.[1] Nimoy lächelte nachsichtig und nippte mit offensichtlichem Genuss an ihrem Gebräu, so dass an ihrer Oberlippe ein Schaumbärtchen der seltsam undefinierbaren Farbe zurückblieb.

»Sie wissen vermutlich nicht, woher der Name kommt, oder?«, erkundigte sie sich, und nachdem ich den Kopf schüttelte, erläuterte sie:

»Mein Vorname ›Iahel‹ – oder Jaël oder Yael, je nachdem – ist hebräisch. Sie können bibelfest sein, ohne ihn jemals gehört zu habe, denn Iahel taucht nur einmal kurz auf im ganzen Alten Testament: Nach einer verlorenen Schlacht flüchtet Sisara, Feldherr der mit den Juden verfeindeten Kanaaniter zu der Nomadin Iahel. Sisara ist leider nicht bewusst, dass Iahel eine aufrechte Jüdin ist, und nachdem er eingeschlafen ist, hämmert sie ihm zur höheren Ehre Gottes einen Zeltpflock durch den Schädel, dass sein Kopf an der Erde festgenagelt ist.« Sie lächelte breit. »Ich bin kein besonders religiöser Mensch, Herr von Cramm, aber auf diesen Vornamen bin ich irgendwie stolz.«

Sie nahm einen tiefen Zug von Ihrem Krug und blickte sofort wieder ernst drein, was mir gar nicht recht war: All die letzten Tage hatten wir nur tiefschürfende Gespräche über Zita geführt, und das würden wir vermutlich auch den Rest dieser Nacht tun, doch ich hätte mich gerne auch einmal ungezwungen mit Iahel unterhalten.

»Das ist das erste Mal, dass Sie etwas über sich erzählen«, meinte ich deshalb, »Bitte, machen Sie weiter!«

Sie legte den Kopf schief, und ich glaubte, so etwas wie eine Spur von Misstrauen bei ihr zu spüren.

---

[1] Von Cramm hat klug gehandelt. Im Rahmen einer gründlichen Recherche habe ich »Sisaras Nagel« ausprobiert, und ich kann nur davon abraten, das Experiment ohne Not zu wiederholen. – *Der Autor*

»Ich denke, es gibt über mich nicht viel zu erzählen«, wich sie aus. »Ich bin eine ziemlich normale, durchschnittliche, junge Frau.«
Beinahe hätte ich laut aufgelacht.
»Da erlaube ich mir, Ihnen zu widersprechen. Immerhin sind Sie die einzige Frau, die ich kenne, die so etwas wie eine ›Sonderkommissarin‹ ist, beglaubigt von Seiner Hoheit dem Prinz-Regenten höchstselbst. Wollen Sie mir erzählen, wie Sie zu dieser Rolle gekommen sind?«

Für einen Moment herrschte Stille, während Nimoy in ihr merkwürdiges Elixier blickte, als könne sie aus den Formen des in sich zusammenfallenden Schaums die Zukunft lesen, oder die Vergangenheit.

»Das ist eine lange Geschichte, Herr von Cramm.« Sie blickte mich mit ihren dunklen Augen an. »Und eine, die Sie vermutlich langweilen würde, wenn ich Sie Ihnen im Detail erzählen würde.

Ich bin sehr behütet aufgewachsen, in dem, was man die ›besseren Kreise‹ nennt. Sie haben wohl schon festgestellt, dass mir die Erfahrung mit vielen Dingen fehlt, die für Sie oder Herrn Späth oder Wachtmeister Höllriegel selbstverständlich sind. ›Weltfremd‹ könnte man das nennen, wobei ich sicher bin, dass Sie für sich schon einen etwas deutlicheren Ausdruck für meine Art gefunden haben.«

Ich fühlte mich ertappt, wollte das aber natürlich nicht zugeben. Nimoy hob nur beschwichtigend die Hand.

»Aber das tut ja auch nichts zur Sache. – Nun, irgendwann kam ich in das Alter, in dem eine Tochter aus gutem Hause zu verheiraten ist, und so begab es sich dann auch. Allerdings fiel mein Gatte recht kurz nach unserer Hochzeit einem Verbrechen zum Opfer.«
Ihr Blick hatte den meinen erfasst, und so, wie sie mir vorher in die Tiefen ihres Bierkrugs ausgewichen war, ließ sie mich jetzt nicht mehr los. »Ich befand mich in einer Position, in der ich zur ... Aufklärung seines Todes beitragen konnte.« Ihr Kinn trat schärfer hervor als sonst, die Wangen wurden noch eine Spur blasser,

und dieser feste Ausdruck stand im Gegensatz zum scheinbar entspannten Ton, in dem sie mir ihre Geschichte preisgab. »Sie werden Verständnis haben, dass ich nicht allzusehr in die Details dieser unappetitlichen *Affaire du coeur* gehen mag. Es genüge, dass ich auf diese Art in Kontakt mit der Polizei kam, und dass die Polizei auf meine ... nun, nennen wir es ›Fähigkeiten‹, beziehungsweise mein Talent aufmerksam wurde.« Sie nahm noch einen weiteren Schluck, und sowie das Thema beendet war, lösten sich auch ihre Gesichtszüge wieder. Ich meinerseits stutzte und wandte mich für einen Schluck meinem Portwein zu.

Affaire du coeur? Was um Himmels Willen meinte sie denn damit im Zusammenhang mit der Ermordung ihres Ehemanns? Ich fand, ihre Ausführungen trugen eher zur Verwirrung als zur Erhellung bei, und machte mir eine geistige Notiz, dass ich das Thema gerne noch einmal ausführlicher mit ihr besprechen würde, aber mir war bewusst, dass ich im Moment nicht weiter in sie dringen sollte. Also wandten wir uns den Dingen zu, die näherliegend waren: der Entführung von Zita Späth.

»Fassen wir zusammen, was vor uns liegt, und lassen Sie uns achtgeben, dass wir sorgfältig unterscheiden zwischen dem, was wir *wissen*, was wir guten Gewissens *glauben* können, und was wir *annehmen*«, eröffnete Nimoy. »Möchten Sie beginnen, Herr von Cramm? Fangen Sie am Anfang an!«

Ich nippte an meinem Port, um kurz überlegen zu können, genoss sein schweres Aroma und antwortete dann:

»Am Montag vor einer Woche wurde Zita Späth, Tochter des eminent wichtigen Spiegelfabrikanten aus Fürth, aus dem fahrenden Zug entführt.«

»Herr von Cramm!« Nimoy zog die Stirn kraus. »Sie begehen bereits mit ihrem ersten Satz zwei Fehler. Erstens *wissen* wir lediglich, dass Zita *verschwand*; dass sie entführt wurde, *glauben* wir hingegen. Zweitens begann dieser Fall offensichtich schon viel früher, nämlich spätestens damit, dass Zita im Mai Unfug in ihr Tagebuch geschrieben hat.«

Ich räusperte mich und verschränkte die Arme vor der Brust. Sonderkommissarin des Prinz-Regenten oder nicht, wie einen Schulbuben brauchte sie mich nicht vorzuführen.

»Geben Sie lieber selber Acht, Frau Nimoy: Wir *nehmen* nämlich nur an, dass Zita die merkwürdigen Eintragungen in ihrem Tagebuch im Mai angefertigt hat. Wir *wissen* nur, dass sie irgendwann im Mai oder später geschrieben wurden. Und wenn man näher darüber nachdenkt, ist es wahrscheinlich, dass sie die Aufzeichnungen erst einige Zeit nach Mai anfertigte, sonst hätte sie sich an das Datum der elektrischen Straßenbahn noch erinnert.«

Für einen Moment herrschte Stille.

»Sie haben Recht, Herr von Cramm«, lautete dann die ganze Antwort.

»Abgesehen davon«, fuhr ich dessenungeachtet fort, »dass vor der eigentlichen Entführung noch Frau Artois' Besuch bei Späth stattfand, den Sie zu erwähnen vergaßen.«

»Da haben Sie auch Recht«, gab Nimoy zu, und ich hatte das Gefühl, dass sie nur versuchte, sich kleinlaut zu geben, während ihre Augen aber listig blinzelten. Ich meinerseits gewann zunehmend Vertrauen in meine kombinatorischen Fähigkeiten.

»Frau Marquardsen, Zitas Gouvernante, will das Fehlen von Zita erst hinter Bamberg entdeckt haben«, fuhr ich also fort, »während Sie, Frau Nimoy, dargelegt haben, dass sie vermutlich bereits mehr als eine Stunde davor den Zug verlassen hat – in Baiersdorf, von wo das ominöse Telegramm nach Hamburg abging, wo es das weitere Telegramm von ›Q‹ auslöste.«

»Und das bedeutet?«

»Entweder, dass Frau Marquardsen mit den Entführern gemeinsame Sache macht und uns auf eine falsche Spur locken will. Oder dass an dem Baiersdorfer Telegramm etwas nicht stimmt«, mutmaßte ich, wieder an Sicherheit verlierend, denn beides erschien mir plötzlich nicht mehr sehr plausibel. Auch Nimoy war mit meiner Antwort nicht zufrieden:

»Herr von Cramm!«, machte sie einen Schmollmund, »Sie vergessen die dritte Option: Was, wenn sich Frau Marquardsen *geirrt* hat? Ich habe es Ihnen doch schon einmal erklärt: Nur, weil jemand nicht lügt, heißt das noch lange nicht, dass er die Wahrheit sagt. Es kann auch sein, dass er einem Irrtum unterliegt, und das macht den Fall für uns nur noch komplizierter, weil derjenige kein Motiv hat, die Unwahrheit zu sagen – und deswegen können wir so einem Irrtum nicht durch Deduktion auf die Spur kommen.«

»Also denken Sie, die Gouvernante dachte nur, dass Zita bis Bamberg noch im Zug saß?«

Nimoy erhob mahnend einen Zeigefinger und ähnelte plötzlich auf groteske Weise dem Männchen von Zitas Kirchweihpostkarte: »Das habe ich nun wieder nicht gesagt – sondern nur für möglich gehalten!«

Ich begann, ein wenig verwirrt zu werden, während ich zusah, wie Nimoy einen tiefen Zug von »Sisaras Nagel« nahm. Auch wenn sie gern die scheltende Lehrerin spielte, schien ihre Laune sich doch zu bessern; ob wegen ihres Elixiers oder wegen der rhetorischen Spielchen mit mir, war mir nicht klar.

»Frau Nimoy, ich verliere langsam den Überblick!«

Sie winkte ab:

»Das macht nichts, erzählen Sie einfach weiter!«

»Na gut.« Ich nahm seufzend den Faden wieder auf. »Am selben Tag von Zitas Verschwinden wurde auf einem Feld ein Ballonapparat gefunden, ähnlich dem, der später an der Alten Veste für die bislang letzte Lösegeldübergabe verwendet wurde.«

Sie unterbrach mich durch eine Geste ihrer Hand, mit der sie sich dann die Lippen vom Bierschaum sauberwischte.

»Und was fällt Ihnen an dem Zeitpunkt auf?«

Ich verstand nicht recht: »Wie ich eben sagte, es war derselbe Tag, an dem Zita verschwand?«

»Ja, schon, aber wenn Sie es mit dem Rest des Falls in Verbindung bringen?«

»Nun ... Wir können davon ausgehen, dass der Ballon da schon geraume Zeit lag, dass er also bereits Tage zuvor gestartet wurde?«

Mit dieser Bemerkung ging ich offenbar in die richtige Richtung, wenn ich Nimoys Miene korrekt interpretierte. Aber ich wusste nicht, wohin sie mich von dort aus führen wollte, und erntete dafür wieder einen tadelnden Blick.

»Ich halte das für einen ganz einleuchtenden Zeitpunkt, den Mechanismus zu testen, mit dem später eine Lösegeldübergabe stattfinden soll!«, beharrte ich. »Insbesondere, wenn es sich um ein kompliziertes Gerät wie dieses handelt!« Eine kurze Pause entstand.

»Lassen Sie mich eine kurze Geschichte erzählen«, forderte Nimoy mich dann auf, und ich habe seither gelernt, dieser Bitte mit Misstrauen zu begegnen. »Vielleicht hilft Ihnen das auf die Sprünge: Es gab einen Fall, in dem ich eine Rolle spielte – nicht jener des missglückten Selbstmordes –, bei dem das Opfer sich in einem geschlossenen Raum mit einem einzigen Fenster befand. Das Fenster wurde zerschlagen, und das Opfer daraufhin erschossen. Die Zeugen hörten dabei das Klirren des Fensters, aber keinen folgenden Schuss, und sehen konnten sie nichts von den Ereignissen. Wie konnte das geschehen?«

»Also?«

»Nun, die Lösung bestand darin, dass das Fenster bereits lange vorher zerschlagen worden war. Der Mörder hatte das getan und das Opfer erschossen, als ihn niemand hören konnte, und erst später hatte er die Scherben wieder aufgenommen und ein weiteres Mal fallen lassen, um den Eindruck zu erwecken, die Scheibe werde *in diesem Moment* zerstört. Ich fand das eine sehr ausgefallene Idee.«

»Zweifellos«, erwiderte ich. »Aber ich sehe nicht recht, was die Verbindung zu dem Ballon darstellt?«

Nimoy blickte in ihren Krug, den sie bereits zu einem beträchtlichen Maß geleert hatte, und der Blick dauerte lange, als sei sie selber überrascht von dem niedrigen Pegel. Dann sah sie wieder mich an.

»Zweifellos«, wiederholte sie. »Nun, wie auch immer; was passierte dann? Jetzt, bei unserm Fall?«

»Wir erschienen und trafen auf die Späths, Marquardsen, Schaller, Limpert und Steinhoff. An diesem Tag, dem Mittwoch, traf auch die erste Lösegeldforderung ein, die uns an den Valzner Weiher führte. Dort fand dann am Freitag die erste Lösegeldübergabe statt – gescheitert, mit dem merkwürdigen Modellboot, das dabei im Weiher unterging.«

»Und, fällt Ihnen immer noch nichts auf?«, unterbrach mich Nimoy, doch ich konnte nur den Kopf schütteln. Etwas resigniert macht die Kommissarin eine Geste, ich möge fortfahren.

»Am Samstag taucht Zita – oder eine Frau, auf die Zitas Beschreibung passt – auf der Kirchweih auf, wo sie sich angeregt mit im ganzen drei Männern und einer Frau unterhält, die wir vorläufig als Schaller oder Steinhoff, sowie Langhans und Gießwein und Stella Artois identifizieren.«

»Richtig. Soweit das, was uns dieser Fußpfad-Ferdl erzählt hat. Bei dieser Gelegenheit wird von Zita auch eine kryptische Postkarte geschrieben, die am Sonntag bei Späth ankommt«, warf Nimoy ein.

»Genau. An jenem Tag erreicht ihn auch eine zweite Lösegeldforderung, diesmal von Langhans und Gießwein, wie wir vermuten, die uns am Montag an die Kapellenruh führt.«

»Bevor wir jedoch dazu kommen, trifft eine weitere Forderung ein, die Nummer drei, scheinbar von denselben Menschen wie die allererste: Alte Veste am Dienstag.«

»Montagnachmittag: Späth verliert fast den Verstand«, kicherte ich nicht sehr angemessen, und Nimoy hätte fast mit vollem Mund losgeprustet. Ich hatte das Gefühl, wir wurden für die Situation etwas zu ausgelassen, aber es tat mir gut.

»Montagabend:«, übernahm die Sonderkommissarin dann wieder, »Gießwein wird geschnappt, Langhans geht uns durch die Lappen.«

»Dienstag: Alte Veste. Späth sieht zum zweiten Mal ein kleines Vermögen verschwinden, diesmal in einem Ballon.«

»Und fällt Ihnen *immer noch* nichts auf?«, beharrte Nimoy, als sei mein Unverständnis nicht das Ergebnis meiner Beschränktheit, sondern meiner Sturheit, doch ich konnte wieder nur den Kopf schütteln, und als Antwort darauf schüttelte sie ebenso halb ungläubig, halb mich nachäffend den Kopf.

»Na gut«, meinte sie dann, leerte ihren Krug und machte sich daran, sich eine neue Portion zuzubereiten, während sie weitersprach: »Noch eine Geschichte für Sie, Herr von Cramm! Hörn Sie gut zu!«

Ich konnte einen Seufzer nicht unterdrücken, doch statt Widerrede zu leisten, sprach ich meinem Portweinglas zu. Nimoy gab sich unbeeindruckt:

»In einem kleinen Dorf weit weg und vor langer Zeit – ich erfinde das, das merken Sie schon? Die Geschichte ist trotzdem wahr! – da gab es einen Dichter, einen bettelarmen Dichter. Die Leute mochten ihn, und hörten seinen Gedichten auch gerne zu, nur bezahlten sie ihn nicht. Wovon der Dichter lebte, das waren kleine Almosen, die jemand in einem Napf versteckte, der vor seiner Tür stand.«

»Napf?«, unterbrach ich. »Was für ein Napf? Wieso hat er einen Napf vor der Tür, wo ihn jeder stehlen kann, wenn er doch so arm ist?«

Nimoy hielt einen Moment inne in ihrem Hantieren mit Krügen und Flaschen.

»Naja, wenn da kein Napf gewesen wäre, hätt ja niemand was reinstecken können, das leuchtet doch ein, oder?

Also, da war dieser Napf, und es gab einen anonymen Wohltäter, der da immer wieder ein paar Münzen versteckte, und so schlug sich der Dichter durchs Leben.«

»Schöne Geschichte«, warf ich ein, und ich muss zugeben, tatsächlich heuchelte ich ein wenig.

»Die Geschichte ist doch noch nich fertig«, murrte Nimoy und fuchtelte dabei mit ihrer Bierflasche herum, dass ich fürchtete, sie würde ihr entgleiten und quer durch den Raum fliegen. Immerhin war der »Nagel« jetzt jedoch offensichtlich zu ihrer Zufriedenheit geraten; sie stellte die Flasche weg, nahm einen Probeschluck aus ihrem Krug und fuhr mit ihrer Erzählung fort.

»Eines Tages, oder vielmehr eines Nachts, also im Morgengrauen, kam ein rechtschaffener Bürger vorbei und sah, wie sich ein zwielichtiger Kerl an dem Napf des Dichters zu schaffen machte. Der Bürger schnappte den Kerl und rief die Polizei.«

»Wieso war dieser ›rechtschaffene‹ Bürger zu der Zeit unterwegs, wo anständige Leute im Bett sind? Und warum schnüffelte er dem Dichter nach, statt sich um seine Angelegenheiten zu kümmern?«, wollte ich wissen. Mir schien, Nimoys Anekdote mangelte es an Charakterzeichnung und Tiefe.

»Weil das eine Geschichte ist«, erwiderte sie auch nur, »und in dieser Art Geschichten sind die Bürger eben auch nachts unterwegs. Wollen Sie mich nun zuende erzählen lassen?«

Ich machte eine beschwichtigende Geste, und Nimoy fuhrt fort: »Den zusammengerufenen Leuten des Dorfes war schnell klar, dass dieser Kerl den armen Poeten um seine mageren Almosen bestehlen wollte und, ganz egal, was er wie beteuerte, Volkes Wille war schnell und Volkes Gerechtigkeit streng, wurde er am nächsten Baum aufgeknüpft.«

»Nein!«

»Doch. Herr von Cramm, sehen Sie mich nicht schon wieder so an, ich merke, Sie nehm mich nicht ernst!«

Ich beschwichtigte sie ein weiteres Mal, und sie fuhr fort:

»Was die braven Bürger des Dörfleins aber nicht erwartet hatten war: Nun hörten die Almosen für den armen Dichter plötzlich ganz auf! Oh! Der Napf blieb leer, und irgendwann verzog sich der glücklose und hungernde Poet und versuchte wonners sein Glück. Nun, Herr von Cramm, was war passiert?«

Ich runzelte die Stirn. War die Geschichte so belanglos und durchsichtig, wie sie mir vorkam? Ich beschloss, es darauf ankommen zu lassen:

»Nun, vermutlich war die zwielichtige Napfmachergestalt, die gehängt wurde, in Wirklichkeit der anonyme Wohltäter. Von einem Baume baumelnd, hätte er allen Grund gehabt, seine Wohltätigkeit noch einmal neu zu überdenken.«

»Richtig!«, jubelte Nimoy und hinterließ in einer Geste der Zustimmung tatsächlich ein paar Spritzer von ihrem olivfarbenen Gebräu auf meinem Tischläufer, »Oder vielmehr: *Vielleicht*! Es gibt nämlich noch eine zweite Lesart. Nehmen wir an, der Gehenkte war tatsächlich ein Dieb. Nehmen wir aber weiter an, dass der anyonyme Spender mitbekommen hat, wass passiert ist, und dass er Angst bekommen hat, dass man ihn es nächste Mal, wenn er es Scherflein vorbeitragen würrde, ebenfalls aufknüpfen täte. Neben dem ersten Kerl.« Sie hatte ihren Krug abgesetzt und machte eine groteske Geste zweier nebeneinander im Wind schwingender Zeigefinger. »Und deswegen dachte er, soviel ist mir mein kulturelles Engagement nicht wert, und hat es gelassen.

Nun, Herr von Cramm, was wollte ich Ihnen mit dieser Geschichte sagen?«

Ich wusste es nicht, ich wusste nur, dass es inzwischen weit nach Mitternacht war und ich mich redlich müde fühlte – und dass Nimoys banale Zoten in diesem Fall eher zu den Ursachen als zu den Gegenmitteln zählten. Ich behielt meinen Gedanken aber ebenso wie mein unterdrücktes Gähnen für mich.

»Dass ... Ich weiß es nicht.«

»Nun, was ich Ihnen erklären wollte ist, dass es für alle Dinge swei Seiten gibt. In diesem furchtbar schlechten englischen Buch, das ich auf dem Weg nach Fürth gelesen habe, mokiert sich der ach so verschlagene Detektiv darüber, dass die meisten Menschen, wenn man sie zwar mit einer bestimmten Ursache konfrontiert, die daraus resultierenden Wirkungen absehen könnten, dass sie aber üplichrweise unfähig seien – nur er selbst ist natürlich so unglaublich geschickt, dass er das immer kann! – wenn sie vor einer Wirkung stehen, nachzuvollziehen, aus welchen Ursachen diese Wirkung entstanden ist.«

Mir schwante Schlimmes. Nimoy war gerade dabei, sich ohne Punkt und Komma in Fahrt zu reden. Ich stellte fest, dass ich mit ihrem üblichen, zurückhaltenden Wesen deutlich besser umgehen konnte, und dass ich keine Ahnung hatte, wie man sie bremsen konnte, ohne unhöflich zu werden.

»Mit anderen Worten, Menschen sind es gewohnt ›vorwärts‹ zu denken, aber nicht ›rückwärts‹. Und diese meine kleine Geschichte erklärt Ihnen, auch und ganz besonders Ihnen, warum das so ist: Weil nämlich ein und dieselbe Wirkung durch ganz *verschiedene* Ursachen zustande kommen kann – wie in meinem Beispiel einmal dadurch, dass der Dieb ein Gehenkter war, und einmal dadurch, dass er es *nicht* war. Oder andersrum«, dozierte die Sonderkommissarin.

»Und was für eine Konsequenz hat das für unseren Fall?«, wollte ich rasch wissen, um ihr bewusst zu machen, wie sehr sie abgeschweift war.

»Nun, das liegt doch auf der Hand? Wenn wir uns dieser Tatsache bewusst sind, dass es mehr als eine Ursache, oder noch besser mehr als eine Ursachenkombination gibt, und wenn wir kon-se-qu-ent ›rückwärts denken‹, und dabei ein Auge um die verschiedenen möglichen Ursachen behalten – dann wird uns klar, wie mir es heute Abend klar geworden ist, was im Fall Zita Späth vermutlich passiert ist. Und vor allem, wer da hinter ihrer Entführung steckt!«

»Nun, dann spannen Sie mich doch um Himmels Willen nicht länger auf die Folter, sondern sagen es mir!«, beharrte ich. »Nachher trifft Sie noch der Schlag, und dann müssen wir wieder ganz von vorne anfangen!«

Sie stockte für eine Sekunde, in der sie zu erwägen schien, wie real das Risiko meines Orakels tatsächlich war.

»Ich bin überrascht, dass Sie selber noch nicht bei der Lösung angelangt sind, Herr von Cramm! Ich habe Ihnen doch goldene Brücken in kleinen Häppchen vorgekaut. Hinter allem steckt, und darauf möchte ich meinen schönsten Hermelin-Muff verwetten, niemand anderes als ...«

Das Telephon klingelte.

Ich besaß in meiner Wohnung keinen Apparat, sondern nur in dem darunterliegenden Bureau. In der kurzen Zeit, seit ich einen Anschluss besaß, hatte sich das Gerät schon mehr als bezahlt gemacht dank seiner schnellen Möglichkeit, Kontakt mit Behörden und Klienten aufzunehmen.

Aber naturgemäß nahm die Zahl der Anrufe gegen Ende eines Arbeitstages ab, und ich konnte mich nicht daran erinnern, schon einmal nach Mitternacht das Klingeln des Fernsprechers gehört zu haben – umso deutlicher schallte es jetzt durch die Stille der nächtlichen Stadt. Das Rasseln der Klingel drang durch die beiden Türen und das Treppenhaus, die uns von dem Gerät trennten, und war über unsere Konversation hinweg noch gut zu hören. Erst jetzt wurde mir bewusst, dass ich den Anruf beinahe erwartet hatte und trotzdem zusammenzuckte, als er eintraf.

Auch Nimoy hatte beinahe ihren »Nagel« verschüttet, und wir sahen einander an.

»Höllriegel?«, fragte sie dann nur, und ich antwortete ebenso einsilbig: »Vermutlich.«

Wir stellten die Gläser ab und liefen durch das Treppenhaus in das verlassene Bureau, in dem ich mich in den vergangenen Tagen hatte kaum mehr blicken lassen. Das Licht war natürlich gelöscht, und da ich in der oberen Wohnung Gasbeleuchtung hatte, hatten wir auch keine tragbare Lampe zur Hand, so dass das Bureau nur durch die fahle Straßenbeleuchtung erhellt war. Beiläufig nahm ich wahr, wie unaufgeräumt Geißelbrecht seinen Schreibtisch hinterlassen hatte und nahm mir vor, ihn gelegentlich dafür zu maßregeln.

Mit einem Streichholz entfachte ich auch hier rasch das Gas, das den Raum sogleich in ein angenehmeres Licht tauchte. Außerdem brauchte ich jetzt keine Sorge mehr zu haben, dass die Sonderkommisarin sich ihre Schenkel in der Finsternis an einem der Schreibtische wundstieß.

Das Telephon hatte die ganze Dauer unseres Umzugs über in wunderbarer Beharrlichkeit geklingelt und seinen Rhythmus nicht geändert. Ich nahm den Hörer aus seiner Wiege auf der Oberseite des massiven Kastens und meldete mich. Wie üblich hörte ich die Stimme des Fräuleins vom Amt, die klang, als rülpse sie gerade in einen weit entfernten Eimer. Um diese Uhrzeit klang sie noch etwas schläfriger als sonst:

»Herr von Cramm, ein Anruf für Sie von der Polizeistation IV!«

»Ich ü-ber-neh-me«, erwiderte ich. Die Notwendigkeit, jede einzelne Silbe langsam auszusprechen und zu betonen, war mir bereits in Fleisch und Blut übergegangen; ich nahm jedoch Nimoys verwunderten Bick zur Kenntnis, die mit dem Fernsprecher noch nicht so viel Erfahrung zu haben schien. Ich bedeutete ihr, dass es sich wohl um die Polizei handle. Aber warum nicht die Hauptwache, sondern die Station IV? Die befand sich in der Nähe des Theaters.

Nach einem Klicken und Summen in der Leitung war die Verbindung hergestellt. Eine Stimme, die noch weiter entfernt als das Fräulein vom Amt klang, bellte etwas, das mit »hier!« endete. Ich nahm einfach an, dass es Höllriegel sei, der sich da meldete.

»Hier von Cramm! Herr Höllriegel, was gibt es?«, erkundigte ich mich.

»Wir ha-ben das Frollein Zi-ta ge-fun-den«, gab der Wachtmeister durch, der sich jetzt ebenfalls daran erinnerte, dass das Telephon einen besonderen Sprachrhythmus erforderte. Durch die schlechte Qualität der Verbindung war seinem Ton nicht zu entnehmen, ob er erleichtert oder niedergeschlagen war. Doch als er weitersprach, stieg in mir ein ungutes Gefühl auf: »Herr von Cramm, kommen Sie zur Wache IV, wir nehmen Sie dann auf die Schwand mit. Und bringen Sie die Frau Nimoy!«

»Wollen Sie mir nicht sagen, was passiert ist?«, fragte ich beklommen. Wenn sie uns zu Zita bringen wollten und nicht umgekehrt, konnte das eigentlich nur eines bedeuten. Ich schloss die Augen; nicht um mich besser auf Höllriegels Stimme konzentrieren zu können, sondern weil ich wusste, was er sagen würde.

»Wir kommen so schnell wie möglich«, versicherte ich ihm, als er mir alles erzählt hatte, und legte wieder auf.

Nimoy blickte mich mit ihren großen dunklen Augen an, deren Iris im Gaslicht fast schwarz erschien, und wartete auf meine Erklärung, aber genau wie meines war auch ihr Herz bereits gesunken, und sie ahnte meine Antwort schon:

»Höllriegel hat die Leiche von Zita gefunden. Der Schuss, den wir im Theater gehört haben, galt offensichtlich ihr.«

12. In der dunkelsten Stunde

Donnerstag, 17. Oktober 1896, 2 Uhr 45

Ich war weit weniger müde, als der Uhrzeit angemessen gewesen wäre, und ich war auch nicht länger betrunken. Doch stolperte ich wie vor den Kopf geschlagen zur Tür, öffnete für Nimoy, löschte dann das Licht und sperrte hinter uns ab, während bereits das Klappern der Stiefeletten meiner Begleiterin auf den Stufen erklang.

Auf dem Pflaster der Königswarter Straße angekommen, hielten wir beide inne. Die Nachtluft hatte sich noch einmal empfindlich abgekühlt, und ein trockener, aber frostiger Wind blies uns ins Gesicht, den wir umso deutlicher empfanden, da wir es beide versäumt hatten, uns mit Schal und Hut auszustatten. Nimoy hatte darüberhinaus mit »Sisaras Nägeln« zu kämpfen, die sie an der frischen Luft kurz ins Straucheln geraten ließen. Ich bot ihr an, mich nach einer Droschke umzusehen, doch sie wollte keine Verzögerung dulden, so dass wir uns auf den kurzen Fußweg machten, der uns zur Wache IV bringen würde.

Nimoy hakte sich bei mir unter, als wir losgingen, und ihr Schritt wurde nach wenigen Augenblicken wieder sicherer. Trotzdem wollte sie den Halt an meinem Arm nicht aufgeben.

»Zita ist tot«, wiederholte sie Höllriegels Botschaft. Mir selber ging nichts anderes im Kopf herum, und ich blieb ihr eine Antwort schuldig.

Es dauerte noch einige Momente, bis die Sonderkommissarin wieder zu sprechen begann: »Oh mein Gott, Herr von Cramm, ich ertappe mich dabei, dass ich hoffe, dass es ein Unfall war – dass sie nicht wirklich durch meine Hand getötet wurde!«

»Ihre Hand? Warum meinen Sie das?« Für eine Sekunde hegte ich den grotesken Verdacht, Nimoy könne selbst in irgendeiner Form in die Entführung verstrickt sein und wolle auf dem Weg zu Höllriegel ihr Gewissen erleichtern ...

»Durch meine Schuld, wenn das korrekter formuliert ist. Ich werfe mir vor, möglicherweise zu leichten Herzens an diesen Fall herangegangen zu sein«, erläuterte sie und sog die Nachtluft tief ein. »Sie erinnern sich; wir sind immerfort auf jene Spuren gestoßen, dass Zita mit ihren Entführern im Einvernehmen stehen musste – selbst wenn es sich dabei um Artois, Gießwein und Langhans handelte; denken Sie an den Zwischenfall auf der Kirchweih!« Sie schüttelte ihre offenen Locken im Wind, dass die Gaslichter ihr blauschwarzes Haar spukhaft glitzern ließen. »Ja, ihr Vater mochte dabei um sein Geld gebracht werden, aber wenn ich seine Reaktion richtig verstanden habe, dann würde das Lösegeld ihn nicht ruinieren, wenn er es verlieren sollte. So habe ich nicht wirklich erwogen, dass Zita in Lebensgefahr sein könne.« Sie biss sich auf die Hand.

Was konnte ich antworten? Dass sie nicht der liebe Gott war und nicht in die Herzen der Menschen sehen konnte – vor allem nicht in die Herzen derjenigen, die sie doch gar nicht kannte? Sollte ich sagen, dass wir immer noch Zitas Mörder fassen und seiner Strafe zuführen könnten? Dass Nimoys Ermittlungen vielleicht jetzt schon dazu geführt hatten, Schlimmeres zu verhindern?

Und doch wusste sie das alles. Wieder einmal stellte ich fest, dass es in den Momenten, wo unser Mitgefühl auf die schwersten Proben gestellt wird, am wenigsten Hilfreiches zu sagen gibt.

Wir kamen am Theater vorbei, das nun, in der finstersten Stunde des Tages, dunkel und verlassen dalag, wie ein Tempel, der von seinen Gläubigen aufgegeben wurde. Die Tür, aus der wir vor wenigen Stunden gestrebt waren, um etwas frische Luft zu schnappen, ehe wir den verräterischen Schuss hörten, war jetzt nur ein schwarzes Loch, das nirgendwohin führte. Das unbeschwerte Lachen der anderen Theatergäste und unsere eigenen angespannten Stimmen waren verweht. Als wir in diesem Hof standen, war die letzte Gelegenheit verronnen, Zitas Leben zu retten.

Nimoy blieb nicht stehen, sie verzögerte nur ihren Schritt für einen Moment, aber das genügte mir, um zu verstehen, dass sie dasselbe dachte wie ich.

»Grämen Sie sich nicht!«, nahm ich, zugegebenermaßen recht unvermittelt, den Faden des mittlerweile erstorbenen Gesprächs wieder auf, »Sie hatten keine andere Wahl!«

Ziemlich abrupt blieb sie stehen und zwang mich ebenfalls zum Halten. Ihr bei mir untergehakter Arm zog mich zu sich herum, und während sie mich fixierte, widersprach sie mit einer seltsamen Festigkeit in ihrer Stimme:

»Sie irren sich, Herr von Cramm. Man hat *immer* eine Wahl.«

Ich wollte nicht mit ihr streiten und war recht dankbar dafür, dass wir unmittelbar darauf Höllriegels Stimme hörten. Die Wache IV war nur noch wenige Schritte entfernt, und der Wachtmeister hatte bei einer Kutsche vor der Tür gewartet.

Wir verloren keine Zeit mit langen Begrüßungen, sondern stiegen in den Fond der Karosse, die unverzüglich mit uns losfuhr. Wie wir vermutet hatten, ging es nach Westen, auf die Schwand.

»Wir haben sie ungefähr um zwei Uhr gefunden«, erläuterte Höllriegel, während die Kutsche über das nächtliche Kopfsteinpflaster verlassener Straßen prasselte. »Sie lag in einem kleinen Austragshäuslein in der Hardhöhe.« Wir wussten auch ohne Erläuterung, wer »sie« war.

Vom Theater aus gesehen, befand sich das weitgehend brachliegende Gebiet der Hardhöhe noch hinter der Schwand.

»Nachdem meine Leute die Leiche gefunden hatten, wollten sie natürlich erst mich holen, um sicherzugehen, dass wir die richtige Person hatten, und dann galt es, die Untersuchung in Gang zu bringen«, fuhr Höllriegel fort. »Darum kam ich gewissermaßen erst mit Verspätung dazu, Sie zu benachrichtigen!«

»Kein Problem«, erwiderte ich und hörte, wie mein Mundwerk einmal mehr mit mir davonlief. »Bis zu Ihrem Anruf haben sich Frau Nimoy und ich geradezu ausgelassen amüsiert.« Zu meinem Glück entschieden beide, den wenig geschmackvollen Kommentar zu ignorieren. Ich nahm wahr, dass wir das Stadtgebiet Fürths in westlicher Richtung verließen und die Rednitz überquerten.

»Wissen Sie bestimmt, dass es sich um Zita handelt?«, blieb Nimoy beim Thema, und Höllriegel nickte langsam mit dem massigen Kopf.

»Ziemlich sicher. Von der linken Hälfte des Gesichts ist zwar nicht mehr viel übrig ...« Er brach ab. Ich wollte mir gar nicht ausmalen, in welchem Zustand sich die Fabrikantentochter befinden mochte, und warum.

»Und wie sind Sie auf sie gestoßen?«, forschte Nimoy weiter. Die Anspielung des Wachtmeisters machte auf sie anscheinend weniger Eindruck als auf mich.

»Der Schuss, der gegen einundzwanzig Uhr fünfundvierzig fiel, war ja laut genug zu hören. Dem mussten wir auf den Grund gehen und haben sowohl unsere Patrouillen, als auch die Gendarmerie auf den Weg geschickt. Indem wir die Leute gefragt haben, wer den Knall aus welcher Richtung gehört hat, konnten wir sozusagen peilen, wo der Schuss abgegeben worden sein musste.«

»Die Bewohner des Hofs, zu dem das Austragshäuslein gehört ...«, begann ich, doch Höllriegel schnitt mir in seiner kurz angebundenen Art das Wort ab:

»Da gibt's keine Leute mehr, der Hof selbst ist aufgegeben.«

»Aber irgendwem muss das Haus doch gehören?«, beharrte ich, und Höllriegel nickte kurz.

»Nach den Leuten suchen wir gerade noch.«

»Und ... Wie ist es passiert?«, fragte Nimoy. In dem Zwielicht des Fonds der Kutsche war es schwer zu entscheiden, aber mir schien, sie hatte mit sich gerungen, ehe sie die Frage stellte. Wir bogen um eine Ecke, der Fahrer ließ die Peitsche schnalzen, und die Pferde hatten sich anzustrengen, uns eine Steigung hochzuziehen.

»Kopfschuss«, antwortete Höllriegel lakonisch. »Man hat die Waffe aus nächster Nähe abgefeuert.« Er unterbrach sich für einen Moment. »Kein schöner Anblick, Fräulein.«

»Ich habe diese Profession nicht ihrer idyllischen Panoramen wegen ergriffen, Herr Höllriegel«, erwiderte Nimoy zwischen zusammengekniffenen Lippen.

Der kurze Rest der Fahrt verlief in Schweigen.

Das Austragshäuslein war weitgehend leer. Für die bescheidenen Bedürfnisse eines Bauernpaares im Ruhestand gebaut, bestand es aus einer kleinen Stube, dem Schlafzimmer, einer winzigen Küche und einem Abstellraum im Erdgeschoss sowie einem Obergeschoss mit zwei oder drei weiteren Kammern. Die drei Polizisten, die die Untersuchungen vornahmen, der Arzt und wir drei Neuankömmilnge genügten vollkommen, um das kleine Häuslein auszufüllen und einander permanent auf die Füße zu treten.

Das Obergeschoss war offensichtlich ungenutzt; das untere Geschoss hatte man spärlich, aber ausreichend ausgestattet. In der Küche befanden sich die notwendigsten Utensilien und ein paar Lebensmittel, und während das Schlafzimmer leer war, standen in der Stube ein alter Schrank, ein Tischchen mit zwei dünnen Stühlen, eine Art Schreibtisch sowie ein Sofa, das offensichtlich auch als Bett verwendet wurde. Auf dem Sofa lag die Leiche Zita Späths.

Noch bevor wir das Austragshaus betraten, hatte Nimoy eine kurze Runde über das Gelände unternommen. Außer dem verfallenen Gehöft, zu dem das Austragshaus gehörte, befanden sich im Umkreis von mehreren hundert Metern keine weiteren Häuser und keine Nachbarn. Die Fenster von Stube und Küche blickten nach innen auf den Hof, was bedeutete, dass höchstens der Rauch aus dem Kamin einem vorüberkommenden Fuhrwerk bedeuten würde, dass das Austragshäuslein bewohnt war.

»Ganz offensichtlich wurde Zita also tatsächlich nicht gegen ihren Willen hier festgehalten«, stellte die Sonderkommissarin fest, nachdem sie sich einige Minuten in dem Häuschen umgesehen hatte. Höllriegel erkannte inzwischen die Notwendigkeit, etwas Platz zu schaffen, und schickte seine Männer nach draußen. In der Tat war es schwer vorstellbar, dass man hier jemanden gegen seinen Willen einsperren könnte, es sei denn unter ständiger Bewachung – die aber wieder die Aufmerksamkeit vorüberkommender Menschen hätte auf sich ziehen müssen.

Ich blickte mich in dem kleinen Raum um, den derzeit nur die Laternen der Polizei erhellten. Hier hatte Zita also die letzten anderthalb Wochen ihres Lebens verbracht. Was ihr wohl durch den Kopf gegangen war? Hatte sie sich gefürchtet, hatte sie freudige Erwartungen für die Zukunft gehegt? Schwebte sie im Ungewissen? War sie verzweifelt? Ich schielte zu dem Sofa, wo ihr Körper und ihr Kopf unter einer Decke verborgen waren. Große, graue Blutspritzer an der Wand hinter ihr zeugten jedenfalls vom Ende ihrer Hoffnungen.

Mir fiel auf, dass keine persönlichen Gegenstände von Zita hier zu finden waren, und ich erwähnte das.

Nimoy, die seit unserer Ankunft ungewohnt still war, seufzte traurig und wandte sich dann mir zu:»Selbst wenn Zita mit ihren Entführern im Bunde war, wovon ich nach diesem Bild hier ausgehen würde, konnte sie doch nicht allzuviel persönliche Dinge mitnehmen – wenn zum Beispiel zuhause ihr Tagebuch gefehlt hätte, wäre das ja wohl recht merkwürdig erschienen. Zum anderen denke ich, dass ihre Entführer außerdem jede Spur von ihr tilgen wollten.«

»Sie meinen«, erwiderte ich, »sie wollten Zita praktisch noch nach ihrem Tod auslöschen?«

Nimoy lachte kurz und bitter: »Ach, Herr von Cramm, Sie und Ihr Sinn für Pathos! – Nein, ich glaube, es ging nicht darum, ihr Andenken ungeschehen zu machen oder so etwas. Ich bin vielmehr der Meinung, dass der oder die Entführer ganz pragmatisch versucht haben, Spuren zu verwischen, die auf sie selber hätten deuten können.«

»Wegen der Spuren, wir haben uns draußen umgetan.«, mischte sich Höllriegel ein. »Aber da war nicht viel zu wollen. Die Auffahrt ist gekiest und der Hof selber gepflastert; da finden wir nicht viel Spuren. Wir werden morgen früh bei Tageslicht noch einmal die Umgebung absuchen.«

»Ich glaube, Sie werden kaum etwas entdecken«, erwiderte Nimoy kurz angebunden. »Aber ich danke Ihnen trotzdem.«

Sie wandelte zu dem Sofa hinüber und hob die Wolldecke an, die über Zitas Gesicht lag. An meinem Platz in der Nähe der Tür stehend, konnte ich bestätigen, dass Höllriegel nicht übertrieben hatte: Von dem Gesicht der Entführten war nur noch die der Mauer abgewandte Hälfte übrig. Diese war bis auf ein kleines blutiges Loch in der Nähe der Schläfe unversehrt.

»Ein kleines Kaliber«, erläuterte Höllriegel, indem er von seinem Notizbuch ablas. »Vermutlich eine Jagdwaffe. Beim Auftreffen auf den Knochen aufgepilzt. Die Kugel steckt noch in der Wand. Muss sofort tödlich gewesen sein, sagt der Arzt.«

Besagter Arzt, eine hagere, ältliche Gestalt, stand neben uns und blickte etwas indigniert, da von ihm wie von einer abwesenden Person gesprochen wurde. Er nickte dann aber und bestätigte: »Mit nur noch einem halben Hirn denkt es sich eben nicht mehr so gut.«

»Der Tod, wann ist er eingetreten?«, wollte ich wissen. Der Arzt wog den Kopf:

»Zwischen vier und sechs Stunden, würde ich auf den ersten Blick schätzen. Wachtmeister Höllriegel hat mir von dem Schuss erzählt, der kurz vor zehn Uhr gefallen sein soll. Das würde sehr gut passen – vorbehaltlich einer eingehenderen Untersuchung, versteht sich.«

Die Sonderkommissarin wollte sich anscheinend schon wieder von dem Lager Zitas abwenden, als sie es sich anders überlegte, die Wolldecke zurückschlug und mit der Hand über das darunterliegende Federbett strich, unter dem das tote Mädchen lag. Dabei runzelte sie die Stirn.

»Das Federbett, war das schon so, als Sie sie fanden?«, wollte sie wissen.

»War das *wie*?«, fragte Höllriegel zurück. »Wir haben nichts verändert, außer, dass wir über das Gesicht der Toten die Wolldecke gelegt haben.«

Nimoy brummte und fuhr mit den Händen über den Sims des Fensters, das sich oberhalb der Sofalehne befand. »Das Federbett ist klamm«, murmelte sie dazu und sah mich dann überrascht an, als ich nicht reagierte. Der Zusammenhang war mir nicht recht klar, und als Nimoy das erkannte, meinte sie nur resigniert: »Ich werde Ihnen das später erklären, Herr von Cramm.«

Dann scheuchte sie uns alle aus der Stube. Im Verlauf der nächsten Viertelstunde sahen wir übernächtigte Gestalten von der Tür aus mehr oder minder gebannt zu, wie Nimoy den kleinen Raum akribisch untersuchte, auf Händen und Füßen jeden Millimeter abtastete und die spärliche Einrichtung auf den Kopf stellte. Schließlich richtete sie sich wieder auf, wischte sich den ausnahmsweise nicht eingebildeten, sondern sehr realen Staub von ihrem Kleid und kam zu unserer Türe, von wo aus wir ihr Tun begafft hatten. Sie streckte mir in stummem Triumph die Fläche ihrer Hand entgegen, deren Samthandschuh ebenfalls von der Begegnung mit dem Dreck gezeichnet war.

Auf ihrer Handfläche befand sich die einzige Trophäe, die Nimoy bei ihrer Jagd zur Strecke gebracht hatte: Ein glitzerndes, nur wenige Millimeter großes Zahnrädchen von der Art, wie man es in jeder Taschenuhr finden kann.

Höllriegel und der Arzt blickten einander an, sagten aber nichts, so dass es an mir blieb, einen Kommentar abzugeben.

»Sie haben ... *das* gefunden?«

»Ja. Hervorragend, nicht wahr?«, erwiderte sie. Ich war mir sicher, sie hätte aufrichtig gelächelt, doch der fortschreitende Abend schien auch sie stark ermüdet zu haben. So war ihr Lächeln nur ein matter Widerschein echter innerer Genugtuung.

»Wissen Sie, was das bedeutet?«, wollte sie dann wissen, aber ich konnte nur mit den Achseln zucken.

»Sie meinen, eine Verbindung zu dem Mechanismus des Boots vom Valzner Weiher?«, wagte ich einen Schuss ins Blaue.

»Fast, aber eben nicht ganz«, erwiderte Nimoy mit der merkwürdigen Freude, die sie immer an den Tag zu legen schien, wenn meine Mutmaßungen nicht ganz absurd, aber eben auch nicht genial genug für sie waren. »Entweder ist hier jemandem seine Uhr zu Boden gefallen, oder wir wissen, wie dieser Mord vor sich gegangen ist!«

Damit brachte sie meine Gedanken, die in der vergangenen halben Stunde eher um das Schicksal der armen Zita gekreist waren, wieder zu einem der vielen Rätsel dieses Falles: Wie hatte Zita zu einem Zeitpunkt erschossen werden können, an dem doch offensichtlich alle Verdächtigen ein hieb- und stichfestes Alibi, nämlich den Theaterbesuch hatten?

Die Haustür öffnete sich in diesem Moment, und einer der Feldgendarmen brachte einen sehr verschlafen dreinsehenden Bauern, der sich nur notdürftig etwas gegen die Kälte übergeworfen hat, herein.

»Des is da Treuheit-Bauer«, erklärte der Gendarm, »dem köhrt der Hûf do dream.«

Der Bauer und Besitzer des Hofes und damit des Austragshäusleins war nicht gerade in guter Stimmung, und das konnte man ihm auch kaum verübeln: Erst vor wenigen Stunden war er aus dem Bett gerissen worden, als die Gendarmen versuchten, den Urheber des ominösen abendlichen Schusses zu finden. Jetzt wurde er ein zweites Mal geweckt, seit Nachbarn angegeben hatten, dass ihm der aufgegebene Hof gehörte, in dem die Leiche gefunden worden war.

Die Geschichte des Treuheit-Bauern war lakonisch, wie es für die Franken typisch ist: Ende August war ein junger, gut gekleideter Herr, dem Dialekt nach ein Fürther, bei ihm vorbeigekommen und hatte gefragt, ob das Austragshaus zu mieten sei. Treuheit hatte sich nichts weiter dabei gedacht, da es bei den Städtern in den letzten Jahren in Mode kam, in die Sommerfrische auf's Land zu fahren. Er, Treuheit, bewirtschaftete jetzt einen anderen Hof in Vach, also ein paar Kilometer von der Hardhöhe entfernt, und er habe versucht, seinem Klienten klarzumachen, dass er nicht für das Frühstück oder die Wäsche des Herrn sorgen könne, aber das hatte diesen nicht weiter gestört: Im Gegenteil, er sagte wohl so etwas wie »Alles, was ich brauche, ist das Häuschen«, und war vollauf zufrieden damit, wenn man ihn nur in Ruhe lassen würde. Er mietete dann das Häuslein per Handschlag für eine bescheidene Summe auf zwei Monate, und Treuheit hatte nichts mehr von ihm gehört oder gesehen, außer einem Besuch des Geldbriefträgers mit der Miete, die zwei oder drei Wochen nach ihrer Begegnung eintraf.

»Dann musste er Zita wohl loswerden, weil sein Mietvertrag ablief?« – Ich dachte es mir nur.

»*Zwei Monate?*«, unterbrach Höllriegel etwas ungläubig, »Ist Ihnen gar nichts aufgefallen, als jemand *zwei Monate* Urlaub machen wollte? In einer gottverlassenen Gegend wie dieser hier? Im Oktober?«

Der Treuheit-Bauer zuckte die Schultern. Sollte er einen lukrativen Gast nach Hause schicken, nur weil dieser in der falschen Jahreszeit zuviel Freizeit zu haben schien?

Damit war offensichtlich alles erfahren, was von dem Besitzer des Häuschens zu erfahren war, und Höllriegel entließ ihn mit Nimoys Einverständnis wieder in sein Bett.

»Was haben wir nun erfahren?«, wollte ich dann wissen, als wir wieder unter uns waren.

»Dass die Entführung offensichtlich lange Vorbereitungen erfordert hat«, lautete Nimoys karge Antwort. Ich war gewillt, ihre Stimmung »mürrisch« zu nennen, aber das wäre ihrem Charakter nur teilweise gerecht geworden.

Wir machten uns zum Aufbruch fertig.

Höllriegel war um seine Aufgabe nicht zu beneiden, denn für ihn galt es jetzt, nach Zirndorf zu fahren und Späth vom Fund seiner Tochter zu benachrichtigen – wobei mir nicht recht klar war, warum das nicht bereits früher geschehen war.

Uns stellte er eine Droschke bereit, die uns ins Zentrum Fürths zurückfuhr. Der Polizist, der die Pferde lenkte, fragte nach dem Ziel, und ich wollte ihm das Hotel National nennen, doch Nimoy unterbrach mich und meinte mit gedämpfter Stimme:

»Herr von Cramm – wenn es Ihnen recht ist, es wird ohnedies bald hell werden, und ich würde den Rest der Nacht gerne in Ihren Bureaus verbringen. Hat Ihr Angebot vom Abend noch Gültigkeit?«

Ich warf ihr einen fragenden Blick zu, so dass sie fortfuhr:

»Ich habe allen Grund zu der Annahme, dass sich dieses Verbrechen mit dem Morgengrauen endgültig klären wird, und Ihr Bureau wird vermutlich der ›Brennpunkt‹ sein. Ich wäre gern dort. Außerdem ...« Sie zögerte, ehe sie mit dem tatsächlichen Grund herausrückte: »Herr von Cramm, ich möchte die Nacht nicht allein verbringen, in einem kalten, fremden Hotelzimmer. Sie werden mich doch recht verstehen?«

Der Kutscher, für den die Unterhaltung zu leise gewesen war, als dass er sie hätte mithören können, rückte unruhig auf dem Bock herum und drehte sich zu mir um, um endlich eine Entscheidung über das Fahrtziel zu bekommen.

»Setzen Sie uns bitte in der Königswarter Straße ab«, bat ich darum. »Ich werde Frau Nimoy dann bis zu ihrem Hotel begleiten.«

Der Polizist sah ein wenig verwundert drein, aber er war offensichtlich zu müde, als dass er seine Nacht noch mit fruchtlosen Diskussionen verlängern wollte, so ließ er denn die Pferde antraben.

Natürlich war es eine Ehrensache, Nimoy Unterkunft zu gewähren, aber ihre plötzliche Zutraulichkeit kam mir alles andere als genehm. Ich war mindestens so übernächtigt wie unser junger Kutscher, vermutlich noch mehr, und falls es stimmte, was Nimoy sagte, dass morgen der »entscheidende« Tag sein würde, dann wollte ich ihn gerne so frisch und ausgeruht als möglich beginnen.

Als wir schweigend den Weg zurück in die Stadt ruckelten und das Schaukeln der Droschke mich in einen Dämmer versetzte, kam mir außerdem in den Sinn, dass mir der Gedanke an Nimoys Anwesenheit unangenehm war. Das war, wie ich mir eingestehen musste, ungewöhnlich, und ich versuchte, das vage Gefühl in mir zu ergründen. Ich kam jedoch nicht weiter als bis zu einer bestimmten »unheimlichen« Stimmung, die Nimoy – heute zum ersten Mal – in mir auslöste. Ihre Sprache war wie sonst, ihre Gesten und ihre kleinen Marotten ebenso, doch irgendetwas, irgendetwas hatte sich bei ihr verändert – sie wirkte abwesend.

Doch ein dermaßen unbestimmtes Gefühl, kaum mehr als eine Laune, berechtigt einen natürlich nicht dazu, einer Freundin die gastliche Aufnahme zu verweigern, beschloss ich für mich. Und lehnte mich also in dem Fond zurück, und wappnete mich für das, was da kommen sollte.

Gegen vier Uhr dreißig hatten wir wieder die Königswarter Straße erreicht, uns bei dem Schutzmann bedankt und zugesehen, wie er den Weg zum Rathaus einschlug – der ihn am Hotel National vorbeiführen musste, weswegen er uns zum Abschied noch einmal mit einem Kopfschütteln bedacht hatte.

Als er außer Sicht war, stiegen wir die Treppen zu meiner Wohnung hinauf. Dort angekommen schlug ich vor:

»Frau Nimoy, wollen Sie sich nicht doch lieber hinlegen? Es wird nicht vor sieben Uhr hell werden, und Sie könnten noch ein wenig Kraft sammeln. Ich werde Ihnen das Sofa freiräumen ...«

Ihre geistige Abwesenheit hatte die ganze Fahrt über angedauert, und auch jetzt brauchte es geraume Zeit, bis sie auf meine Ansprache reagierte: Sie drehte mir den Kopf zu, aber ihr Blick ging geradewegs durch mich hindurch, ehe sie sich nach einem Moment straffte und mich fixierte, und um Entschuldigung bittend wollte, dass ich meine Frage wiederholte.

»Herr von Cramm, das ist überaus liebenswürdig von Ihnen«, antwortete sie dann, »aber weder will ich Ihnen noch mehr Umstände machen, als ich das bereits tue, noch steht mir der Sinn nach Schlaf, und schon gar nicht auf einem Sofa, das jenem ähnelt, das wir vor einer Stunde zu Gesicht bekommen haben.« Sie lächelte schwach, und ich konnte erkennen, wie Erschöpfung und Aufgewühltsein in ihr miteinander rangen.

»Aber Sie wissen ja, es heißt, die finsterste Stunde ist jene genau vor der Dämmerung«, fuhr sie schließlich fort und bemühte sich um ein herzlicheres Lächeln. »Herr von Cramm, wollen Sie sich noch mehr um mich verdient machen, als Sie es bereits getan haben, und die Dämmerung mit etwas von Ihrem ›schwarzen Sonnenschein‹ befördern?«

Ich verstand erst nicht, was sie meinte, dann präzisierte sie:

»›Kaffee‹ – Herr von Cramm, wollen Sie uns etwas Kaffee zubereiten?«

Da ich Nimoy also nicht überreden konnte, das meiner Meinung nach Beste zu tun und sich schlafen zu legen, tat ich das zweitbeste und entsprach ihrem Wunsch.

Während ich die Bohnen mahlte und das Wasser aufsetzte, fiel kein Wort. Nimoy hatte sich in einen Sessel nahe am Fenster gesetzt und starrte auf den pechschwarzen Himmel über uns. Ich entzündete endlich den Rechaud, und die flackernde spiritusblaue Flamme erfasste Nimoys Aufmerksamkeit.

»Ich hoffe wirklich, dass ich Sie nicht unnötigerweise um Ihren verdienten Schlaf bringe«, meinte sie, während ihr Blick immer noch von dem Kocher gefesselt war, als rede sie zu der Flamme. »Es ist eine bittere Komödie, die hier gespielt wird, und ich bin überzeugt, dass wir morgen ... heute ihrem letzten Akt beiwohnen werden.«

Dann erst sah sie mich an, und auch das nur für einen Moment, ehe sie wieder durch das Fenster starrte.

Ich nahm den Wasserkessel, goss den Kaffee auf und sog die augenblicklich entstehende belebende Duftwolke ein. Offensichtlich hatte Nimoy eine klare Vorstellung davon, wer hinter dem Verbrechen an Zita steckte – jetzt noch klarer, als es bei unserer Unterhaltung früher in der Nacht gewesen war. Aber ebenso offensichtlich wollte sie ihren Verdacht nicht mit mir teilen.

Das ungemein angenehme, warme und volle Aroma des Kaffees ließ mich bereits wacher werden, ehe ich nur einen Schluck getrunken hatte.

Wenn Nimoy mich nicht einweihen wollte, dann stand es mir auch nicht zu, in sie zu dringen. Nichtsdestoweniger konnte ich mir ja Gedanken machen.

Von den Verdächtigen, die wir kannten – Schaller und Marie-Theres, Steinhoff, Artois und Gießwein und Langhans, entweder zusammen oder getrennt, und eventuell noch einer oder beide der Eltern Späths – hätte ich auf die ersten beiden die größten Summen gewettet. Aber natürlich war mir bei keinem von ihnen klar, wie sie den Mord an Zita hätten ausführen können, da jeder einzelne von ihnen ein hieb- und stichfestes Alibi hatte. Noch wusste ich, was von dem ganzen Tohuwabohu der verschiedenen Lösegeldübergaben zu halten war. Auch in diesen beiden Fragen schien Nimoy ihre Antworten zu besitzen, die sie nicht mit mir teilen wollte.

Der Kaffee war durch den Barchentfilter gelaufen, und ich goß uns zwei Tassen ein und brachte Nimoy die ihre. Sie rührte nur kurz und und stürzte die Flüssigkeit, an der ich mir beinahe die Lippen verbrannt hätte, in einem Zug hinunter.

»Haben Sie noch eine Tasse für mich?«, fragte sie dann und lächelte entschuldigend.

Wir sprachen in den nächsten Stunden so gut wie nichts mehr. Die Zeit schien abwechselnd geradezu stillzustehen und dann wieder einen Sprung vorwärts zu tun – was auch daran liegen mochte, dass ich zwischendurch in meinem Lehnsessel einnickte. Doch jedesmal, wenn ich den Kopf wieder hob, saß Nimoy immer noch unverändert da und blickte hinaus.

Langsam graute der Himmel, und schließlich war es hell genug, dass man erkennen konnte, dass es ein weiterer windiger und regnerischer Tag werden würde. Fürth erwachte schrittweise zum Leben; die ersten Fuhrwerke rasselten über das Kopfsteinpflaster, die Nachtwächter machten sich auf den Weg nach Hause, während Arbeiter in dem farblos fahlen Zwielicht ihre Stellungen antraten. Der erste Zug der Ludwigs-Eisenbahn fuhr unter meinem Fenster in den Bahnhof ein, und die Straßenbahnen erschienen, um durch die Straßen zu scheppern und zu rumpeln. Die Stadt begann sich zu regen.

Ich hatte keine Ahnung, worauf Nimoy eigentlich in ihrer stoischen Unbeweglichkeit wartete. Wenn mein Geist wieder drauf und dran war, abzudriften, glaubte ich, dass in Wirklichkeit nur eine Statue auf jenem Sessel säße. Eine hübsch bemalte Statue, die jemand an den falschen Fleck gestellt hatte, und die jetzt ins Nichts blickte ...

Das Telephon klingelte.

Das durchdringende Klingeln stammte wie wenige Stunden zuvor von dem Apparat in meinem Bureau ein Stockwerk tiefer. Nimoy schoss augenblicklich aus ihrem Sitz hoch, und es war sonnenklar, dass das das Zeichen war, auf das sie gewartet hatte.

Wie schon zuvor hasteten wir die Treppe hinunter, um die Tür des Bureaus zu öffnen. Einer jener unangebrachten Gedanken kam mir in den Sinn; ob es nützlich sei, eine Leitung und einen Nebenapparat oben in der Wohnung installieren zu lassen? Es war kurz nach sieben, und eigentlich hätte schon einer meiner Kommis' anwesend sein sollen, doch die Schreibtische waren verlassen. Ich nahm den Hörer ab und erkannte die Stimme meines Angestellten:

»Chef? Ich bin es, Geißelbrecht!«

»Geißelbrecht?«, wiederholte ich unnötigerweise. Offensichtlich hatte mir die durchwachte Nacht tatsächlich die Konzentration geraubt. »Wo stecken Sie?«

»Auf dem Postamt in Nürnberg.« Ich nickte, obwohl er das natürlich nicht sehen konnte. Das Postamt befand sich wie üblich gleich neben dem Bahnhof der Stadt. »Ist Frau Nimoy bei Ihnen?«, wollte Geißelbrecht dann wissen. »Ich soll mit ihr sprechen!«

Ich reichte den Sprechapparat weiter und zog mich diskret einige Schritte zurück. Die Kommunikation zwischen Geißelbrecht und der Sonderkommissarin klappte zu Beginn alles andere als reibungslos; offensichtlich besaß sie keine große Erfahrung darin, ein Telephon zu benutzen. So half ich schließlich aus und wies sie ein, wo und wie sie sprechen konnte und wo sie hören sollte.

Dann entspann sich ein Dialog zwischen den beiden, bei dem ich nicht recht verstand, worum es ging – Nimoy stellte einsilbige Fragen, auf die Geißelbrecht weitschweifig antwortete, als ob es nicht ich sei, der letztlich für die Gebühren des Gesprächs würde aufkommen müssen. Aber in Nimoy ging in diesen Minuten eine denkwürdige Verwandlung vor sich: Sie begann wieder, hoch aufgerichtet zu stehen, wie ich sie in den ersten Tagen ihres Besuches hier in Erinnerung hatte, und ihr Körper verriet wieder mehr gespannte Energie. Die Beine hatte sie etwas auseinander auf den Boden gesetzt, als wolle sie sich auf eine Auseinandersetzung vorbereiten. Je besser sie das Telephon in den Griff bekam, umso eifriger wurde ihr Tonfall, bis sie sich schließlich von Geißelbrecht verabschiedete: Zwar sagte sie »Bis gleich!«, aber es klang mehr wie ein Halali. Ihr Tonfall glich ganz dem eines Jägers, der eine neue Fährte aufgenommen hat.

Ich half ihr, das Telephon ordnungsgemäß einzuhängen und kam dabei kaum einen Schritt vor ihrem Gesicht zu stehen.

»Herr von Cramm, haben Sie Stock und Hut bereit, und wollen Sie Herrn Geißelbrecht und mir die Ehre und den Gefallen tun, uns zu begleiten?«, fragte Nimoy mich in diesem Moment, und ihre Wangen hatten die Blässe der letzten Stunden komplett verloren, und ihre Augen glänzten wieder wie Obsidian.

Als wir die Treppen hinunter liefen, ertappte ich mich dabei, dass ich nicht einmal gefragt hatte, wohin es ging.

13. Im Felsenkeller

Donnerstag, 17. Oktober 1896, morgens

Als wir vor die Haustür in das konturlose Zwielicht des Morgens traten, schlug uns als erstes der böige, mit einigen Regentropfen vermischte Wind entgegen. Über uns wurden tintenblaue Wolkenfetzen vor einer gleichförmigen grauen Decke über den Himmel getrieben. Auf den Gleisen vor uns schnaubte ein Zug der Ludwigs-Eisenbahn heran, als wolle die Lok mit ihren Rauchwolken den tiefziehenden Sturmwolken noch Paroli bieten.

Nimoy nahm mich wie einen Schuljungen bei der Hand und zog mich hinter sich her, als sie mit alles anderer als damenhafter Eile auf die Gleise zusprang. Ich hatte immer noch keine Ahnung, worum es ging, aber ein eigenartiges Gefühl hatte mich erfasst; eine Mischung aus der durchwachten Nacht mit ihren Schrecken, der Erregung des Jagdfiebers, und dem Willen, einem Erpresser und Mörder das Handwerk zu legen – auch wenn ich nicht wusste, wer es letztlich sein würde.

Fast gleichzeitig mit der Eisenbahn bimmelte eine Straßenbahn heran, deren Haltestelle sich gerade gegenüber dem Bahnsteig der vom Nürnberger Plärrer heranführenden Ludwigsbahn befand. Jetzt erkannte ich, dass die Straßenbahn das Ziel Nimoys war.

Natürlich war der Bahnhof um diese Tageszeit voll mit Arbeitern, Tagelöhnern und Beamten, die aus den Vororten in die Stadt fuhren, um ihrem Beruf nachzukommen, so dass es schwierig für uns war, uns einen Platz auf dem Perron zu erkämpfen. Für einen Moment erwog ich, meinen Stock einzusetzen, denn auf einen

Hinweis Nimoys hin, dass wir unter Umständen in eine Auseinandersetzung geraten würden, hatte ich ein Modell mitgenommen, dessen Knauf aus Blei mit kleinen aufgesetzten Spitzen bestand – nur als äußerstes Mittel natürlich, und auf dem Bahnsteig seinem Wesen nach nicht angebracht. Die einfahrende Straßenbahn selbst war nur mäßig besetzt, da um diese Stunde die meisten Leute nach Nürnberg hinein wollten.

»Wo wollen wir denn überhaupt hin?«, erkundigte ich mich dann. »Wäre es nicht klüger, wir nähmen uns eine Droschke – so voll wie die Bahnen um diese Tageszeit sind ...«, begann ich, nur um von Nimoy unterbrochen zu werden:

»Wir wollen nirgendwohin; wir warten auf jemanden!«

Wer auch immer es war, er schien nicht unter den Fahrgästen zu sein, die am Ludwigsbahnhof ausstiegen, so dass wir uns, als die nunmehr fast leere Straßenbahn ihre Fahrt fortsetzte, ein paar Schritte zurückzogen. Ich erkundigte mich nun bei Nimoy, auf wen wir warteten – und wohin unsere Reise uns führen würde.

»Natürlich warten wir auf den braven Herrn Geißelbrecht – ein ganz vorzüglicher junger Kerl, den Sie da haben, übrigens!«, erwiderte Nimoy. Ich konnte mir ein Schmunzeln nicht verkneifen; manchmal teilte ich den Eindruck der Sonderkommissarin nicht so recht. Doch meine Anspannung ließ mich gleich wieder ernst werden.

»Und dann; wie geht es weiter?«

»Nun, wir werden dann den Mörder verfolgen«, erwiderte Nimoy, als könne sie nicht verstehen, dass das nicht offensichtlich für mich sei. »Denken Sie, wir wollen ihm einfach zum Abschied hinterherwinken?«

Ich scheute mich, eine noch lächerlichere Frage zu stellen – wer denn nun hinter der Entführung und Ermordung Zitas stecke.

»Aber wo geht es hin mit uns?«, wollte ich stattdessen wissen.

»Das, Herr von Cramm ...« – sie machte eine Kunstpause – »... weiß ich auch nicht. Aber ihr famoser Herr Geißelbrecht wird es uns sagen können!«

Nimoy deutete auf die nächste Straßenbahn, die inzwischen einfuhr. Mir war ein wenig unwohl bei der Frage, auf welche Weise Geißelbrecht sich wohl auf Nimoys Geheiß diese Information verschafft haben mochte. Noch bevor das Gefährt zum Halt gekommen war, sprang tatsächlich mein Kommis von der Plattform und lief auf uns zu und begrüßte uns kurz. Er präsentierte sich uns nicht nur aufgeregt und außer Atem, sondern auch reichlich übernächtigt – um nicht zu sagen derangiert. Hätte Nimoy nicht die komplette letzte Nacht mit mir verbracht, so hätte ich geargwöhnt, sie hätte ihn auf eine schlimme Tour durch Nürnbergs am übelsten beleumundete Viertel genommen.

»Nun?«, wollte Nimoy, üblicherweise eine weniger kurz angebundene Frau, dann wissen.

»Er hat eine Fahrkarte in Richtung Cadolzburg gelöst«, antwortete Geißelbrecht mit geröteten Wangen. »Ich habe nachgeschaut, wann der nächste Zug von Nürnberg hierher fuhr, und ich habe festgestellt, dass ich mit der Straßenbahn schneller wäre!«, fasste er zusammen.

»Das heißt, wir können ihn am Bahnhof noch abfangen?«, versicherte sich Nimoy, und Geißelbrecht nickte. Wer von Nürnberg nach Cadolzburg wollte, musste auf jeden Fall in Fürth umsteigen.

In schnellem Schritt machten wir uns also auf den Weg zum Hauptbahnhof. Unterwegs deutete Geißelbrecht auf die große Uhr, die am Portal des Bahnhofsgebäudes prangte, und erklärte, wir hätten noch einige Minuten Zeit, bis der Zug in Richtung Cadolzburg abführe.

»Ich konnte nicht genau hören, bis zu welcher Station er fahren wollte«, erläuterte Geißelbrecht fast entschuldigend, »aber er hat sich jedenfalls nach den Verbindungen der Rangaubahn erkundigt!« Das war der Name der Linie von Fürth nach Cadolzburg.

»Also wird er nach Zirndorf wollen«, platzte ich heraus. Zwar hatte ich immer noch keine Ahnung, um wen es sich bei »ihm« eigentlich handelte, aber Zirndorf war die einzige Stadt entlang der Rangau-Linie, die in unserem Fall bislang eine Rolle gespielt hatte.

»Seien Sie doch nicht so voreilig!«, schalt mich Nimoy denn auch prompt. »Oder haben Sie die Alte Veste schon vergessen?«

Womit sie auch wieder Recht hatte.

Wir traten in das Innere des Bahnhofs, und ich kaufte, um auf der sicheren Seite zu sein, drei Billets bis nach Cadolzburg, der Endhaltestelle der Rangaubahn. Dann liefen wir auf die Gleise, wo der Zug nach Cadolzburg bereits auf seinen Anschluss aus Nürnberg wartete. Nimoy schlug vor, dass sie und ich bereits in eines der Abteile einsteigen sollten, während Geißelbrecht auf dem Perron auf die Ankunft unseres mysteriösen vierten Mannes warten solle. Von wem auch immer Nimoy sprach, derjenige kannte unsere beiden Gesichter wohl, nicht aber jenes meines Kommis'.

Wir folgten Nimoys Vorschlag, und Geißelbrecht tat so, als rauche er noch genussvoll eine Zigarette auf dem Bahnsteig, was ihm nicht leicht fiel, da er kein Freund von Tabak war. Nimoy zog die Vorhänge des Coupès zu, während die Lok an der Spitze des Zuges ein langgezogenes Schnauben ihrer ungeduldigen Dampfkraft hören ließ.

»Wenn dieser vierte Fahrgast der Mörder ist – und wenn Sie mir ganz offensichtlich nicht sagen mögen, um wen es sich dabei nun handelt –«, wollte ich dann wissen, »warum rennen wir ihm eigentlich hinterher? Wäre es nicht klüger, Höllriegel zu informieren und den Delinquenten festnehmen zu lassen?«

Sie zögerte einen Moment mit der Antwort. Durch die geschlossenen Vorhänge war das Licht gedämpft, und ihre Gesichtszüge wirkten viel sanfter und milder als sie in Wirklichkeit waren. Dann sprach sie mit gedehnter Stimme:

»*Klüger* vielleicht. Aber, wie ich Ihnen bereits erklärte, habe ich ein ziemlich deutliches Bild davon, *was* geschehen ist, und *wer* dafür verantwortlich ist. Jedoch, ich bin mir noch nicht im Klaren darüber, *warum* diese Tragödie so verlaufen ist.«

Ihre letzten Worte waren unterlegt mit dem Pfiff und dem Stampfen einer sich nähernden Eisenbahn.

»Ehrlich gesagt, ich tappe immer noch recht im Dunkeln, was alle drei Fragen betrifft. Alles, was ich bisher sehe, ist ein großes Kuddelmuddel«, erwiderte ich.

Nimoy musste eine Pause einlegen, ehe sie antwortete, während der einlaufende Zug mit kreischenden Bremsen zum Halten kam. Es war die Bahn aus Nürnberg. Dann fuhr sie fort:

»Nietzsche wurde zwar inzwischen von der geistigen Umnachtung weggerafft, aber er hat in seinen lichten Momenten etwas sehr Kluges gesagt: ›Man wird selten fehl gehen, wenn man extreme Taten der Eitelkeit, gewöhnliche Taten eben der Gewohnheit und gemeine Taten der Furcht zuschreibt.‹ Wenn man davon ausgeht, dann kann man bei einer Affäre wie der, mit der wir es hier zu tun haben, bereits eine ganze Menge Antworten finden.«

Ich war mir nicht sicher, ob Nimoy mich nicht einfach nur auf den Arm nahm – ob sie ihre Antworten in Wirklichkeit aus einer ganz banalen anderen Quelle bezog und mich einfach nur vorführen oder beeindrucken wollte. Andererseits wusste ich, dass sie stets beim Wort zu nehmen war, und Ironie war ihr fremd. Ehe ich mir eine Antwort zurechtgelegt hatte, klopfte es an die Tür unseres Abteils.

Nimoy zog den Vorhang einen Zoll zurück, und ich sah, dass es Geißelbrecht war, der uns ein Zeichen gab. Gleichzeitig lehnte er, so unauffällig es ging, an der Wand unseres Waggons, die angerauchte Zigarette ungelenk zwischen den Fingern, und ich fürchtete, eine große Karriere als Schauspieler stand ihm nicht bevor.

Eine Handvoll Gäste, die mit dem Zug aus Nürnberg gekommen waren, stiegen zu uns in Richtung Cadolzburg um, und ich suchte die Menschen durch den halboffenen Vorhang nach vertrauten Gesichtern ab.

»Sagen Sie mir, wenn Sie ihn erkennen«, wisperte Nimoy, und ich war über den ungewohnt spöttischen Ton ihrer Stimme verwundert. Für eine Sekunde wandte ich den Blick vom Bahnsteig ab und sah, wie sie mich durchaus gutmütig anlächelte. Als ich wieder auf den Perron blickte, lief Jost Steinhoff kaum eine Armeslänge entfernt an mir vorbei. Ich hätte ihm den Hut vom Kopf stehlen können.

Unwillkürlich hielt ich den Atem an. Der junge Mann wirkte ebenso unausgeschlafen wie Geißelbrecht, an dem er ohne ein Zeichen des Erkennens vorüberging. Unter dem Arm trug er ein kleines Päckchen, während sein Gesicht einen übernächtigten und angespannten Eindruck machte. Als er an uns vorbei war, wagte ich, Luft zu holen. Steinhoffs Schuhe waren schmutzig, bemerkte ich, und auch seine Kleider trugen Spuren von Dreck und Gebüsch.

»Ich weiß nicht recht, was ich denken soll«, meinte ich dann unwillkürlich flüsternd.

»Sind Sie überrascht?«, wollte Nimoy wissen, und schien sich über die gelungene Überraschung zu freuen.

»Ich glaube, nicht. Ich meine, ich hielt *keinen* für einen wahrscheinlichen Täter.«

Der Schlag des Abteils öffnete sich, und ich rückte zur Seite, um Platz für Geißelbrecht zu machen.

»Wir fahren zusammen mit Steinhoff und steigen aus, wenn er aussteigt?«, erkundigte ich mich, und Nimoy nickte.

Die nächsten Minuten verbrachten wir schweigend. Eine Trillerpfeife gab das Signal zur Abfahrt, die Lokomotive zischte und schnaubte, ein Ruck lief durch den Waggon, und zuerst langsam, dann immer schneller fielen die Bahnsteige Fürths hinter uns zurück.

Der junge Ingenieur Steinhoff also – ich horchte in mich und fand mich tatsächlich nicht überraschter, als ich bei jedem anderen Namen gewesen wäre. Vermutlich hatte ich erwartet, dass es mir in dem Moment, in dem ich den Namen erführe, wie Schuppen von den Augen fallen würde: Dass mir plötzlich klar würde, was das ganze Hin und Her mit Zügen, Booten und Ballons bedeuten würde, und dass das ganze Netz von Zusammenhängen klar vor mir liegen würde. Nichts von dem war der Fall. Als eine »Antiklimax« pflegten das wohl die Feuilletonisten zu bezeichnen. Unser Waggon rüttelte über eine Weiche.

»Wie sind Sie darauf gekommen?«, wollte ich dann wissen. Das Rütteln hatte mich aus meiner Versunkenheit geholt.

»Ich hatte von Anfang an einen Verdacht gegen ihn. Denken Sie daran, dass wir relativ rasch ahnten, dass Zita mit ihren Entführern zusammengearbeitet haben muss. Das ließ Langhans, Gießwein und Artois weitgehend ausscheiden. Blieben die Späths, bei denen ich jedoch keinerlei Motiv erkennen konnte ... «

»Keinerlei Motiv?«, unterbrach ich. »Aber wenn Späth nun doch irgendwie von dieser Entführung hätte profitieren können?«

»Nun, einerseits haben Sie mir klargemacht, dass es dafür kein rechtes Szenario gibt«, fuhr Nimoy ungerührt lächelnd fort, »andererseits wäre es nicht zu erklären gewesen, warum er den Fall so furchtbar kompliziert hätte gestalten müssen – mit mehreren Lösegeldübergaben, und einer Tochter, die aus dem fahrenden Zug verschwindet! Wer immer dafür verantwortlich war, hat das getan, weil es notwendig war. Eine weniger komplizierte Lösung schien er nicht gefunden zu haben.

Wie auch immer, auf meiner Liste blieben Schaller und Marie-Theres einerseits und Steinhoff andererseits. Hätte sich Zita nun mit ihrem Einverständnis von Schaller entführen lassen, wäre es nur logisch, davon auszugehen, dass Marie-Theres auch eingeweiht sein musste. Aber erinnern Sie sich an ihr merkwürdiges Auftreten, als wir das erste Mal bei Späths waren?

Ganz offensichtlich spielte der Hut, den sie dabei trug, eine Rolle, und natürlich hätte sie ihn *nicht* getragen, wenn ihr bewusst gewesen wäre, welches Aufsehen er erregen würde. Ergo war sie nicht oder nur teilweise eingeweiht, und ergo war es unwahrscheinlich, dass Schaller der Bösewicht war.«

»Aber was ist denn nun in dem Zug nach Koburg vor sich gegangen?«, wollte ich wissen.

»Sehr einfach. Zita brauchte eine Gelegenheit, um unauffällig aus dem Zug zu entwischen. In Baiersdorf wollte sie sich mit ihrem Entführer treffen, und das konnte sie ja schlecht unter den Augen ihrer Gouvernante Frau Marquardsen machen. Also zog sie sich unter erfundenen Kopfschmerzen zurück und zog den Hut ins Gesicht. In Baiersdorf tauschte sie, wie zuvor mit ihrer Freundin verabredet, die Plätze und den Hut, und bis Bamberg mimte Marie-Theres die schlafende Zita, ehe sie selber ausstieg.

Marie-Theres selber hat mich auf dieses Vorgehen gebracht, als sie bei Späths die spitzfindige Unterscheidung zwischen dem ›gleichen‹ und ›demselben‹ Hut machte. – Es hat mich übrigens sehr für sie eingenommen, dass so ein junger Mensch noch derart feine Unterschiede der Grammatik beherrscht.«

Wir waren durch Dambach durchgefahren und kamen jetzt an unsere erste Haltestelle, die Alte Veste. Der Zug verlangsamte sich, und Geißelbrecht nahm seinen Platz am Fenster ein, um uns zu alarmieren, falls Jost den Zug hier verlassen wollte.

»Und warum hat Marie-Theres mitgespielt?«

»Ich gehe davon aus, dass Zita ihr erzählt hatte, sie habe ein Tête-à-Tête mit einem mysteriösen Liebhaber: Welche junge Frau würde ihrer Freundin bei so einer romantischen Intrige nicht zur Seite stehen? Außerdem hatte Marie-Theres so die Gelegenheit zu einer kostenlosen Fahrt nach Bamberg, wo sie *ihren* Galan besuchen konnte.«

Wir kamen zu einem stockenden Halt. Geißelbrecht spähte weiter nach draußen, konnte aber offensichtlich nichts von Jost sehen.

»Ich verstehe. Zita traf sich in Baiersdorf mit Jost, der tatsächlich ihren Liebhaber mimte?«, spann ich den Faden weiter.

»Das ist nur zu offensichtlich«, gab mir Nimoy Recht und nickte mit einem bitteren Ausdruck auf den Lippen. »Junges Ding verliebt sich in Hauslehrer, das ist nun wirklich eine Geschichte, die jede

Stunde irgendwo auf der Welt passiert. Der Hauslehrer erwidert die Liebe, oder er sieht wenigstens die Gelegenheit zu einer guten Partie; auch das ist keine so ungewöhnliche Geschichte.«

Geißelbrecht blickte von seinem Platz am Fenster zu uns herüber. »Aber war nicht das Problem, dass Steinhoff gar nicht rechtzeitig in Baiersdorf sein konnte?«, wollte er wissen.

Nimoy schüttelte den Kopf: »Wir gingen davon aus, dass er Zitas *Zug* nicht erreichen konnte, um sie mit Gewalt daraus zu entführen. Aber Zita stieg ja freiwillig aus und wartete einfach, bis ihr Paramour nach Baiersdorf nachkam. Tatsächlich *durfte* Steinhoff gar nicht zu früh in Baiersdorf eintreffen, denn wenn er dort noch Marie-Theres begegnet wäre, hätte das seinen ganzen Plan kompromittiert.«

»Und dann telegraphierte er seinem Komplizen in Hamburg, der wiederum Späth in Kenntnis setzte«, vollendete ich den Gedanken.

Es ruckelte, als wir uns wieder in Bewegung setzten. Geißelbrecht schüttelte den Kopf und ließ sich in die Polster fallen, während er unserer Geschichte, von der er offenbar auch nur Bruchstücke kannte, weiter gespannt zuhörte.

»›Q‹, den wir immer noch nicht mit Namen kennen, was aber auch keine Rolle spielt, wurde per Telegramm instruiert, seinerseits das Telegramm aus Hamburg abzuschicken. Damit verschaffte Steinhoff sich die Zeit, Zita ungestört zurück in das Austragshäuschen auf der Schwand zu bringen, das er geraume Zeit zuvor angemietet hatte. Dort sollte sie sich still verhalten, bis die Lösegeldübergabe erfolgt sei.

Soweit hatte ich Steinhoffs Plan nachvollzogen. Ich machte mir relativ geringe Sorge um Zita, denn entweder meinte Jost es ernst, mit ihr durchzubrennen, oder er wollte nur an das Geld und sie danach sitzen lassen. Und genau an jenem Punkt ... « Nimoys Stimme nahm jenen trockenen und tonlosen, papierartigen Klang an, und ihr Blick wanderte zu dem durch Vorhänge verdunkelten Fenster hinaus »... habe ich mich geirrt, was Zita das Leben gekostet hat.«

Sie fixierte wieder uns. »Steinhoff konnte oder wollte nach erfolgter Lösegeldübergabe nicht verschwinden, sondern entschied sich, hier in der Gegend zu bleiben, weswegen es für ihn wichtig war, dass er nicht erkannt werden würde – darum musste er Zita töten.«

Sie machte eine Pause und blickte auf die Hände in ihrem Schoß, die einander kneteten.

»Das ganze Geschäft mit der Entführung hätte mich stutzig machen müssen. Wenn es nur darum gegangen wäre, Späth um einige tausend Mark zu erleichtern, hätten das beide viel leichter haben können – sie genossen ja Späths Vertrauen in hohem Maße. Die Entführung war vollkommen unnötig.«

»Aber das hätte doch auch Zita bemerken müssen?«, wandte ich ein.

»Vielleicht. Aber kennen Sie ein siebzehnjähriges Mädchen, das der Versuchung einer Liebesentführung würde standhalten können?«

Ich konnte ihr schwerlich widersprechen. Geißelbrecht mischte sich ein:

»Aber was hat es nun mit diesen ganzen Lösegeldübergaben auf sich?«

»Ja, was hat es damit auf sich?«, echote ich und wandte mich an Geißelbrecht: »Wo hat Frau Nimoy Sie eigentlich hingeschickt, und wo kommen Sie mit Steinhoff her, in diesem übernächtigten Zustand?«

Statt seiner antwortete die Sonderkommissarin:

»Ich habe Herrn Geißelbrecht und seinen Kameraden an den Valzner Weiher geschickt, denn ich war sicher, der Entführer – bei dem ich wiederum ziemlich fest glaubte, es handle sich um Steinhoff – würde alsbald kommen und sein Lösegeld bergen.«

»Aber wie das?«, wollte ich wissen. »Das Boot mit der Münzsammlung ist doch gesunken!«

»Allerdings.« Sie hatte wieder etwas Mut gefasst und versuchte zumindest ein wenn auch recht kraftloses Lächeln. »Wobei wir alle denken sollten, dass das ein Unfall gewesen sei. In Wirklichkeit war dieser ›Schiffbruch‹ so *geplant*.

Erinnern Sie sich an die Alte Veste, als weder Sie noch Höllriegel eine Ahnung hatten, wie der Entführer diesen merkwürdigen Ballon wieder bergen wollte? Ich wusste es auch nicht, und sogar Steinhoff hatte nie vorgehabt, das Geld aus dem Ballon an sich zu nehmen. Es liegt vermutlich immer noch auf irgendeinem Acker im Knoblauchsland.«

Wie sie die Region im Nürnberger Norden erwähnte, dämmerte mir etwas: »Als Höllriegel anrief und mit der Meldung des anderen Ballons zurückkam, haben Sie daraus etwas gefolgert, auf das sie mich mehrmals mit der Nase stoßen wollten, was ich aber nicht begriffen habe – dass ›unser‹ Ballon nie geborgen werden sollte?«

»So ungefähr. Sehen Sie, das Merkwürdige an dem Versuchsballon war, dass er offensichtlich bereits *vor der ersten* Lösegeldübergabe am Valzner Weiher gestartet worden war. Wenn der Entführer aber so etwas tat, dann konnte das ja nur bedeuteten, dass er von vornherein damit rechnete, dass die Übergabe mit dem Boot nicht funktionieren würde. Und vielleicht war das ja sogar so gewollt? Denn spätestens nach der zweiten Übergabe an der Alten Veste war klar, dass wir dem Valzner Weiher keine Aufmerksamkeit mehr schenken würden, und in der Tat zog Höllriegel ja noch an jenem Tag seine Männer ab.«

»Jetzt haben Sie mich ein wenig verwirrt«, gestand ich ein.

»Sehen Sie, der Mechanismus des Modellboots war so eingerichtet, dass er ungefähr in der Mitte des Weihers die Schnur kappen und das Boot zum Kentern bringen würde. Das war Absicht. Im Boot befanden sich Chemikalien, die ungefähr vier Tage später zu einer Reaktion führen würden, die einen Ballon im Boot mit Gas füllten. Damit tauchte das Boot wieder auf und wurde durch den Wind ans Ufer getrieben, wo Steinhoff es einsammeln konnte. Um diese Jahreszeit war es nicht sehr wahrscheinlich, dass Passanten auf das Boot stoßen würden – das ja nur wie ein dreckiges und offensichtlich kaputtes Spielzeug im Ufergestrüpp wirken musste«, erläuterte sie geduldig.

»Der Ballon der Alten Veste war also nur ein ›Roter Hering‹?«, vermutete ich.

»So ist es. Späths ganzes gutes Geld wurde für ein Ablenkungsmanöver geopfert, damit Steinhoff sich am Valzner Weiher unbeobachtet glauben konnte. Wir hatten Glück, dass bei der Übergabe am Dienstag so gutes Wetter war, sonst hätte er das Geld vermutlich schon dann geborgen. Wegen der vielen Ausflügler am Weiher wartete er aber offensichtlich noch einen Tag – was mir Gelegenheit gab, den schneidigen Herrn Geißelbrecht ins Spiel zu bringen!«

Mein Kommis glühte bis über die Ohren vor Stolz, schien mir. Im selben Moment verlangsamte der Zug jedoch schon wieder, und wir liefen in Zirndorf ein. Ich gab ihm ein Zeichen, er solle stracks seinen Beobachtungsposten einnehmen. Auch Nimoy straffte sich, offensichtlich in Erwartung, dass Jost hier aussteigen würde.

»Auch am Mittwoch konnte er das Geld nicht bergen, sondern erst heute früh, denn gestern war es ja wichtig, dass er im Theater anwesend war«, fuhr sie fort.

»Damit er uns mit seinem Alibi beweisen konnte, dass er nicht an Zitas Tod schuld war?«

»Genau. Was er nicht voraussehen konnte war, dass auch Schaller und Marie-Theres anwesend sein würden. Steinhoff hatte ja die ganze Zeit mehr oder minder subtil versucht, den Verdacht auf Schaller und seine Schulden zu lenken – Sie erinnern sich an das merkwürdige Tagebuch Zitas, in dem Sie so scharfsinnig die durcheinandergebrachten Daten bemerkten? Offensichtlich hatte Steinhoff Zita gebeten, ihr echtes Tagebuch zu zerstören und im Nachhinein eine Fälschung anzulegen. Damit belastete er nicht nur Schaller, sondern er konnte auch sicher sein, dass irgendwelche Schwärmereien, die Zita ihrem originalen Tagebuch über ihn, Steinhoff, anvertraut haben mochte, vernichtet wären. Dass Zita die Daten der Straßenbahn verwechseln würde, konnte er natürlich nicht ahnen.

Ebensowenig, wie er ahnen konnte, dass sein Kunststückchen am Theater sein Alibi in Wirklichkeit schwächen würde. Was er nicht wusste war, dass auch Marie-Theres und Schaller anwesend sein würden mit Billets, die sie bereits lange im Voraus gekauft hatten. Nun liegt es aber auf der Hand, dass ein so komplexer Plan wie Zitas Entführung nicht monatelang vorher auf den Tag geplant werden kann: Den Theaterbesuch als Alibi zu verwenden, konnte nur kurzfristig umgesetzt werden. Also entlastete der frühe Kartenkauf die beiden anderen in Wirklichkeit.«

»Der Täter ist derjenige mit dem besten Alibi ...«, erinnerte ich mich an das, was mir Nimoy mehrere Male erklärt hatte.

»Genau.«

Der Zug in Zirndorf war zum Halt gekommen, und ebenso stockte unser Gespräch, während Geißelbrecht angestrengt hinausspähte. Ich hatte Stock und Hut in der Hand, um augenblicklich zum Verlassen des Zugs bereit zu sein. Es geschah jedoch nichts. Mehrere Momente verstrichen, während derer Geißelbrecht zur Sicherheit auch zur anderen Seite des Abteils hinaussah, ob Steinhoff diesen Ausgang nehmen würde. Der Kommis schüttelte jedoch nur den Kopf, und endlich pfiff der Schaffner, und die Lokomotive setzte sich mit ihrem rhythmischen Schnauben wieder in Bewegung.

Wir alle blickten einander etwas verdutzt an. Offensichtlich hatte Steinhoff tatsächlich noch eine Überraschung für uns in petto, wenn Zirndorf doch nicht sein Ziel war. Was, wenn er auf genauso überraschende Art und Weise wie Zita aus dem Zug verschwinden würde? Ich war mir nicht sicher, ob Nimoy sich für diesen Fall einen Plan zurechtgelegt hatte ...

»Aber wer hat Zita denn nun umgebracht? Ein Komplize Steinhoffs?«, drang Geißelbrecht in die Sonderkommissarin.

»Nein, das wäre zu kompliziert und gefährlich gewesen. Steinhoff hat es selbst getan.« Geißelbrechts und mein verwirrter Gesichtsausdruck ließen Nimoy weitersprechen: »Nun, ein Faible für unnötig komplizierte mechanische Spielzeuge zieht sich doch durch die ganze Geschichte, meine Herren – wenn wir nur die komplexen Apparate für die Lösegeldübergaben betrachten ...

Hier kam Steinhoff übrigens der Zufall zu Hilfe, denn als Ingenieur hatte er zwar die Fähigkeiten, solche Geräte zu bauen, aber es hätte ihn verdächtig gemacht, hätte er als einziger am Fall Beteiligter über diese Fähigkeiten verfügt. Aber sowohl der Student Schaller als auch die Schlosser Gießwein und Langhans hätten so etwas ebenfalls herstellen können. und sogar Stella Artois, mit ihrem Faible für mechanische Puppen, hätte sich von den Handwerkern am Theater derlei Mechaniken beschaffen können.

Am Samstag war Zita, wohl in einer Mischung aus Langeweile und schlechtem Gewissen, aus ihrem Versteck davongelaufen und hätte mit ihrem Kirchweihbesuch, der so getreu vom Fußpilz-Fredl beobachtet wurde, beinahe alles ruiniert. Entweder unmittelbar danach oder irgendwann später begann Steinhoff, Zita unter Drogen zu setzen. Auf jeden Fall betäubte er sie am Mittwochabend, und brachte dann ein drittes ›Spielzeug‹ zum Vorschein: Eine Höllenmaschine, einen Revolver, gekoppelt mit einem Uhrwerk«, präsentierte Nimoy uns die Antwort.

»Das ist perfide«, rief ich aus, und Geißelbrecht benutzte einen Ausdruck, der nicht in die Gegenwart einer Dame gehörte.

»Während Zita bewusstlos lag, baute Steinhoff den Apparat auf und justierte ihn so, dass er während der Pause von Minna von Barnhelm losgehen musste – was ihm das perfekte Alibi verschaffen würde. Er öffnete sogar noch die Fenster, damit der Schuss auch möglichst weit zu hören war. Soweit lief alles glatt. Als das Stück vorbei war, fuhr er zu dem Austragshäuschen, um aufzuräumen. Der Rückstoß des Schusses hatte sein Gerät in tausend Stücke zerschmettert, aber das machte ihm nicht viel aus: Er sammelte einfach die Trümmer ein, bis auf jenes übersehene Rädchen, das ich Ihnen später präsentierten konnte. Dann schloss er das Fenster, sackte alle persönlichen Dinge ein, die auf ihn deuten konnten, und verschwand nach Hause. Nun brauchte er nur noch auf den nächsten Morgen zu warten, um endlich das Geld am Valzner Weiher zu holen.

Das mit dem Fenster war allerdings ein Fehler. Sie erinnern sich, dass es am Mittwochabend vor der Pause im Theater heftig geregnet hatte? Dieser Regen war es, der auf das Bett Zitas fiel und es später, bei unserer Ankunft, klamm sein ließ. Hätte Zita nur geschlafen gehabt, wäre sie sicher sofort aufgewacht und hätte das Fenster geschlossen. So aber bedeutete das, dass sie nicht im natürlichen Schlaf lag, sondern dass sich noch nach ihrem Tod jemand an der Stube zu schaffen gemacht hatte. Ich bin mir sicher, dass eine Obduktion zeigen wird, dass sie starke Betäubungsmittel im Blut hatte.«

Wir verlangsamten ein weiteres Mal, wie ich bemerkte. Ein Dörfchen namens Weiherhof war unsere nächste Station, und Geißelbrecht machte sich bereit für sein kleines Ritual am Fenster.

»Heißt das«, wollte ich wissen, »dass Artois, Langhans und Gießwein tatsächlich keine Rolle in all dem gespielt haben?«

Nimoy nickte, während der Zug langsamer wurde.

»Soweit ich das übersehen kann, keine. Artois hatte wohl tatsächlich mit der ganzen Affäre nichts zu tun. Ich habe die Gelegenheit genutzt und noch einmal unter vier Augen, ohne naseweisen ›Journalisten‹, mit ihr geredet: Späth und Artois hat vor geraumer Zeit wohl eine leidenschaftliche Affäre miteinander verbunden, die Späth allerdings beendete, als er seine jetzige Frau kennenlernte. Artois hatte ihn bei ihrer Visite vor zwei Wochen um finanzielle Unterstützung ersucht, da ihre berufliche Situation mit zunehmenden Alter natürlich nicht besser wird. Späth wollte ihr, wenn auch in bescheidenem Rahmen, tatsächlich Hilfe gewähren – eine überaus noble Geste, wie ich finde. Gleichzeitig ist mir verständlich, dass er seinen Diener zum Stillschweigen vergatterte, da er solche Zuwendungen natürlich nicht vor der jetzigen Frau Späth breitgewalzt haben wollte.

Übrigens hätten wir uns ohnedies denken können, dass Artois unbeteiligt an der Entführung war«, beschloss Nimoy ihr Précis, und ich erkundigte mich gerade nach dem Wieso, als wir mit dem üblichen Ruck zu einem Halt kamen.

»Nun, sie ist Schauspielerin. Wenn sie tatsächlich etwas im Schilde geführt hätte, dann hätte sie sich sicher so verkleidet, dass Joseph sie *nicht* ohne weiteres erkannt hätte. Eben *dass* sie erkannt werden konnte, spricht sehr für sie.

Langhans und Gießwein werden sich im übrigen natürlich als ... wie nennt man das, ›Trittbrettfahrer‹? – zu verantworten haben. Aber sie haben Zita außer an jenem Samstagnachmittag, an dem ihre Brosche die Trophäe der Kirchweihrauferei wurde, nie zu Gesicht bekommen.«

»Frau Nimoy?«, unterbrach Geißelbrecht mit plötzlicher Anspannung in der gedämpften Stimme. »Herr Steinhoff macht sich auf, uns zu verlassen!«

Wir sprangen beide auf und spähten durch den Spalt in den Vorhängen, den der Kommis uns aufhielt. In der Tat war zwei Waggons vor uns Steinhoff ausgestiegen. Nach einem kurzen prüfenden Blick über den Bahnsteig machte er sich auf den Weg zu dem Weiler.

Nimoys Hand zuckte zum Türgriff, doch den hielt bereits Geißelbrecht fest. Mit einer Entschlossenheit und Kaltblütigkeit, die ich ihm gar nicht zugetraut hätte, bedeutete er Nimoy, noch zu warten, damit wir nicht Steinhoffs Aufmerksamkeit erregen würden. Natürlich würde ein zu langes Zögern bedeuten, dass der Zug mit uns wieder losfuhr und wir die vielleicht letzte Spur von Zitas Mörder verlieren würden.

Als Steinhoff um das winzige Bahnhofsgebäude gebogen war, öffnete mein Kommis die Tür, und wir drei purzelten geradezu aus dem Coupé, womit wir uns den missbilligenden Blick des Kondukteurs zuzogen, der just im Begriff war, seinem Lokführer die Abfahrt zu signalisieren. Ich machte eine entschuldigende Geste, und wir folgten Steinhoff; Geißelbrecht immer einige Schritte voraus, da seine Anwesenheit unsere Beute nicht verschrecken würde.

Wir versuchten, uns möglichst behende zu bewegen, wobei ich mir zugegebenermaßen etwas albern vorkam – wie ein zu groß geratener Junge, der Räuber und Gendarm spielt. Während ich mir einbildete, dass mir das Schleichen einigermaßen gelang, war die unauffällige Fortbewegung nicht Nimoys *Force*. Nach einigen Sekunden gab sie es einfach auf und lief mit ganz normalem Schritt neben mir her.

»Ich frage mich, was Steinhoff in dieses Kaff verschlagen haben mag?«, meinte sie dann. »›Weiherhof‹, so heißt das wohl?«

Ich nickte, während ich Geißelbrecht im Blick behielt. Der Haltepunkt der Bahn befand sich mehr oder minder auf offener Strecke, markiert nur durch Bahnsteig und Bahnwärterhäuslein. Das Dorf selbst lag einen Steinwurf entfernt und bestand aus ein paar neu erbauten Wohnhäusern für Sommerfrischler, die sich zwischen eine Handvoll etwas älterer Bauernhöfe zwängten. Der uns vorweglaufende Steinhoff hatte den Ort bereits erreicht, als Nimoy und ich um das Bahnwärterhäuschen herumlugten.

»Nichts, was ich mit Weiherhof verbinden würde«, erwiderte ich. Tatsächlich wäre mir nichts eingefallen, was Weiherhof von einem Dutzend anderer Dörfer der Umgebung unterschieden hätte, und erst recht gab es nichts, das die Siedlung mit Zitas Entführung hätte in Verbindung bringen können.

Geißelbrecht, auf Steinhoffs Fersen, war an der Ecke eines Hofes stehengeblieben, wo wir ihn einholten. Die Siedlung endete hier bereits wieder, und das Kopfsteinpflaster ging in einen Feldweg über, der das Dorf verließ und an einem Waldrand entlangverlief. Wenn wir um die Mauer spähten, konnten wir Steinhoff sehen, der dem Weg unbeirrt folgte. Sein bestimmter Schritt zeigte, dass er diesen Weg schon oft gegangen sein musste.

»Was will er im *Wald*?«, fragte Nimoy just in jenem Moment, als ein Stallknecht vor uns um die Ecke bog. Dieser blickte uns fragend an und lief dann kopfschüttelnd, aber ohne Kommentar, weiter, zweifellos wenig beeindruckt von den drei seltsamen Städtern, die da herumlungerten.

Wir mussten uns nun entscheiden, ob wir durch zu langes Warten die Spur verlieren oder durch zu dichtes Auflaufen Steinhoffs Verdacht erregen wollten.

»Herr von Cramm, falls Steinhoff zu fliehen versucht, trauen Sie sich zu, ihn aufzuhalten?«, wollte Nimoy mit angespannter Alt-Stimme wissen.

Ich war versucht, mich mit meinen athletischen Eigenschaften zu brüsten, doch dann besann ich mich eines besseren und war ehrlich: »Er hat einen rechten Vorsprung, und wenn er sich in die Büsche schlägt, dürfte es uns schwer fallen, ihn noch zu erwischen. Vergessen Sie nicht, im Gegensatz zu uns scheint er sich hier auszukennen.«

»Ich bin Mitglied der Turnvater-Jahn-Geländelaufstaffel«, meldete Geißelbrecht sich selbstbewusst zu Wort, »und Freistilringer im Mittelgewicht!«

»Geißelbrecht«, erwiderte ich, »Sie sind ein Herr von vielen verborgenen Talenten!«

Eine Bö des schneidend kalten Windes fuhr über uns hinweg und zerzauste Nimoys Locken. Sie strich sich das Haar zurück und lächelte dann in ihrer merkwürdig abwesend erscheinenden Art.

»Das genügt mir. Ich bin bereit, dieses Risiko einzugehen.«

Mit diesen Worten schritt sie aus unserer Deckung heraus, und Geißelbrecht und ich folgten ihr. Was mir mehr Sorgen bereitete als eine Flucht, war der Gedanke an eine Konfrontation. Falls Steinhoff in die Enge gedrängt würde, wie würde er reagieren? Besaß er eine Waffe? Ich hatte Vignys Techniken für den Stockkampf studiert und war zuversichtlich, bei einer Rauferei mit ein paar Rabauken die Oberhand zu behalten, aber gegenüber einem Revolver schienen mir auch Geißelbrechts Griff- und Wurftechniken wenig vielversprechend.

Der Ingenieur vor uns verschwand im Unterholz, ohne sich noch einmal umzusehen. Dass er verfolgt wurde, schien er nicht zu ahnen. Geißelbrecht und ich verfielen in einen Laufschritt, um ihn nicht zu verlieren, und fanden einen schmalen Pfad, der von dem Feldweg in das Dickicht abzweigte, während Nimoy noch mit Trippelschritten versuchte, uns einzuholen. Mir war klar, wie unpassend der Gedanke war, aber in dem Moment, als ich ihr zusah, wie sie den Feldweg zu meistern versuchte, mit einer Hand ihren Hut festhaltend, der wiederum die rabenschwarzen Locken bändigen sollte, und mit der anderen in der Suche nach Balance ihr Ridikül schwingend, erkannte ich für den Bruchteil eines Moments, was sie wirklich war: Ein Kind *und* eine reife Dame des nächsten Jahrhunderts, gefangen im Körper einer jungen Frau des *Fin de siècle*. Ich zwang mich, zu den Realitäten zurückzukehren, und folgte Geißelbrecht auf den Forstpfad.

Wie Nimoy mich bereits früher belehrt hatte, waren auf dem lehmigen Boden tatsächlich keine Fußspuren zu erkennen. Der Weg selbst war gerade breit genug, dass wir ihm folgen konnten, ohne mit den Schultern das Gebüsch zu streifen und uns zu verraten. Das relativ dichte Unterholz bedeutete aber auch, dass wir kaum wissen konnten, wie weit Steinhoff uns voraus war.

Der famose Geißelbrecht blieb abrupt stehen, hob gleichzeitig die Hand und gebot mir und Nimoy, die inzwischen wieder zu uns aufgeschlossen hatte, ebenfalls stehenzubleiben und zu lauschen. Etwas klapperte und rasselte.

»Klingt, als würde er eine Tür aufschließen – mitten im Wald?«, fragte Nimoy leise.

Ich nickte: »Gut möglich. Die Gegend hier ist übersät mit Felsenkellern«, fiel mir dazu ein.

Das weiche Sandgestein des Rangau begünstigte die Nutzung natürlich ausgewaschener Grotten oder in den Fels gehauener kurzer Gänge, eben jener »Felsenkeller«, als Speicher mit gleichbleibend kühlem Klima. Bauern und Bierbrauer bedienten sich der Höhlungen in großer Zahl für ihre Vorräte; entweder einzeln oder in ausgedehnten Kelleranlagen, die Abteile für mehrere Dutzend Parteien enthalten konnten. So, wie Steinhoff das Austragshäuslein nutzte, hatte er sich also offensichtlich auch hier in einen Felsenkeller eingemietet. Aber was wollte er damit?

Wir lugten um die Ecke. In der Tat, der Pfad vor uns führte unterhalb einer Böschung entlang, aus der ein Felsklotz von einigen Metern Höhe hervorsprang. Am unteren Ende des Klotzes befand sich vor der Mündung eines Felsenkellers eine schlichte Mauer mit einer klapprigen Tür, in den Steinhoff verschwunden sein musste.

»Ich werde da hineingehen«, bestimmte Nimoy in gedämpftem Ton. »Bitte warten Sie draußen, bis ich Sie rufe.« Mit einem schiefen Lächeln fügte sie hinzu: »Oder bis es klingt, als sei ich in Schwierigkeiten.«

Nimoys Verhalten schien mir unverantwortlicher Leichtsinn.

»Wissen Sie, was Sie tun?«, fragte ich deshalb, doch ich erhielt nur ein noch schieferes Lächeln und ein einziges Wort zur Antwort: »Niemals.«

Ich musste mich damit abfinden, dass sie in diesem Geschäft über wesentlich mehr Erfahrung verfügte als ich – und abgesehen davon brauchte sie ihr Vorgehen auch gar nicht vor mir zu rechtfertigen. So huschte sie nun ohne weitere Diskussion hinüber zu dem Felsenkeller und verschwand durch die windschiefe Tür.

Geißelbrecht und ich postierten uns schweigend zu beiden Seiten des Eingangs, wie uns geheißen worden war. Ich umklammerte meinen Stock mit Händen, die trotz des Windes schwitzten, wie ich feststellte, und ich fühlte mich einmal mehr unzulänglich bewaffnet. Geißelbrecht hatte indes einen Prügel von beeindruckender Größe geborgen. Es war merkwürdig, dass mir gerade jetzt auffiel, wie seine abstehenden Ohren vor Aufregung rot leuchteten. Für eine Sekunde bekam meine Umgebung eine traumhafte diffuse Substanz, und ich musste mich buchstäblich in die Gegenwart zurückrufen. Die Mischung aus angespannter Erregung und durchwachter Nacht hatte mich für diesen Moment geradezu neben mir stehen lassen. Das Gesicht des Kommis zeigte unterdessen wieder höchste Konzentration, und zweifellos wartete er nur auf ein Geräusch, um sich für die Sonderkommissarin ins Getümmel zu werfen.

Aber drinnen blieb alles ruhig. Für einen Moment bangte ich halb und hoffte ich halb, Steinhoff habe wieder einen seiner außergewöhnlichen Tricks angewandt und befinde sich gar nicht mehr in diesem Keller, doch dann hörte ich Nimoy, wie sie seinen Namen aussprach. Es war keine Frage, sondern eine Anrede.

Ein Rascheln erklang in dem Gewölbe, aber es kam nicht sofort eine Antwort. Geißelbrecht machte eine Geste, ob wir eingreifen sollten, doch ich bedeutete ihm, noch zu warten.

»Oh, Sie sind es«, war dann Steinhoffs Stimme zu hören. Er klang gar nicht so aggressiv, wie ich befürchtet hatte, sondern eher erschöpft – aber das mochte der Akustik des Kellers zuzuschreiben sein.

»Frau Nimoy, verschwinden Sie von hier und lassen Sie mich in Frieden«, verlangte er, und seine Stimme klang auch jetzt weniger bestimmt, als Steinhoff das gewollt haben konnte. »Ich habe ein Messer und keine Scheu, es einzusetzen.«

Ein metallisches Klicken ertönte.

»Und ich habe eine Pistole«, erwiderte Nimoy, »und den Rest dürfen Sie raten.«

Nun wurde es mir zu viel, und ich gab Geißelbrecht ein Zeichen. Gleichzeitig versuchten wir, durch die Tür in den Keller zu gelangen, aber natürlich verkeilten wir uns nur auf groteske Art in dem engen Eingang, ehe wir es tatsächlich beide ins Innere schafften.

Es dauerte einen Moment, bis sich unsere Augen an das Zwielicht gewöhnten. Nimoy hatte Steinhoff offensichtlich gerade dabei unterbrochen, eine Laterne in einer aus der Wand gehauenen Nische anzuzünden. Zu Füßen des Ingenieurs befand sich sein in eine Zeitung eingewickeltes Paket, das zweifelsohne Späths Münzsammlung enthielt. Er selbst hielt ein Taschenmesser in der Hand, stand gebückt mit dem Rücken zur Wand und ließ den Blick unsicher zwischen uns beiden und der Sonderkommissarin wechseln. Diese hatte ihrerseits aus ihrer Handtasche einen Terzerol befördert, den sie mit lang ausgestrecktem Arm auf Steinhoff gerichtet hielt.

Dieser erkannte seine Situation nach einem Augenblick an, und die Klinge fiel klirrend zu Boden, wobei der Ingenieur fast erleichtert zu sein schien. Nimoy senkte daraufhin ebenfalls ihren Arm.

»Sie hatten eine Waffe dabei?«, erkundigte ich mich als Erstes nach dem Offensichtlichen.

»Natürlich.« Nimoy klang indigniert. »Herr von Cramm, Sie dürfen mich gern für etwas exzentrisch halten, aber hoffentlich nicht für bar jeder Vernunft.«

»Natürlich nicht«, beeilte ich mich zu erwidern. »Herr Steinhoff, Sie werden keinen weiteren Widerstand mehr wagen?«

Ich hob meinen Stock einige Zoll in einer, wie ich hoffte, drohenden Geste.

»Was sollte das nützen?«, erwiderte Steinhoff. In dem dämmrigen Zwielicht begann ich, seine Züge zu erkennen: Er wirkte übermüdet und ausgelaugt. »Sie haben mich mit der Beute in der Hand ertappt; da hätte ein weiteres Versteckspiel wohl wenig Sinn, oder? Vermutlich bin ich ohnedies nicht zum Entführer geboren.«

»Die viel wichtigere Frage ist, ob Sie zum *Mörder* geboren sind«, gab Nimoy scharf zurück. Sie entspannte den Hahn ihrer Waffe und stecke diese zurück in ihr Handtäschchen. »Und wenn Sie meine Antwort darauf hören wollen: Niemand ist zum Verbrecher geboren. Wir haben immer eine Wahl, was wir aus uns machen.«

»Haben wir das?« Steinhoff stieß die Luft mit einem bitteren Lachen aus. Nimoy ging auf die rhetorische Frage nicht ein.

»Ich habe mir inzwischen einen Reim auf die wesentlichen Ereignisse der letzten Tage machen können. Zita und Sie verband eine Liebelei, nicht wahr?«

Steinhoff nickte langsam, wie in Trance. »Natürlich. Wie hätte ich sie sonst dazu bringen können, mit mir zu kommen und sich mir anzuvertrauen? Ich muss jedoch eingestehen, dass dieses Verhältnis eher ... einseitiger Natur war.

Es war fast etwas zu einfach. Wenn sie es mir nicht so leicht gemacht hätte, hätte ich nie auch nur einen Schritt meines Plans umsetzen können.«

Ich bemerkte, dass Nimoy die Fingerspitzen ihrer Hände aneinander rieb. Außerdem fiel mir jetzt ein merkwürdiger Geruch auf, der in der Luft lag. Ich hatte ihn zuerst nicht wahrgenommen, denn das hauptsächliche Odeur war natürlich die stumpfe, säuerliche Kellerluft, wie sie in allen Gewölben vorherrscht. Doch jetzt, wo ich mich daran gewöhnt hatte, roch ich eine zweite Substanz. Es roch nach Menschen, aber auf keine angenehme Art.

»Nur, warum haben Sie sie getötet?«, stellte Nimoy die große für sie noch offene Frage. »Ja, die Entführung bedeutete für Sie eine Menge Geld, aber Sie hätten doch ohne weiteres damit verschwinden können. Eine weitere erfundene Geschichte, und Zita wäre noch zwei Tage in Ihrem Häuschen auf der Schwand sitzen geblieben, solange, bis Sie schon auf einem Schiff nach Amerika gewesen wären.«

»Es ist nicht so einfach, wie Sie denken«, gab Steinhoff kryptisch zur Antwort. »Es ist *nie* so einfach.«

Nimoy blickte ihn ausdruckslos an. Und in diese stummen Blicke hinein ertönte ein dumpfes Geräusch – das Stöhnen eines Menschen, die grässlich verzerrte Karikatur eines Seufzers. Der einzige, der dabei nicht zusammenfuhr, war Steinhoff. In aller Seelenruhe nahm er sich wieder der Petroleumlampe an, die in der Mauernische stand, zog ein Streichholz aus der Tasche, und entzündete die Leuchte.

»Sie wollen wissen, was mich hier festhält? Folgen Sie mir.«

Mit diesen Worten wandte er sich zum rückwärtigen Ende des Felsenkellers, wo sich, wie wir erst jetzt erkennen konnten, eine weitere Tür befand, die in einen dahinterliegenden Verschlag führte. Ich sah die Sonderkommissarin kurz an, ob sie falsches Spiel von Steinhoff befürchtete, aber sie folgte dem Ingenieur nur konzentriert, als dieser die Tür des Abteils öffnete.

Der Verschlag war nicht nur der Ursprung des Geräusches gewesen, sondern auch des merkwürdigen Geruchs, der uns jetzt in voller Stärke entgegenschlug. Es war eine widerliche Mischung aus Dreck und Kot und Fäulnis, die mir unwillkürlich den Atem stocken ließ. Nimoy stand unbeweglich und wie versteinert in dieser Welle des Gestanks.

Steinhoffs Laterne warf zuckende Dreiecke aus Licht und Finsternis in den winzigen, kaum zwei Meter im Quadrat messenden fensterlosen Raum, den die Tür bislang vor uns verborgen hatte. Eine Pritsche einfachster Art mit einem Berg aus speckigen, teils zerrissenen und teils mit Fäkalien beschmierten Decken nahm die gegenüberliegende Wand ein. Davor standen ein zerbeulter Kübel, ein angeschlagener Tonkrug, ein Blechnapf mit Essensresten sowie ein kleines, vergleichsweise sauberes Kästchen, in dem ordentlich verschiedene Glasfläschchen und Kruken aufgereiht waren. Steinhoffs Besuch vor einigen Tagen beim Apotheker fiel mir wieder ein.

Dann bewegte sich der Haufen aus Decken, und die schrecklich deformierten Umrisse eines Menschen schälten sich heraus. In dem flackernden Schein war es nicht sicher zu bestimmen, doch er schien mir nicht älter als achtzehn oder neunzehn Jahre zu sein. Der Schädel war fast kahl, die Haut bläulich durchscheinend, und die Glieder krumm und verbogen, mit geschwollenen Gelenken.

Das Geschöpf wandte den Kopf dem Lichtschein zu und blinzelte mit blutunterlaufenen Augen zu uns herauf. Der Mund öffnete sich zu etwas, das vermutlich ein Lächeln hätte sein sollen, das aber nur schwarze Zahnstümpfe und blaugraues Zahnfleisch entblößte. Das Stöhnen, das ich zuvor gehört hatte, kehrte wieder – es stammte aus dem fauligen Mund.

»Es ist gut, Viktor«, meinte Steinhoff mit sanfter Stimme und kauerte sich zu der bedauernswerten Gestalt auf den Boden, während er ihr mit der Hand über den deformierten Kopf streichelte. »Das sind Freunde.«

Zu uns gewandt fragte er: »Frau Nimoy, meine Herren, möchten Sie meinem Bruder die Hand schütteln?« In einer Mischung aus Behutsamkeit und Grausamkeit schälte er den Arm der Kreatur aus den Decken und führte uns den Stumpf einer Hand, an der sich nur Reste von Fingern befanden, entgegen.

Einen Moment später befanden wir drei uns wieder im vorderen Teil des Kellers, wo die Luft wenigstens etwas besser war, und versuchten, unseren Kopf klar zu bekommen. Steinhoff hatte sich erbeten, mit Viktor allein gelassen zu werden, damit er ihn waschen und mit frischen Medikamenten versorgen könne, und Nimoy hatte ihm das bei angelehnter Tür gewährt. Geißelbrecht, dessen Geistesgegenwart ich nur einmal mehr loben konnte, nahm inzwischen das Geldpaket Späths an sich.

»Saturnismus«, die Geißel des Wohlstands, den Fürth sich in den letzten Jahrzehnten mit seinen Spiegeln erworben hatte: eine schleichende Vergiftung mit Blei und Quecksilber. Steinhoffs Eltern waren tatsächlich früh und eines natürlichen Todes gestorben, aber nicht, bevor seine Mutter jenen furchtbar verkrüppelten Bruder für Jost geboren hatte. Für Jost, der das Glück hatte, der Gesunde, der Ältere zu sein, und der seither zur Pflege seines Bruders Viktor verdammt war.

»Sein Bruder, den er hier in einem schäbigen Verschlag vor der Welt verborgen hält«, begann Nimoy übergangslos zu sprechen, als habe sie meine Gedanken lesen können. Wie hatte Steinhoff vor einigen Tagen den Sachverhalt formuliert? – Der Kontakt sei »abgerissen« ...

Jost kam eben wieder aus dem Verschlag heraus und wischte sich die Hände an einem Lappen ab, bei dem mir nicht klar war, ob jener die Haut sauberer oder schmutziger machen würde.

»Sie verstehen bestimmt, dass ich meinen Bruder hier nicht im Stich lassen konnte und wollte«, meinte er mit gepresster Stimme.

»Ich fürchte, Sie werden ihn hier zurücklassen müssen«, kam jedoch Nimoys Erwiderung. »Spätestens auf dem Schafott werden sich Ihre Wege trennen.«

Steinhoffs Augen wurden starr, und er fokussierte Nimoy, die seinem Blick unbeirrt standhielt.

»Was ich nicht verstehe«, mischte sich Geißelbrecht von seinem Platz am Ausgang des Felsenkellers ein, »mit welchem Recht glaubten Sie, sich Herrn Späths Besitz aneignen und das Fräulein Zita töten zu dürfen?«

»Mit welchem Recht?«, echote Steinhoff. »Mit dem Recht dessen, der um ein Leben betrogen wurde! Was wissen Sie, die Sie mit einem silbernen Löffel im Maul groß geworden sind, von meinem Leben? Wie können Sie sich ein Urteil anmaßen?«

Geißelbrecht blieb äußerlich unbeeindruckt vor der Tür stehen, das Geldpaket vor seiner Brust.

»Meine Eltern sind gestorben, und mein Bruder wäre beinahe zugrunde gegangen an den Folgen der Gier Späths und seiner Fraut und seiner Brut Zita! Hätten diese rechtzeitig auf ihre Spiegel geachtet, ihre Quecksilber-Belegtische besser belüftet, früher auf die Zinn-Spiegel umgestellt, soviele Menschen wären nicht qualvoll gestorben, und Viktor hätte ein anständiges Leben haben können!

Meine Eltern haben mir auf dem Sterbebett keinen Schwur abgenommen, weil sie wussten, dass ich es so oder so für meine Pflicht halten würde, mich um Viktor zu kümmern! Also habe ich mich bei den Arbeiterbildungsvereinen eingeschrieben und mich durch die Kurse gekämpft, die ganze Zeit mit meinem kleinen Bruder auf dem Rücken. Während Fräulein Zita sich einen frohen Lenz gemacht hat, saß ich in der Nacht da und habe studiert. Während der saubere Herr Späth mit den schmarotzenden Höflingen und Speichelleckern, die ihn umgeben, sein Geld verprasst hat, habe ich die Groschen und Pfennige zusammengekratzt, mit denen ich die Arzneien für meinen Bruder zu bezahlen hatte! Und während meine Junggesellenkameraden gezecht und gehurt haben, bin ich in den Nachtstunden in diesen Keller gekommen und habe Viktor gepflegt.

Ich bin sechsundzwanzig Jahre alt, und ich habe um Viktors Willen kein eigenes Leben gehabt. Um dieses Leben wurde ich von Späths Geldgier betrogen. Und nun wollte ich es mir zurückholen.«

»Aber Fräulein Zita – wollen Sie sagen, dass sie ein Mensch war, der kein Recht zu leben mehr hatte?«, fragte Geißelbrecht, nachdem Steinhoff seine Tirade beendet hatte.

»Sie war mir im Wege«, versetzte Steinhoff trocken. »Sie war dumm, eitel und naiv.«

»Sie war siebzehn.« Die Stimme von Nimoy, die sich jetzt zum ersten Mal wieder meldete, klang einmal mehr wie Papier. »Und ihre Naivität und ihre Vetrtrauensseligkeit und ihre Romantik und Schwärmerei waren das Geschenk Gottes an ihre Jugend, so wie Verantwortlichkeit und Voraussicht das Geschenk an uns Erwachsene sind.

Sie war Ihnen nicht im Wege, Steinhoff.« Ihre Hand wanderte zu dem Täschchen, in dem sich der Terzerol befand. Mir sträubten sich die Nackenhaare, dass sich hier nach dem Tode Zitas noch eine zweite Trägödie anbahnen könnte. Nimoy fuhr gepresst fort: »Sie wären gerissen und hinterfotzig genug gewesen, auch mit Viktor und Zita im Schlepptau die Flucht durchzuführen und das Mädchen irgendwo unterwegs zu ›verlieren‹. Aber das hätte ihren Zielen nicht genügt: Sie wollten keine Kompensation, sondern sie wollten *Rache*. Wie süß das für Sie gewesen wäre, nicht nur sich und Viktor ein angenehmeres Leben zu verschaffen, sondern darüberhinaus auch in Zukunft Seite an Seite mit Späth zu sitzen, zu sehen, wie ihn der Gram über den sinnlosen Tod seiner Tochter täglich zerfrisst, und dabei genau jenes Mitgefühl zu heucheln, das sie jenen vorwerfen, die *jetzt* mit ihm am Tisch sitzen.«

Sie schnaubte.

»Steinhoff, Sie sind degoutant, Sie widern mich an. So, wie sich Viktor in seinen schmutzigen Decken windet, die Sie ihm hingeworfen haben, winden Sie sich in Ihrem Selbstmitleid. Ich habe Ihre Wohnung gesehen; ja, zweifellos, Sie leben in bescheidenen Verhältnissen, und zweifellos wären Ihnen mit Ihrem Scharfsinn und Ihrer Beharrlichkeit ganz andere Möglichkeiten offengestanden, hätte es Viktor nicht gegeben.«

Man konnte Steinhoff ansehen, dass er nach einer Antwort suchte, doch keine von Nimoys Pausen war lange genug, als dass sie ihn hätte etwas erwidern lassen:

»Und doch, während Sie sich von einem durchgesessenen, aber trockenen und im Warmen befindlichen Sofa aus mit ihrer Opferrolle brüsten, haben Sie Ihren Bruder in einem Kellerloch eingekerkert, damit er dort verrottet. Mit all Ihren teuren Salben und Pasten haben Sie gleichzeitig verhindert, dass ihn ein kompetenter Arzt betreuen könnte, dass man ihm tatsächlich helfen und ihm ein weniger elendes Leben bieten könnte, als sich in seinem eigenen Unrat zu winden wie ein zertretener Wurm. Sie haben ihn eingesperrt und weggeschlossen, und wer weiß, in welchem Maß Sie seinen Zustand dadurch überhaupt erst verschuldet haben! Und dann besitzen Sie noch die Chuzpe, nach Ihrem billigen Sherry zu stinken, während Sie Lobreden auf sich selber halten!«

Nimoy lachte kurz und böse.

»Haben Sie sich Viktors geschämt, weil er so gar nicht zu dem gebildeten und eleganten Jüngling gepasst hätte, der sein Bruder gern sein wollte? Haben Sie ihn in dieses Loch gesteckt mit der täglichen Bitte, er möge endlich krepieren wie ein Luder, damit Sie den Klotz am Bein los seien? Oder war er Ihr Alibi, damit Sie sich von den Gesetzen der menschlichen Gesellschaft losreißen konnten, um jener Gier nachzugeben, die Sie Späth vorwerfen?

Es ist egal, es ist gleichgültig. Viktor in seinem Verlies ist ein armer Krüppel an Körper und Geist, der nichts dafür kann, dass er sein Leben lang dahinvegetieren wird. Aber Sie, Jost, haben sich bewusst entschieden, Ihre Seele zu verkrüppeln. Das ist die Schuld, die Sie auf sich genommen haben. In Ihrer Feigheit benutzen Sie den wehrlosen Viktor als Schild und die arglose Zita als Zielscheibe, anstatt mit offenem Visier vor Späth zu treten. Für Sie gibt es keine Entschuldigung, und ich weiß nicht, ob es für Sie Gnade gibt.«

Nimoy stoppte. Noch nie hatte ich sie so emotional gesehen wie jetzt, wo ihr die Tränen in ihre Augen traten. Steinhoff stand unbewegt wie aus Stein gehauen da, als Nimoys Lippen noch einmal stumm ihren letzten Satz wiederholten. Dann atmete sie durch, straffte sich, und hatte sich gefasst: Als sie weitersprach, war sie wieder die reservierte Sonderkommissarin, die sich anderthalb Wochen zuvor bei Späth vorgestellt hatte. Sie wandte sich an Geißelbrecht und mich:

»Meine Herren, wollen Sie uns den Gefallen tun, und Herrn Steinhoff und mich für einen Moment entschuldigen?«

»Wir ... wir sollen Sie mit *ihm* allein lassen?«, erkundigte sich Geißelbrecht ungläubig, doch ich kannte Nimoy inzwischen gut genug, um zu ahnen, was sie vorhatte. So nahm ich meinen Kommis am Arm und trat mit ihm vor den Felsenkeller hinaus. Nach dem dumpfen Keller tat es gut, die frische, unverdorbene Luft des Waldes einzuatmen. Der Himmel versprach, im Verlaufe des Morgens noch aufzureißen, so dass wir durch das Dach der Zweige vielleicht noch ein paar Sonnenstrahlen zu Gesicht bekommen mochten. Eine hysterische Amsel tschilpte im Hintergrund, um ihre Artgenossen von irgendetwas zu informieren, das sie für belangreich hielt.

»Was hat sie vor?«, unterbrach Geißelbrecht das pastorale Idyll nach einigen Minuten, in denen wir mit dem Rücken zum Keller gestanden und von drinnen nur leises Gemurmel vernommen hatten. Er schielte auf den Türspalt, freilich ohne etwas sehen zu können.

»Erinnern Sie sich, was Frau Nimoy sagte: ›Man hat immer eine Wahl‹? Vor genau diese Wahl wird sie Steinhoff jetzt stellen.«

»Aber ... was soll das für eine Wahl sein?«

»Die eine Wahl ist, dass Steinhoff sich mit mehr oder weniger Widerstand bereit erklärt, zur Polizei zu kommen, wo ihm der Prozess gemacht werden wird und bei dem ihm die Guillotine mit großer Wahrscheinlichkeit das Wort abschneiden wird, wenn Sie den Scherz erlauben.«

»Und die andere Wahl?«

»Sie würden gar nicht glauben, was Frau Nimoy alles in diesem Handtäschchen unterbringt, Geißelbrecht. Sie hat einmal gescherzt, ihr Ridikül sei innen größer als außen und man nenne diesen Schnitt in Paris ›à la tardis‹.«

»Ich verstehe nicht ganz, Herr von Cramm? Weichen Sie mir aus?«, fragte Geißelbrecht in seiner vordergründig unschuldigen, direkten Art.

Ich nickte nur. Er würde die Antwort ohnedies in einigen Minuten erfahren. Wenn ich Steinhoff richtig einschätzte, dann würde er nicht den einfacheren, aber auf jeden Fall den kürzeren Weg wählen. Zwischen Geißelbrecht und mir entstand wieder eine Stille von einigen Minuten, die nur von der enervierenden Amsel unterbrochen wurde, der ich den Hals hätte umdrehen mögen. Endlich öffnete sich die Tür des Felsenkellers knarrend: Nimoy trat mit unsicheren Schritten aus dem dahinterliegenden Zwielicht. Dabei war sie bleich wie eine Wand.

»Herr Geißelbrecht«, wandte sie sich als erstes an meinen Kommis. »Besitzen Sie die Güte und kehren Sie zur Bahnstation in Weiherhof zurück. Telegraphieren Sie Herrn Höllriegel, er möge herkommen und Steinhoff und dessen Bruder abholen.«

»Machen Sie schon, Geißelbrecht«, ermunterte ich den jungen Kerl, als er, offensichtlich immer noch von der Entwicklung verwirrt, ins Stocken geriet. »Tun sie Frau Nimoy den Gefallen!«

Seine Geistesgegenwart hatte ich an diesem Tag schätzen gelernt, über Geißelbrechts Sinn für Loyalität und Pflicht hatte ich bereits zuvor Bescheid gewusst: Ohne weitere Debatten übergab er mir darum Späths Münzsammlung und stapfte den Weg zurück, den wir von Weiherhof genommen hatten. Ich war dankbar dafür, dass sein Vorübergehen die schnatternde Amsel aufscheuchte, die sich daraufhin unter lauten Protesten tiefer in den Wald zurückzog.

»Nun?«, fragte ich, als wir unter uns waren. In dem Tageslicht hoben Nimoys gerötete und übernächtigte Augen sich deutlich von der blassen Haut ab. Ihre Lippen hatten all ihren Glanz verloren, und die hohen Wangen vertieften den erschöpften Ausdruck noch.

»Er hat seine Wahl getroffen«, antwortete sie mit einer Stimme, die kaum mehr als ein Flüstern war. »Es wird noch einige Momente dauern, bis alles vorbei ist.«

Eine Pause entstand.

»Immerhin, er hat ein Angebot vorgeschlagen, das ihn mir zum ersten Mal in einem etwas besseren Licht erscheinen lässt«, meinte Nimoy dann, ohne mich anzublicken.

»Was für einen Angebot?«

»Jost hätte sich auf die Hinterbeine stellen und es auf einen Prozess ankommen lassen können. Natürlich wäre das Ende vorgezeichnet, aber Späth könnte kein Interesse daran haben, dass die Todesfälle und Verkrüppelungen, mit denen er sein Geschäft gemacht hat, wochenlang das Thema in den Zeitungen wären.«

»Nein, natürlich nicht«, gab ich ihr Recht.

»Also bat mich Jost im Gegenzug für seine Wahl des ›kurzen Weges‹ darum, dass wir das Geld« – sie deutete auf die Münzsammlung in meinen Armen – »als Treuhänder verwalten und damit Viktors Pflege finanzieren«, erläuterte sie.

Ich runzelte die Stirn:

»Sie haben nicht wirklich eine Zusage an Späths Statt getroffen? Ich glaube nicht, dass Sie dazu befugt wären.«
Nimoy stieß einen ihrer gelegentlichen ungeduldigen Seufzer aus.
»Herr von Cramm, lassen Sie das meine Sorge sein. Ich bin sicher, ich werde Späth überzeugen können: Seine Tochter wird er nicht wiedersehen, und das Verbrechen ist soweit gesühnt, wie das menschenmöglich ist. – Ich gehe davon aus, dass ich Ihnen die Verwahrung des Lösegelds anvertrauen kann?«
»Aber sicher doch.« Ich machte eine kurze Pause. »Mit dem Geld könnten zwei eine Menge Spaß in Sankt Petersburg haben.« Dann, als Nimoys Gesicht keinen Ausdruck des Erkennens zeigte: »Das war ein Scherz.« Offensichtlich traf er nicht Nimoys Humor, aber welcher Scherz tat das schon?
»Ich bin unendlich müde«, wisperte die Frau schließlich. Alle Spannung in ihr schien zusammengefallen zu sein, als werde sie nur noch von einer dünnen Facade der Selbstbeherrschung aufrechtgehalten. Ich sah mich um und fand einen Baumstumpf, über den ich meinen Mantel ausbreitete, so dass sie sich hinsetzen konnte.
»Ich danke Ihnen vielmals, Quentin«, meinte die Sonderkommissarin, als sie das Angebot annahm. Es gab noch eine Pause. »Wollen Sie mir einen letzten Gefallen tun?«, fragte sie zögernd. »Ich wäre für immer in Ihrer Schuld.« Sie wies mit ihrem Gesicht zu dem Eingang des Felsenkellers.
Ich benötigte eine Sekunde, bis ich mich überwunden hatte, dann nickte ich und versuchte, mit sicheren Schritten zu der windschiefen Tür zu schreiten. Innerlich bereitete ich mich auf den Anblick von Steinhoffs leblosem Körper vor, der sich mit den Blausäurekapseln aus Nimoys Handtasche selbst gerichtet hatte.

14. Ein Haschen nach dem Wind, und ein Abschied

Samstag, 19. Oktober 1896, vormittags

Es war anderthalb Wochen her, dass ich so wie heute über die Promenadenstraße geblickt und verfolgt hatte, wie die Fürther ihrem Alltagsleben nachgingen, wie die Straßenbahnen vorbeibimmelten und die Züge der Ludwigs-Eisenbahn kamen und gingen. Die Bäume hatten seitdem so gut wie alle ihrer restlichen Blätter verloren, und statt gelegentlicher Regentropfen flogen nunmehr kleine Graupelkörnchen fast horizontal vor meinem Fenster vorbei. Doch genauso wie an jenem Tag wartete ich darauf, dass es an meiner Tür klopfte.

Am Donnerstag war Höllriegel bereits in einer anderen Angelegenheit unterwegs gewesen, so dass wir drei einen grauenvollen Vormittag neben der Leiche und dem sabbernden und wimmernden Viktor verbrachten, der natürlich nicht begreifen konnte, was geschehen war. Endlich erschienen die Polizei und Pfleger, die Josts Bruder in einem Hospital unterbringen würden. Wir änderten den Plan für den Nachmittag dahingehend, dass Nimoy die Polizei über die fehlenden Details ins Bild setzte, während ich mit Späth über die Verwendung seiner Münzsammlung verhandelte – nicht zuletzt aufgrund Nimoys eigener Ansichten über die engen Grenzen ihrer Diplomatie.

Ich fand Späth und seine Frau als gebrochene Menschen vor. Beide machten sich die heftigsten Vorwürfe, die Zeichen der Zeit nicht rechtzeitig erkannt zu haben, als Zita zunehmend unter Steinhoffs

Einfluss geriet, und dass sie danach nicht genug für die Freilassung ihrer Tochter taten – wie gering ihre Aussichten, den Erpresser und Mörder von seinem perfiden Plan abzubringen, bei Licht betrachtet auch gewesen sein mochten. Späth selbst überraschte mich mit einer großmütigen Geste, denn er erhob nicht die geringsten Einwände dagegen, dass sein Geld für die Pflege Viktors verwendet werden sollte und beauftragte mich, die entsprechenden Dokumente aufzusetzen. Er legte allerdings Wert darauf, die Sammlung per se wiederzuerhalten und stattdessen ihren Gegenwert in bar für Viktor zu hinterlegen.

Den gestrigen Tag hatten sowohl Nimoy als auch ich damit verbracht, Schlaf nachzuholen und unsere Angelegenheiten wieder etwas in Ordnung zu bringen – während ich mir den Arbeitsrückstand in meinem Bureau vornahm, hatte Frau Nimoy die letzten notwendigen Aussagen bei Höllriegel geleistet und ihre Heimkehr vorbereitet. So blieb uns nur noch, Abschied voneinander zu nehmen.

Es klopfte. Nimoy brauchte sich nicht mehr über das Bureau anzumelden, sondern konnte gleich zu mir in die obere Wohnung kommen, so dass sie bereits vor mir stand, als ich die Tür öffnete. Mit einem schneeweißen Kleid angetan, mit weißer Pelzmütze und pelzverbrämten Handschuhen, sah sie fast selbst aus wie eine Schneeflocke – ihre leuchtend roten Lippen, die dunklen Augen und die schwer zu zähmenden Locken ließen jedoch die Frau deutlich erkennen. Ich strahlte übers ganze Gesicht, sie zu sehen.

»Herr von Cramm, mein Zug fährt in einer Stunde, und ich habe mein Gepäck schon zum Bahnhof vorausgeschickt«, erklärte sie mir. »Aber ich dachte, es wäre doch überaus ungezogen von mir, wenn ich Ihnen nicht ›Auf Wiedersehen‹ sagen würde, nicht wahr?«

Eine kurze Pause entstand. Sie legte den Kopf schief.

»Möchten Sie mich vielleicht hereinbitten?«, fragte sie dann, und brachte mich so in die Gegenwart zurück. Ich beeilte mich, das Versäumte nachzuholen. Sie legte ihren Mantel ab und machte es sich auf einem Sessel bequem, während ich ihr eine Tasse Tee reichte.

»Ich wollte mich bei Ihnen bedanken, Herr von Cramm«, meinte sie lächelnd, nachdem sie den Tee umrührte. Ich hatte sie selten so entspannt gesehen, wie sie jetzt auf diesem Fauteuil saß.

»Mir? Danken? Aber wofür denn?«

»Nun, ich trage mein Herz im Allgemeinen nicht auf der Zunge, und es ist mir nicht gegeben, mit jedermann meine Gedanken auszutauschen. Doch in diesem Fall habe ich es sehr genossen, Sie als meinen Kameraden an meiner Seite zu wissen. Sie haben viele sehr scharfsinnige Ideen ins Spiel gebracht, und Sie haben mich gezwungen, meine eigenen Ideen zu hinterfragen. Da wurden Sie so etwas wie der ›Prüfstein meines Witzes‹.«

Ich versteckte mich bei diesen schmeichelhaften Worten hinter meiner eigenen Teetasse. Vermutlich lief ich rot an wie ein Pennäler.

»Sie sind zu freundlich.«

»Oh, ganz im Gegenteil!«, beharrte sie. »Schließlich habe ich Sie die letzten Tage zu den möglichsten und unmöglichsten Zeiten durch den ganzen Rajon gejagt, und Sie sind mir all die Zeit ohne zu murren zur Seite gestanden. Ich habe gelernt, dass ich mich sehr auf Sie verlassen kann.«

»Ich danke Ihnen vielmals, Frau Nimoy, aber, lassen Sie mich Ihnen versichern: Ich habe diese Ausflüge mindestens ebenso sehr genossen wie Sie. Was für eine überaus angenehme Alternative das war zum Sichten von Frachtpapieren oder zu endlosen stumpfsinnigen Verhandlungen mit begriffsstutzigen Agenten!« Ich wies mit der Hand auf meinen Schreibtisch, auf dem sich die liegengebliebenen Unterlagen immer noch stapelten.

Ihr Lächeln verlor etwas von der Herzlichkeit, die sie sich ohnedies nur selten erlaubte. Es wurde schmaler und betonte die dahinterliegende Konzentration mehr, als dass es sie verdeckte.

»Ich würde Sie zu gerne beim Wort nehmen«, meinte sie dazu.

»Oh, Frau Nimoy, tun Sie das!« Ich geriet ein wenig ins Stocken, weil mir nicht recht einfallen wollte, wie man dem Satz die Wendung geben konnte, die ich wünschte. *Wie ein Pennäler*, schoss es mir wieder durch den Kopf. »Bitte zögern Sie nicht, mich in Anspruch zu nehmen, wenn Ihre Angelegenheiten Sie wieder einmal hierherführen«, meinte ich dann ein wenig sehr geschraubt. Irgendwie gelang es mir nicht, die Sätze in die Richtung fließen zu lassen, wie ich erhofft hatte. *Das ist etwas anderes, als einen Schriftsatz für das königliche Zollamt zu verfassen.*

Das Lächeln auf Nimoys Gesicht verblasste vollends.

»Trotz all der garstigen Zwischenfälle?«, versicherte sie sich.

Meine Gedanken wurden in eine andere Richtung gelenkt. Die Gesichter der erschossenen Zita und ihres toten Mörders stiegen vor meinem inneren Auge auf. Der Krüppel Viktor. Die Späths mit rotumrandeten, tränenlosen Augen. Tote Blätter, die vom Wind an das Ufer des Valzner Weihers getragen wurden.

»›*Fabula bona si persona prima exit alia ac introierat*‹«, zitierte ich dann Horaz. Nimoys Lächeln kehrte wieder, und nun war es wieder breiter und wärmer.

»Wissen Sie was? Ich glaube, genau das werde ich tun; ich werde auf Sie zurückkommen, und da Sie mir Ihr Wort als Ehrenmann gegeben haben, werden Sie nicht anders können, als mich zu begleiten«, verkündete sie in spielerischem Triumph.

»Wenn wir dadurch der Gerechtigkeit zum Sieg verhelfen!«, erwiderte ich ebenso launig, doch merkwürdigerweise löschte gerade diese Antwort ihr Lächeln wieder aus.

»Haben wir das?«, fragte sie tonlos zurück. »Haben wir das getan?« Sie blickte in ihre Teetasse. »Können wir das?«, meinte sie leise, und es klang, als wende sie sich an die Krümelchen der Teeblätter, die sie mit ihrem Löffel aufgewirbelt hatte. Dann richtete sie sich auf und sah wieder mich an:

»Nein, Gerechtigkeit können wir nicht schaffen. ›Ich hatte mein Herz darauf gerichtet, Weisheit zu erkennen, und Torheit: Doch ich habe erkannt, dass auch das ein Haschen nach dem Wind ist.‹ Wir haben *Recht* geschaffen, die Schuldigen bestraft und die Unschuldigen, so gut wir das konnten, beschützt. Mehr zu verlangen wäre ... anmaßend.«

Sie nahm ihre Handschuhe von dem Teetischchen, auf dem sie sie abgelegt hatte, und erhob sich. Ich folgte ihrem Beispiel.

»Herr von Cramm, das Schicksal und die Bayerischen Staatseisenbahnen warten nicht auf uns Menschen: Ich fürchte, ich muss Abschied von Ihnen nehmen«, erklärte sie dazu.

»Es wäre mir ein Vergnügen, Sie zum Bahnhof zu begleiten«, erwiderte ich, doch sie legte mir nur ihre Hand auf den Unterarm.

»Das ist zu reizend, Herr von Cramm, aber es sind ja nur ein paar Schritte; die werde ich durchaus alleine tun können: Wer weiß, wann ich wieder herkomme? Als Souvenir werde ich meine Nase noch einmal in den Wind von Fürth halten.«

»In den Wind aus Ruß und Qualm?«, spottete ich.

Nimoy ging nicht darauf ein, sondern richtete ihre Garderobe vor dem fast mannshohen Spiegel, den ich zu diesem Zweck im Flur aufgestellt hatte. Einige Augenblicke herrschte Stille.

»Herr von Cramm, Sie sagen ja gar nichts?«, brachte mich ihre Stimme dann wieder in die Gegenwart zurück.

Was hätte ich auch sagen sollen? Mir war bewusst geworden, dass ich exakt jenen Spiegel seinerzeit bei Späth erstanden hatte. In wessen Händen war er angefertigt worden? War das eines jener Exemplare, über denen Steinhoffs Eltern das schleichende Gift, das »metallene Blut Fürths« eingeatmet hatten? Und wenn nicht, wer hatte dann den Spiegel belegt, und was war sein Schicksal gewesen?

»Oh, mir ist nur eben eingefallen, dass ich längst mal wieder einen Brief an meine Eltern schreiben wollte«, erwiderte ich bemüht leichthin. »Es wäre zu peinlich, wenn Höllriegel hier mit einer Vermisstenanzeige auftauchen würde!«

Sie gönnte mir einen langen Blick. Zuerst sagte sie nur »Aha«, dann trat sie wieder zu mir herüber und nahm meine Hände in die ihren. Es war recht offensichtlich, dass sie meine Geschichte durchschaut hatte.

»Nun, dann ist unser Held wohl tatsächlich ein anderer geworden?«, vermutete sie und blickte mir mit ihrer Mischung aus Melancholie und traurigem Schalk in die Augen.

Sie reichte mir die Hand, trennte sich von mir und setzte ihren Hut auf.

»Ich freue mich darauf, Sie wiederzusehen«, sagte sie noch, und dann war Iahel Nimoy, Sonderkommissarin Seiner Majestät, des Prinz-Regenten, verschwunden wie eine fallende Flocke auf einem Schneefeld.

Ich stand wohl eine geraume Zeit da, blickte abwechselnd auf die Tür, den Spiegel und die Fenster, und empfand eine Leere des Zimmers, wie ich sie seit den Tagen meiner Jugend nicht mehr wahrgenommen hatte. Endlich richtete ich meinen Anzug und sammelte mich, um mich drunten im Bureau meinem Tagesgeschäft zu widmen.

Als ich die Wohnungstür hinter mir ins Schloss zog und vergebens dem Echo von Nimoys Stimme nachlauschte, wusste ich noch nicht, dass das Wiedersehen zwischen uns schon recht bald stattfinden würde. Es kündigte sich an, als ein Mann mit fremdartigem Akzent und einer grünen Brille die Kanzlei betrat und meine Expertise zu einem Brief erbat, den er mit sich führte. Als ich sein Dokument entgegennahm, stellte ich fest, dass das Papier leer war – und noch ehe ich eine Frage an meinen seltsamen Besucher stellen konnte, fiel dieser tot von seinem Stuhl.

Aber das ist eine andere Geschichte.

Glossar

Austragshaus: »Altenteil«, ein separates Gebäude, das zu einem Bauernhof gehört und den Altbauern überlassen wird, wenn diese den Hof an ihre Kinder übergeben

Charade: (Wort-, Silben-) Rätsel

Chargierter: Verdientes Mitglied einer Studentenverbindung

Coupé: Abteil (eines Eisenbahnwaggons)

Defaitismus: Schwarzseherei, Miesmacherei

degoutant: Widerwärtig, ekelhaft

Exerzitium: Pl. »Exerzitien«, Übung, Hausarbeit, zurückgezogenes Studium

Expertise: Gutachten; Erfahrung

Extemporale: Stegreifprüfung, unangekündigtes Examen

Facon: (heute: Fasson) Art, Mode, Form, Schnitt

Fauteuil: Sessel

Fin de siècle: »Ende des Jahrhunderts«, Grundstimmung zur Zeit des Jugendstils, die von einer Ohnmacht der Ästhetik gegenüber Technologie und Militarismus geprägt war und zu einer dekadenten Kunst- und Lebenseinstellung führte

Force: Hier: Stärke

Gendarmerie: Ein nicht scharf abgegrenzter Begriff, häufig als Bezeichnung für die ländliche, der Armee eingegliederte Ordnungsmacht im Gegensatz zur städtischen (beamteten) Polizei

Guttapercha: Eine Art fester, spröder Gummi, Vorläufer der modernen Kunststoffe

Horonatior: Ehrenwerter Bürger, Mitglied der »gehobenen Gesellschaft«

jourhabend: Dienst- oder wachhabend

Kanone: Hier: Hohe Reitstiefel, wie sie zum Wichs der Burschenschaftler gehören

Katechet: In der katholischen Kirche ein Laie, der unterstützende Aufgaben in der Gemeinde wahrnimmt, z.B. als Lehrer oder Begleiter bei der Vorbereitung auf die Sakramente

Kommis: Auch *Commis*, Büroangestellter

kommod: Angenehm, bequem, gemütlich

Kondukteur: Schaffner, Zugbegleiter

Konsens: Hier: Zustimmung

Kredenz: Anrichte, Büffet

Kruke: Salbenbehälter

Oktav: Ein Papierformat, entspricht ungefähr DIN A5

Orchestrion: Ein mechanisches Musikgerät in der Art eines Leierkastens, jedoch wesentlich größer und mit einer Orgel und diversen Blasinstrumenten und Schlagzeug ausgestattet

Pauken: Hier: Übung für das scharfe Fechten (»Mensur«) der schlagenden Studentenverbindungen

Paraplü: Regenschirm

Perron: Bahnsteig, auch Gehsteig oder Verkehrsinsel

Phaeton: Eine kleine Kutsche, die in der Regel nicht von einem Kutscher, sondern vom Herrn selber gefahren wird

Précis: Die knappe Zusammenfassung eines anderen Textes

Primaner: Mitglied der Abschlussklasse eines Gymnasiums

Poculator: Eine bestimmte Marke Starkbier aus Fürth

Portefeuille: Brieftasche, Aktentasche

Rajon: Bezirk (russ.)

Redingote: Eigentlich »Riding Coat«, ein Reisemantel mit Reverskragen als Wetterschutz

Rechaud: Stövchen

Reformkleidung: Eine Kleidermode, die Ende des 19. Jahrhunderts aufkam und die »Natürlichkeit« und Bequemlichkeit der Kleidung über die Ästhetik stellte

Regulator: Eine Standuhr mit Pendel

Remise: Schuppen (oft mit offenen Seitenwänden – eine Art »Carport« der wilhelminischen Ära)

Ridikül: Eigentlich *Retikül*, ein über der Schulter an einem langen Riemen getragener Strickbeutel

Rotz: Hier: Eine Pferdekrankheit

Séance: Sitzung

Souterrain: Ein sich halb unter dem Bodenniveau befindendes, aber noch mit Fenstern ausgestattetes, bewohntes Geschoss

Spagat: Hier: Bindfaden, Paketschnur

Strauß: Hier: Streit, Auseinandersetzung

Terzerol: Eine Taschenpistole, ähnlich einem Derringer, aber als Vorderlader ausgeführt

Vergattern: Jmd. verpflichten, einschwören auf etwas

Vestibül: Vorhalle, Empfangshalle

Vogelherd: Fangplatz für Vögel

Elmar Vogt wurde 1966 in Ulm geboren und hat sich nach seinem Physikstudium in Fürth niedergelassen. Mit der »Criminal=Historie« um Iahel Nimoy legt er seinen ersten Detektivroman vor (ein Projekt, das ihn schon seit seiner Studienzeit bewegt ...). »Der Fall Zita S.« ist nicht nur eine augenzwinkernde Verbeugung vor den Granden der klassischen Kriminalliteratur, sondern auch eine teils launige, teils ernsthafte Auseinandersetzung mit der Geschichte seiner Wahlheimat.

Bis der literarische Erfolg es ihm erlaubt, vom Schreiben zu leben, arbeitet Elmar Vogt als technischer Redakteur für einen namhaften Elektronikkonzern der Region.

LESENSWERT! Die Bücher der Edition Knurrhahn:

Kennen Sie die Literaturgruppe »Mimikry«? Lieben Sie Reizwörter? Lesen Sie
Einer flog übers Gemüsefach
ISBN 3-932717-00-7; Euro 10,–

Außergewöhnliche Gedichte mit Aha-Erlebnissen vermittelt Karl H. Demuß:
Metamorphe Poesie
ISBN 3-932717-01-5; Euro 4,90

Die Oberpfalz bildet das Lokalkolorit für Wolfgang Handricks Krimi
Eine Ferienidylle
ISBN 3-932717-02-3; Euro 7,45

Satire und Philosophie versprechen Manfred Schwab und Nadina Dinta:
Letzter Fischladen vor der Autobahn
ISBN 3-932717-03-1; Euro 8,40

Gedichte sowie poetische Texte präsentiert Barbara Lorenz (BaLo) in
Abrabarbara!
ISBN 3-932717-04-X; Euro 9,–

K.H. Demuß lässt einen Schüler eine mysteriöse Flasche finden:
Tagebuch einer Flasche
ISBN 3-932717-05-8; Euro 7,50

Reizvolle Spontangeschichten von Karl Heinz Demuß und Thomas Rüger:
Das erste Dutzend ist voll
ISBN 3-932717-06-6; Euro 3,–

Erotische Reizwortgeschichten präsentiert der Mimikry-Band
Erlesene Höhepunkte
ISBN 3-932717-07-4; Euro 9,95

Eine moderne Geistergeschichte ist Wolfgang Handricks Roman
Das Engagement
ISBN 3-932717-08-2; Euro 8,45

Skurrile Kurzgeschichten präsentiert Gerd Fürstenberger in seinem Band
Erforschung der Einsamkeit
ISBN 3-932717-09-0; Euro 9,–

Von Begegnungen erzählen die Gedichte in Ursula Hoffmanns Werk
Sternenwelten
ISBN 3-932717-10-4; Euro 13,–

Kurze Alltagsepisoden, eigen- und hintersinnig, von Agnes Chrambach:
Die Spatzen pfeifen wieder
ISBN 3-932717-11-2; Euro 7,50

Eine abenteuerliche Tiererzählung schildert die Jugendautorin M. Schmid:
Die Geschichte von Florian Floh und seinen Freunden
ISBN 3-932717-12-0; Euro 7,50

Eine Vielzahl an Kurzgeschichten von Günter Baum beinhaltet der Titel
Der Sturm
ISBN 3-932717-13-9; Euro 10,–

Zwanzig Kurzgeschichten beinhaltet Gisela Czernys Buchveröffentlichung:
Der Glasäugige
ISBN 3-932717-14-7; Euro 10,–

15 Jahre VS-Regionalgruppe Nürnberg waren der Anlass zur Anthologie
Unser 20. Jahrhundert
(Hg. Roland Rosenbauer). ISBN 3-932717-15-5; Euro 10,–

Gerd Fürstenbergers zweite skurrile Kurzgeschichtensammlung lautet:
Der Mann, der aus seiner Haut fahren konnte
ISBN 3-932717-16-3; Euro 10,–

Eine bunte Vielfalt an Kurzgeschichten vereinigt der **Mimikry**-Band
Seltsame Begegnungen
ISBN 3-932717-17-1; Euro 11,–

Eine historische Novelle verfasste Günter Baum unter dem Titel
Agnes Stöcklin
ISBN 3-932717-18-X; Euro 9,50

Ein witziger und spannender Roman ist Dieter Schneiders Buch:
Columbia-Code
ISBN 3-932717-19-8; Euro 11,–

In der napoleonischen Ära spielt Wolfgang Handricks Roman
Der doppelte Irrtum
ISBN 3-932717-20-1; Euro 9,50

Max Göbel erzählt über das Erwachsen werden in der Nachkriegszeit:
Die Oase lebt
ISBN 3-932717-21-X; Euro 12,80

60 Autorinnen und Autoren schrieben einen Brief an Anne Frank:
ich schreibe dir, weil auch ich mir frieden wünsche
ISBN 3-932717-22-8; Euro 9,90

Skurrile und witzige Kurzgeschichten vereinigt das »WördArtisten«-Buch
Als der Java Wizard einen Koffer traf
ISBN 3-932717-23-6; Euro 9,–

Eine nachdenkliche Novelle schrieb Günter Baum mit der Geschichte
Erst als die letzte Trommel schwieg ...
ISBN 3-932717-24-4; Euro 7,50

Robert Unterburgers Geschichten schildern kleine Erfolge wie Niederlagen:
Jenseits der Lichtung
ISBN 3-932717-25-2; Euro 8,–

Politisches, aber auch allzu Menschliches spießt Max Göbel auf:
Aus meinem satirischen Tagebuch
ISBN: 978-3-932717-26-0; Euro 9,80

Briefe an die Schweiz finden sich in Madeleine Weishaupts Anthologie:
ich schreibe dir, weil ich nicht bei dir bin
ISBN: 978-3-932717-27-7; Euro 9,90

Eigene Texte, Briefe und Gedichte hat Thomas Rüger zusammengestellt:
Neues aus der Schreibfischschublade
ISBN: 978-3-932717-28-4; Euro 7,50

Die zweite Kurzgeschichtensammlung von Robert Unterburger lautet:
Geschichten über das Leben vor dem Tod
ISBN: 978-3-932717-29-1; Euro 8,–

Dieter Schneiders zweiter Roman – ein packender Nürnberg-Thriller:
Angefüttert
ISBN 978-3-932717-30-7; Euro 11,80

Neue Kurzgeschichten präsentiert Robert Unterburger in dem Buch:
Ganz weit weg
ISBN: 978-3-932717-31-4; Euro 8,–

Neue Geschichten und Satiren von Max Göbel enthält der Band:
Der erfüllte Traum
ISBN: 978-3-932717-32-5; Euro 9,80

40 jugendliche Autoren mit ihren Reizwortgeschichten finden sich in:
Gib mir Fünf
ISBN 978-3-932717-33-8; Euro 8,–

Mit einem Toten an einer Erlanger Schule beginnt Astrid Schwabes Krimi
Judiths Schal
ISBN 978-3-932717-34-5; Euro 8,80

Ein akustisches Erleben ermöglicht das CD-Hörbuch des VS Mittelfranken
wir sprechen uns
ISBN 978-3-932717-35-2) Euro 7,50

Ein packender Roman ist das Erstlingswerk der blinden Autorin Dany P.
Süßer Wahnsinn
ISBN 978-3-932717-36-9; Euro 9,90

Der ersten drei Bände von Tino Filippis mehrteiliger Fantasyserie **Elving:**
Band 1: Zurück in Firlana
ISBN 978-3-932717-37-6; Euro 11,80
Band 2: Aufbruch ins Ungewisse
ISBN 978-3-932717-40-6; Euro 11,80
Band 3: Die Nordspitze
ISBN 978-3-932717-42-0; Euro 11,80

Neue witzige bis und tragikomische Vorfälle beschreibt R. Unterburger in:
Müßiggang und Hirnschmalz
ISBN 978-3-932717-38-3; Euro 9,90

Eine hintersinnige Parabel ist G. Baum und K. Storck-Duvenbecks Werk
Die Abweichung
ISBN 978-3-932717-39-0; Euro 8,90

Fatale Entwicklungen im familiären Umfeld beschreibt Astrid Schwabes Roman
Jakobs Freundin
ISBN 978-3-932717-41-3; Euro 9,–

Die Totgeburt von Zwillingen beschreibt K. Storck-Duvenbeck tagebuchartig in:
Wenn zwei Sterne leuchten
ISBN 978-3-932717-43-7; Euro 9,90

VERLAGSPROGRAMM

... literarische Unterhaltung mit Niveau!

In jeder Buchhandlung oder direkt beim Verlag erhältlich!

Kontaktadresse:
Edition Knurrhahn im Thomas Rüger Verlag
Am Graben 38
90475 Nürnberg

Tel. 0911/4089240
E-Mail: ThomasRuegerVerlag@web.de
www.ThomasRuegerVerlag.de.vu